DAXUE

YUWEN

郭　华　茹峰海／主编

 四川大学出版社

责任编辑:孙滨蓉
责任校对:曾　鑫
封面设计:墨创文化
责任印制:王　炜

图书在版编目(CIP)数据

大学语文 / 郭华，茹峰海主编. —成都：四川大学出版社，2016.10
ISBN 978-7-5690-0047-4

Ⅰ.①大… Ⅱ.①郭… ②茹… Ⅲ.①大学语文课－高等学校－教材 Ⅳ.①H19

中国版本图书馆 CIP 数据核字（2016）第 259958 号

书名　**大学语文**

主　　编　郭　华　茹峰海
出　　版　四川大学出版社
地　　址　成都市一环路南一段 24 号 (610065)
发　　行　四川大学出版社
书　　号　ISBN 978-7-5690-0047-4
印　　刷　四川胜翔数码印务设计有限公司
成品尺寸　185 mm×260 mm
印　　张　13.75
字　　数　350 千字
版　　次　2016 年 11 月第 1 版
印　　次　2016 年 11 月第 1 次印刷
定　　价　32.00 元

◆读者邮购本书,请与本社发行科联系。
电话:(028)85408408/(028)85401670/
(028)85408023　邮政编码:610065
◆本社图书如有印装质量问题,请寄回出版社调换。
◆网址:http://www.scupress.net

前　　言

人类社会进入了21世纪，素质教育已经成为普通教育的核心，培养适应社会发展的高素质人才，已成为普通高等教育的最终目的。大学语文的教育对象是非中文专业的学生，非中文专业的学生对语言文学方面的知识不需要那么精、深、专，但他们需要从总体上提高自己的文学水平、文化修养和人格素质。因此，大学语文课程的教学目标就应依据课程的性质定在培养学生的阅读、欣赏（审美）、理解和表达的能力上，定在提高学生的整体文化修养与塑造学生高尚的人文精神和人格上。

本教材通过精选古今中外的思想家、文学家的优秀作品，让学生受到潜移默化的教育和感化，在这些文化精品的熏陶下，促成在校学生思想境界的升华、健全人格的塑造和健康人性的张扬。这样才能保证大学生在走出学校大门、扬起自己职业生命的风帆时，在人生的茫茫大海上，不至于迷失自己的方向。

书中参考和借鉴了许多研究者的资料，仓促之中不能一一标出，在此向有关作者致以诚挚的谢意！书中疏漏之处在所难免，敬请广大专家、同仁不吝赐教！

编　者

2016年9月

目　录

第一章　诗　词

王风·黍离[1]

《诗经》

◎《诗经》是我国第一部诗歌总集，原名《诗》，共305篇，举其成数，故又称《诗三百》。另有6篇笙诗，有目无辞。全书主要收集了周初至春秋中叶五百多年间的作品，最后成书大约在公元前6世纪。先秦时期称为《诗》，到汉代时，被列为儒家经典之一，称作《诗经》，并沿袭至今。《诗经》分为“风”“雅”“颂”三部分。“风”即音乐曲调，国风是各地区的乐调，共160篇，包括周南、召南、邶风、鄘风、卫风、王风、郑风、齐风、魏风、唐风、秦风、陈风、桧风、曹风、豳风等十五国“风”。“雅”指朝廷正乐，是周朝王畿的乐调，分为大雅和小雅，共105篇。“颂”是庙堂祭祀之乐，含商颂、周颂、鲁颂，共40篇。《诗经》中的作品，内容十分广泛，从各个方面反映了当时的社会生活，政治、经济、军事、文化、世态人情、民风习俗等方面在其中都有生动表现。《诗经》表现出的关注现实的热情、强烈的政治和道德意识、真诚积极的人生态度，被后人概括为“风雅”精神，直接影响了后世诗人的创作，奠定了我国诗歌的现实主义传统。《诗经》的句式以四言为主，四句独立成章，间有二言至八言不等，多用重章叠句的复沓结构和赋、比、兴的表现手法，语言质朴优美，善用修辞，音节和谐明快，形象鲜明，寓意深刻，富于艺术感染力，是中国古代诗歌的辉煌起点。

彼黍离离[2]，彼稷之苗[3]。行迈靡靡[4]，中心摇摇[5]。知我者谓我心忧[6]，不知我者谓我何求[7]。悠悠苍天[8]，此何人哉[9]？

彼黍离离，彼稷之穗。行迈靡靡，中心如醉[10]。知我者谓我心忧，不知我者谓我何求。悠悠苍天，此何人哉？

彼黍离离，彼稷之实。行迈靡靡，中心如噎[11]。知我者谓我心忧，不知我者谓我何求。悠悠苍天，此何人哉？

【注释】

[1] 本文选自《诗经》“王风”，“王”指东周王都。周平王迁都洛邑后，王室衰微，天子位同列国诸侯，其地产生的民歌便被称为“王风”。

[2] 彼：那个地方。黍：一种农作物，也称黍子，籽实去皮后叫黄米，有黏性，可以酿酒、做糕等。离离：行列整齐的样子。

[3] 稷：一年生谷物，俗称糜子。由于它是我国最早的谷物，所以古代以稷为百谷之

长，并奉之为五谷之神。

［4］行迈：行走。行、迈都含有步行之意。靡靡：迟迟、缓慢、犹疑不决的样子。

［5］中心：内心、心中。摇摇：心神不定的样子。

［6］谓：说。

［7］求：寻求。

［8］悠悠：遥远、渺茫。

［9］此何人哉：这（指故国衰亡的凄凉景象）是谁造成的呢？

［10］醉：指心中忧愁，如醉酒一样难受而不能自持。

［11］噎：食物塞住咽喉，这里指人的心情忧愤得心中堵塞。

【赏析】

关于《黍离》一诗的主旨，历来说法不一。《毛诗序》认为："《黍离》，闵宗周也。周大夫行役，至于宗周，过故宗庙宫室，尽为禾黍。闵周室之颠覆，彷徨不忍去，而作是诗也。"所以，此诗一直以来被认为是悲悼故国的作品，是东周士大夫慨叹西周王室衰亡之作。此诗写东迁后，王室衰微，东周士大夫行役来到西周故都镐京，见往日宗庙宫室之地遍生禾黍，于是"闵周室之颠覆"，徘徊不忍离去，作诗抒发内心的愁苦和悲伤。从中我们可以看到一个常年四处漂泊的流浪者形象，听到他因为流离失所而发出的愤怒呼号。

诗歌第一章以常见的黍稷起兴，写诗人行役至宗周，看到西周宗庙宫室都已经坍塌，上面长满了郁郁葱葱的庄稼，慨叹当年的繁盛不见了，昔日的奢华也不见了，就连刚刚经历的战火也难觅痕迹了。"一切景语皆情语也"（王国维《人间词话》），北方这些随处可见的农作物，引起了主人公无限的情思。黍稷之苗本无情意，但在诗人眼中，却勾起无限的回忆。他心怀忧伤，步履迟缓，面带愁容，心旌神摇。而更可悲的是无人能理解他内心的这种忧思，他不禁绝望地慨叹："知我者谓我心忧，不知我者谓我何求。"这种难以被人理解的悲哀是人世间最大的悲哀。他孤独无助，凄凉至极，只能质问苍天："悠悠苍天，此何人哉？"诗人的郁闷和忧思达到了极致。

本诗采用了《诗经》传统的重章叠句的形式，围绕主题反复咏叹。三章间结构相同，只是更换了几个词，第二句末分别是"苗""穗""实"，不仅起到了分章换韵的作用，而且通过黍稷的生长过程，反映了时间的变化，说明主人公长期在外漂泊，居无定所，内心的郁闷越来越浓重。第四句末分别是"摇摇""如醉""如噎"，表现出主人公内心的悲痛逐渐加剧，郁结于心。最后四句完全相同，重复三次，反复咏叹，形成一种言有尽而意无穷的艺术效果。方玉润（《诗经原始》）评价说："三章只换六字，而一往情深，低回无限。"

行行重行行

《古诗十九首》

◎《古诗十九首》的名称最早见于南朝梁代昭明太子萧统的《文选》。汉代流传着一批无名氏所作的没有标题的五言抒情诗，被人们统称为"古诗"。萧统从其中选取十九首编入《文选》，并取题为《古诗十九首》，列在“杂诗”类之首，后世遂作为组诗看待。《古诗十九首》的作者大约都是东汉末年中下层文人，内容多写夫妇、朋友间的离愁别绪和士人的彷徨失意，有些作品表现出追求富贵和及时行乐的消极思想，表现了文人在汉末社会思想大转变时期追求的幻灭与沉沦、心灵的觉醒与痛苦。《古诗十九首》所抒发的大都是人生最基本、最普遍的情感和思绪，令古往今来的读者常读常新，引起共鸣。

◎《古诗十九首》艺术上长于抒情，意蕴婉转，余味无穷。其语言质朴自然，往往通过白描、比兴、象征等手法，形成情景交融、浑然圆融的艺术境界。《古诗十九首》还多用叠字，或描绘景物，或刻画形象，或叙述情境，无不生动传神，也增加了诗歌的节奏美和韵律美。《古诗十九首》是早期抒情诗的典范，代表了汉代文人五言诗的最高成就。它的出现，标志着我国五言古诗的成熟，对后来的诗歌发展产生了重要影响。

行行重行行[1]，与君生别离[2]。
相去万余里[3]，各在天一涯[4]。
道路阻且长[5]，会面安可知？
胡马依北风[6]，越鸟巢南枝[7]。
相去日已远[8]，衣带日已缓[9]。
浮云蔽白日[10]，游子不顾返。
思君令人老，岁月忽已晚[11]。
弃捐勿复道[12]，努力加餐饭。

【注释】

［1］行行：指走个不停。重：又。这句是说行而不止，走了一程又一程。

［2］生：活生生。

［3］相去：相距，相离。

［4］涯：方。

［5］阻：艰险。

［6］胡马：北方所产的马。依：依恋。这句是说，胡马到了南方之后依然依恋北风。

［7］越：古代南方的国名。越鸟：南方所产的鸟。南枝：朝南面的树枝。这句是说，越鸟北飞之后，仍然筑巢于南向的树枝。“胡马依北风，越鸟巢南枝”，是当时习用的比喻，眷恋故乡的意思。

［8］去：离开。远：久。

［9］缓：宽松。衣带缓指人消瘦。这句是说，人因相思而一天天消瘦。

［10］蔽：遮蔽。陆贾《新语·慎微》：“邪臣之蔽贤，犹浮云之障日月也。”此处指游子在外别有所恋。

［11］岁月：日子。晚：岁暮。

［12］弃捐：丢弃，抛弃。道：念及，提起。

【赏析】

《行行重行行》是《古诗十九首》中的第一篇，是一首思妇诗。表现了思妇对远行异乡的游子的深切思念。其特点是“情真、景真、事真、意真”，读之使人悲感无端，反复低回，为女主人公真挚的爱情所感动。

本诗可分为四层。第一层是前两句，叙述离别之情。诗一开始连用四个“行”字，用“重”将其连接，使意思更进一层，把主人公那种因为路途遥远、相见无期而依依不舍的心情表现了出来。“行行”言其远，“重行行”言其极远，兼有久远之意，更进一层，不仅指空间，也指时间。复沓的声调、迟缓的节奏、疲惫的步伐，给人以沉重的压抑感，痛苦伤感的氛围立即笼罩全诗。“与君生别离”一句抒发了思妇当时的心情。“君”，当指女主人公的丈夫，即将远行的游子。“生”是活生生的意思，生人作死别，怎能不让人悲戚。

第二层是三至八句，叙写路远难会。“相去万余里，各在天一涯”，突出距离之远，思妇以游子远行处为天涯，游子以家乡与思妇为天涯。“道路阻且长”承上句而来，“阻”承“天一涯”，指路途坎坷曲折；“长”承“万余里”，指路途遥远，关山迢迢，因此才“会面安可知”。当时战争频繁，社会动乱，加上交通不便，生离犹如死别，相见也就无期。这是从空间方面加以渲染，说明相会的难度。然而，别离愈久，会面愈难。思妇在极度的思念中展开了丰富的联想：“胡马依北风，越鸟巢南枝。”物皆有感情，何况是人呢。

第三层是九至十二句，叙述相思之苦。“相去日已远，衣带日已缓”，是从时间方面进行渲染。随着时间的流逝，思妇对游子的思念之情日见加深，思妇无心茶饭，日见消瘦憔悴。游子离家已久，却杳无音讯，思妇不禁陷入了深深的痛苦和猜测中，而这种猜测又加深了思妇的痛苦。这种思念和猜测，使思妇的相思显得更加刻骨，更加深婉、含蓄，意味不尽。

第四层是最后四句，写思妇的期待宽慰。“思君令人老，岁月忽已晚”，是说相思容易使人憔悴。“弃捐勿复道，努力加餐饭”，写思妇的自我宽慰，告诫自己，与其自哀自怨，日见憔悴，还不如好好吃饭，保重身体，以待来日相会，也希望在外的人保重身体。

本诗语言简洁质朴，言简意赅，诗中还使用了比兴手法，以物推人，含蓄形象，不仅说明物尚有情，人岂无思的道理，同时暗喻思妇对远行游子深婉的恋情和热烈的相思。

短歌行

曹操

◎曹操（155—220），字孟德，沛国谯县（今安徽亳州市）人，东汉末年著名的政治家、军事家、文学家。这首诗大约作于建安十三年，赤壁大战前夕。当时曹操已平定北方，率军南征，列阵长江，想一举消灭孙权和刘备的势力。战前曹操酒宴众文武大臣，酒酣之时赋诗《短歌行》。《短歌行》属《相和歌·平调曲》，是曹操按旧题写的新辞。诗歌的主旨是表达作者求贤若渴的心情和任用人才、实现一统天下的宏伟抱负。诗歌意境深远而优美，风格别致而多姿，成为脍炙人口的千古名篇。清人陈沆在《诗比兴笺》中说：“此诗即汉高《大风歌》思猛士之旨也。‘人生几何’发端，盖传所谓古之王者知寿命之不长，故并建圣哲，以贻后嗣。”

对酒当歌，人生几何？譬如朝露，去日苦多。
慨当以慷，忧思难忘。何以解忧？唯有杜康[1]。
青青子衿[2]，悠悠我心。但为君故，沉吟至今。
呦呦鹿鸣，食野之苹[3]。我有嘉宾，鼓瑟吹笙。

明明如月，何时可掇？忧从中来，不可断绝。
越陌度阡，枉用相存[4]。契阔谈宴，心念旧恩。
月明星稀，乌鹊南飞。绕树三匝，何枝可依。
山不厌高，水不厌深。周公吐哺[5]，天下归心。

【注释】

[1] 杜康：相传古代最早造酒的人，这里代酒。

[2] 青衿：周代学子的服装。

[3] 苹：艾蒿。

[4] 枉：屈驾。相存：问候。

[5] 周公：姬旦，周武王之弟。吐哺：把口中咀嚼的食物吐出来。

【赏析】

本诗是一篇用于宴会的歌词，全诗通过宴会的歌唱来表达时光易逝、诗人功业未就的苦闷，以及诗人求贤若渴的思想和统一天下的雄心壮志。全诗分为四节，首八句为第一节，写人生有限，诗人苦于得不到众多贤才同他合作，一同抓紧时间建立功业。次八句为第二节，“青青子衿，悠悠我心”这两句是借用《诗经·郑风·子衿》里的句子，表示对贤才的思念之深切。“呦呦鹿鸣，食野之苹”，引自《诗经·小雅·鹿鸣》，是欢宴宾客的诗篇。诗人两次引用《诗经》成句来表现求贤思想：一则求之不得而沉吟忧思，再则求之既得而以笙瑟酒宴加以款待。再次八句为第三节，前四句写愁苦，后四句设想贤才到来，分别照应前两节。最后八句为第四节，先以情景启发贤才，要他们择善而栖；后则披肝沥胆，表白自己能容纳贤才，使天下归心统一。“周公吐哺”的典故出于《韩诗外传》，据说周公自言：“吾文王之子，武王之弟，成王之叔父也；又相天下，吾于天下亦不轻矣。然一沐三握发，一饭三吐哺，犹恐失天下之士。”这个典故用在这里突出地表现了作者求贤若渴的心情。曹操在这里以周公自比，是说自己也有周公那样的胸襟，一定会热切殷勤地接待贤才，使天下的人才都心悦诚服地归顺。这几句气势是宏大的，意义是深远的，表现出一种王者的霸气。

“对酒当歌，人生几何。譬如朝露，去日苦多”，情调悲凉，并非表现及时行乐的思想，而与诗人求贤未得、功业未就有密切关系。建安时期的作家常常感到人生短暂，不能及时建功立业。曹操《秋胡行》云：“不戚年往，世忧不治。”年岁的流逝本不足过于伤心，令人担忧的是天下不太平。所以，此诗的情调苍茫悲凉，但诗人的情绪并不低弱，表现的仍然是奋发进取的精神。

曹操这首诗气魄宏伟，感情充沛、幽深，诗中流动着一片悲凉慷慨、深沉雄壮的情调，笔触跳动，音韵铿锵。曹操深得《诗经》和汉乐府民歌之精髓，将慷慨悲凉之情贯于纯正质朴的语言之中，展现出高超的艺术技巧。一方面借古以讽，融化经典却不露痕迹；另一方面托物遣兴，古为今用，多处使用比兴手法，如以“朝露”比喻人生短促，以“乌鹊南飞”择树而栖比喻贤才择主而事等。

白马篇[1]

曹植

◎曹植（192—232），字子建，沛国谯县（今安徽省亳州市）人。魏武帝曹操之子，魏文帝曹丕之弟，生前曾为陈王，去世后谥号“思”，因此又称陈思王。曹植是三国时期曹魏著名文学家，作为建安文学的代表人物之一与集大成者，他在两晋南北朝时期，被推尊到文章典范的地位。后人因他文学上的造诣而将他与曹操、曹丕合称为“三曹”，南朝宋文学家谢灵运更有“天下才有一石，曹子建独占八斗”的评价。王士祯论汉魏以来两千年间诗家堪称“仙才”者，曹植、李白、苏轼三人耳。

白马饰金羁[2]，连翩西北驰[3]。借问谁家子，幽并游侠儿[4]。
少小去乡邑，扬声沙漠垂[5]。宿昔秉良弓[6]，楛矢何参差[7]。
控弦破左的[8]，右发摧月支[9]。仰手接飞猱[10]，俯身散马蹄[11]。
狡捷过猴猿，勇剽若豹螭[12]。边城多警急，虏骑数迁移。
羽檄从北来[13]，厉马登高堤[14]。长驱蹈匈奴[15]，左顾凌鲜卑。
弃身锋刃端，性命安可怀[16]。父母且不顾，何言子与妻。
名编壮士籍[17]，不得中顾私[18]。捐躯赴国难，视死忽如归。

【注释】

［1］本篇为曹植自创的新题乐府诗。

［2］羁：马笼头。

［3］连翩：本指鸟飞翔不停，此处形容马奔驰如飞。

［4］幽并：幽州和并州，相当于今河北、山西北部和内蒙古、辽宁的部分地区。游侠儿：指重义轻生之士。

［5］扬声：扬名。垂：通“陲”，边境。

［6］宿昔：过去。

［7］楛（hù）矢：用楛木作杆的箭。

［8］控弦：拉弓。左的（dì）：左边的目标。

［9］月支（zhī）：箭靶名。

［10］接：迎射。猱（náo）：一种猿类动物，行动迅疾，善攀缘。

［11］散：此指摧裂。马蹄：箭靶名。

［12］剽（piāo）：轻捷。螭（chī）：传说中一种似虎而有鳞的猛兽。

［13］羽檄：紧急的军事公文。檄（xí）：用于征召的文书，写在木简上，遇有紧急情况则加插羽毛，故称羽檄。

［14］厉马：策马。

［15］蹈：践踏。

［16］怀：爱惜。

［17］籍：名册。

［18］中顾：内心顾念。

【赏析】

这首乐府诗可分四节来理解其内容。第一节，从开头至“幽并游侠儿”，概写主人公游侠儿英俊豪迈的气概；第二节，从“少小去乡邑”到“勇剽若豹螭”，补叙游侠儿的来历和他超群的武艺；第三节，从“边城多警急”到“左顾凌鲜卑”，写游侠儿在战场上冲锋陷阵、奋勇杀敌的英雄事迹；第四节，从“弃身锋刃端”至结束，写游侠儿弃身报国、视死如归的崇高思想境界。全诗塑造了一个武艺高强且充满爱国情感的游侠形象。

作品运用了铺陈的笔法，这正是乐府诗突出的艺术特点。如诗中写游侠儿的武艺：“控弦破左的，右发摧月支。仰手接飞猱，俯身散马蹄。”“左的”“月支”“飞猱”“马蹄”，都是练习射箭的靶子，作者这样铺陈地写，就从左、右、上、下不同的方位表现了他高强的射箭本领。再如写他的战功：“羽檄从北来，厉马登高堤。长驱蹈匈奴，左顾凌鲜卑。”“羽檄”就是命令，他闻风而动，立即投入浴血的战斗当中。他平定了边乱，保住了四境的安全。这种铺陈的写法，使前后句文意互应，渲染了气氛，给读者留下鲜明深刻的印象。

这种铺陈的写法，也表现了作者对游侠儿由衷赞羡之情。如在第四节，作者连用了意思大致相同的四句话，反复咏叹，赞扬游侠儿弃身报国、视死如归的高尚思想品德，可见其敬仰之深。其实，曹植这样写，也是借诗抒怀，借写游侠儿，来表达自己为国建功立业的豪迈情怀。

咏怀诗（其一）[1]

阮籍

◎阮籍（210—263），字嗣宗，陈留尉氏人。魏晋易代之际，司马氏以杀戮得天下，“名士少有全者”，阮籍虚与委蛇，得以善终，但内心痛苦难当。

夜中不能寐，起坐弹鸣琴。
薄帷鉴明月[2]，清风吹我襟。
孤鸿号外野，翔鸟鸣北林[3]。
徘徊将何见，忧思独伤心。

【注释】

［1］《咏怀诗》是阮籍的五言抒情组诗。

［2］鉴：照。此句可作倒装理解：明月照着薄薄的帷帐。

［3］北林：出自《诗经·秦风·晨风》：“鴥彼晨风，郁彼北林。未见君子，忧心钦钦。”此处用其忧郁之意。

【赏析】

《咏怀诗》共82首，非一时之作，表达了作者身处乱世的忧生之嗟，以及对社会、历史、人生的深沉哲思。《咏怀诗》的风格隐晦曲折，当是政治黑暗、政局混乱所致，也与作者深谙玄学“言不尽意”论，追求含而不露、意在言外的境界有关。本诗为《咏怀诗》

的第一首，抒发了作者孤独、寂寞、忧伤的情怀，但何以忧伤却不明言。其主题风格堪为整个组诗的代表。

“夜中不能寐，起坐弹鸣琴。”首联即交代了故事的时间、起因、地点、发展，颇有些娓娓道来、一叙愁肠之势。在浓黑的深夜里诗人却辗转难眠，只得起身抚琴，希望平静内心以此唤得睡眠，打发漫漫长夜。屈原在《楚辞·渔父》里说道：“举世皆浊我独清，众人皆醉我独醒。”表现其清高又孤苦悲凉，而阮籍的众人皆眠我独醒，难道不也是因清高而孤苦悲凉吗？夜的掩护和心灵的空虚使人胡思乱想，这是无可奈何之事。排除身体疾病原因，使人无法睡眠，也只有因心灵太重的枷锁而扰人清梦了。

“薄帷鉴明月，清风吹我衿。”清冷如水的月光柔柔地在薄薄的帷幔上流泄，钻进室内的清风吹动着“我”的衣襟。此时大自然的景物闯进了我们的视野，这些感官的感受带给人的往往是最直接的冲击和震荡。“明月”“清风”缠绕在诗人的周身，使诗人光华皓月，宛如清爽佳人。“明月”“清风”都给人以高洁纯净之感，不矫揉造作却又沁人心脾、洗涤内心。诗人也许是想借“明月”“清风”自我表白，抒发不与世事沉浮，保持“举世皆浊我独清”的高洁志向，以及绝不放弃的决心和坚持。这时我们可以推断诗人此时的内心应该是较为平静且祥和的，因为当人们内心有了决定以后都是比较从容和淡定的。如果诗人此时罢手就此睡去，应该可以好眠。但是，阮籍被誉为最为矛盾的诗人，此人内心肯定不会就此罢手。

“孤鸿号外野，翔鸟鸣北林。”伴随着感官的感受，诗人的听觉也受到了干扰和冲击。诗人此时平静的内心又掀起了涟漪，再现波澜。“孤鸿”在野外哀嚎，因为月明所以鸟儿在林子里飞翔。其实这里可以从两个视角分析，其一，阮籍是隐居山林的，所以夜晚总是能听到大自然的声音，如飞禽走兽，在夜深人静嚎一嚎很常见，而值得思考的是诗人独听到孤独无依的大雁在哀叫，只有月明才会在夜晚飞翔的鸟儿的鸣叫。因为鸿鹄是有远大志向的，翔鸟是执着追寻圣洁的月光的，而诗人只听到这两种动物的声音，显然是以此来表达内心的孤寂、壮志难酬无人知晓，以孤鸿和翔鸟自拟了。其二，“孤鸿”“翔鸟”是诗人虚拟夸大而听到的声音，是诗人自己的内心言语。因此，这两句诗展现的都是诗人孤寂、壮志难酬的内心苦闷世界。

“徘徊将何见，忧思独伤心。”承上，“孤鸿”“翔鸟”徘徊、嘶鸣又能得到什么呢？只能独自伤心罢了。诗人此时的内心应该是空前矛盾的，充满才情和报负的阮籍身处乱世，又有奸臣当道，无计可施的阮籍除了归隐山林、保全本心还能做什么？即使不甘愿，又能怎样呢？

“夜中不能寐”这首诗充分展现了阮籍矛盾的内心世界：归隐山林却又不甘平淡，孤苦寂寞而清高绝傲。

春江花月夜[1]

张若虚

◎张若虚（约660—约720），扬州（今江苏扬州市）人。初唐诗人，曾任兖州兵曹。唐中宗时，与贺知章、张旭、包融并称为“吴中四士”，驰名京城。其诗作大多散佚，

《全唐诗》中仅录存两首。其一为《代答闺梦还》，写少妇相思之情；另一为《春江花月夜》，是一篇脍炙人口的名作，曾被闻一多先生誉为“诗中之诗，顶峰上的顶峰”（《宫体诗的自赎》），有“以孤篇压倒全唐”之誉。在中国诗歌史上，张若虚以此一首《春江花月夜》而奠定了其大家的地位，这可以说是绝无仅有的。

春江潮水连海平，海上明月共潮生。
滟滟随波千万里[2]，何处春江无月明！
江流宛转绕芳甸[3]，月照花林皆似霰[4]；
空里流霜不觉飞[5]，汀上白沙看不见[6]。
江天一色无纤尘[7]，皎皎空中孤月轮。
江畔何人初见月？江月何年初照人？
人生代代无穷已，江月年年望相似；
不知江月待何人，但见长江送流水。
白云一片去悠悠[8]，青枫浦上不胜愁[9]。
谁家今夜扁舟子[10]？何处相思明月楼？
可怜楼上月徘徊[11]，应照离人妆镜台。
玉户帘中卷不去[12]，捣衣砧上拂还来[13]。
此时相望不相闻，愿逐月华流照君。
鸿雁长飞光不度[14]，鱼龙潜跃水成文[15]。
昨夜闲潭梦落花，可怜春半不还家。
江水流春去欲尽，江潭落月复西斜。
斜月沉沉藏海雾，碣石潇湘无限路[16]。
不知乘月几人归，落月摇情满江树[17]。

【注释】

[1]《春江花月夜》为乐府旧题，属《清商曲辞·吴声歌曲》，相传为南朝陈后主所创。

[2] 滟（yàn）滟：水波闪动的样子。

[3] 芳甸：遍生花草的原野。

[4] 霰（xiàn）：小冰粒，小雪珠。

[5] 流霜：古人认为霜和雪一样，是从空中飘落的，所以叫流霜。这里指月色皎洁，使人对流动的月光产生霜霰流动又不见其飘飞的感觉。

[6] 汀：水中或水边的空地，这里指江边沙地。

[7] 纤尘：微细的灰尘。

[8] 悠悠：渺茫、幽远。此句意含双关，既指空中白云的飘移，也暗指游子的离别。白云，古诗中常指代游子。

[9] 青枫浦：地名，在今湖南省浏阳市，这里泛指离别之地。

[10] 扁舟：小船、孤舟。

[11] 月徘徊：指月光移动。

[12] 玉户：形容楼阁华丽，以玉石镶嵌装饰。

[13] 捣衣砧（zhēn）：捣衣石。

[14] 度：通“渡”。这句是说能远飞的鸿雁并不能飞渡月光到达你的身边。

［15］文：通“咎”，水的波纹。这句是说能潜游跃动的鱼龙也只能激起层层波纹，并不能游到你的跟前。连同上句皆为表达无法传送的相思之情。

［16］碣石：山名，在今河北省昌黎县，这里代指北方。潇湘：水名，二水在今湖南省零陵县合流，这里代指南方。碣石潇湘：泛指天南地北。

［17］摇情：激荡情思。这句是说江树满挂着落月的余晖，轻轻摇动，好像满怀着无限的情意。

【赏析】

张若虚的《春江花月夜》以“月”为线索逐层铺开，勾勒了一幅春江花月夜的美妙图画。诗篇起笔便就题生发，以江月为中心，以浓淡相宜的笔墨描绘出一幅春江、花林、江月的壮美画卷。浩瀚的海面上一轮明月冉冉升起，江流、芳甸、花林、流霜、白沙，一切都沐浴在月的光辉之下，诗人从多种景物的描写逐渐集中到“皎皎空中”的一轮孤月上。面对江月美景，诗人神思飞跃：“江畔何人初见月？江月何年初照人?”开始了对人生哲理和宇宙奥秘的探索。“人生代代无穷已，江月年年望相似”，诗人敏锐地感知到个人的生命是转瞬即逝的，而人类的存在是绵延长久的，人类正是在生命的代代延续中得到永恒，得以与亘古不变的明月共存。“不知江月待何人，但见长江送流水”，江月有恨，流水无情，诗人又由大自然的景色自然地转到人生图景，引出游子、思妇隔千里而共明月的相思之情。以春江花月夜的良辰美景衬出游子思妇的离愁之苦，同时相思离愁又使月夜美景染上了浓郁的感情色彩，令人心醉神迷。整首诗融情于景，摄情入诗，把对大自然奇丽景色的赞叹、游子和思妇纯洁爱情的讴歌与追求人生哲理、探索宇宙奥秘结合起来，成功地给传统题材注入了新的含义。诗歌意向充实，境界开阔，营造了一种情、景、理交融的幽美、静谧、梦幻般的情调和境界。诗歌的语言清丽自然，洗净了六朝宫体诗的浓脂腻粉。整首诗韵调优美，共三十六句，四句一换韵，共换九韵，平仄相谐，一唱三叹，声情并茂，耐人寻味。

辋川闲居赠裴秀才迪[1]

王维

◎王维（701—761），字摩诘，盛唐著名诗人。原籍祁州（今山西太原祁县），后迁至蒲州（今山西永济西），晚年居于陕西蓝田辋川别墅。唐开元九年（721 年）进士，曾任大乐丞、右拾遗等官。安史之乱中，被迫出任伪职。叛乱平定后，降为太子中允，后官至尚书右丞，世称王右丞。王维的思想与创作于40 岁左右皆有较大转变：前期热衷政治，怀有“动为苍生谋”之大志，创作出一些格调高亢的诗作；后期亦官亦隐，焚香礼佛，诗多禅趣，故人称其为“诗佛”。王维在诗歌艺术上具有极高的造诣，作品题材广泛，尤以山水田园诗最为人称道，是唐代山水田园诗派的代表人物，与孟浩然并称“王孟”。王维能诗、善画、通音律，其艺术才华在山水田园诗中发挥得淋漓尽致，诗歌具有“诗中有画”的独特风格，在中国诗歌史上占有重要的地位，有《王右丞集》。

寒山转苍翠[2]，秋水日潺湲[3]。

倚杖柴门外，临风听暮蝉[4]。
渡头余落日，墟里上孤烟[5]。
复值接舆醉[6]，狂歌五柳前[7]。

【注释】

［1］辋川：水名，在今陕西省蓝田县南终南山下。初唐诗人宋之问在此有别墅，后被王维购得，居住了三十多年，是王维半官半隐时主要的居住之地。裴迪：诗人，王维好友，曾共隐于终南山，后又常同游辋川，经常与王维唱和。

［2］转：一作“积”，转为，变为。这句是说山色越来越浓，暗指天色渐暗，已近黄昏。

［3］潺湲（yuán）：这里指水缓慢流淌的样子。

［4］暮蝉：秋后的蝉，这里指蝉的叫声。

［5］墟里：村落。

［6］接舆：春秋时楚国隐士。姓陆，名通，字接舆。好养性，佯狂避世。这里以接舆代指裴迪。

［7］五柳：本指陶渊明。陶渊明在《五柳先生传》中曾云：“先生不知何许人也，亦不详其姓字，宅边有五柳树，因以为号焉”，后人常把五柳先生作为陶渊明的代称。这里王维以“五柳先生”自比。

【赏析】

这首诗写于王维隐居辋川期间。裴迪是王维好友，曾与王维同隐辋川，彼此常相互酬唱。从题目看，此诗是王维酬赠裴迪之作，但实为一首情景兼胜的写景之诗。诗人以写意的笔法，描绘了辋川山林宁静恬美的秋色。首、颔两联描写山中深秋晚景，诗人以苍翠的寒山、缓缓的秋水、渡头的落日、墟里的孤烟等富有季节和时间特征的景物，勾勒出一幅恬静和谐又生机盎然的山水田园风景画。诗的颈联和尾联则写诗人与好友裴迪闲居之乐及对友人的真挚情谊。“倚杖柴门外，临风听暮蝉”，生动形象地写出了诗人神驰邈远、安闲专注的情态。沉醉狂歌，则淋漓尽致地表现了好友裴迪的狂士风度。诗人将裴迪与楚国狂士接舆相比，可见诗人对好友的赞许；而以“五柳”自比，则表明了自身品格与幽居山林、超然物外之志趣。整首诗纯用白描语言，风光人物、交替行文，动静相插，音画互映，于清新自然之中形成情景交融、物我一体的艺术佳境，充分体现了王维山水诗“诗中有画”的独特艺术风格。

走马川行奉送出师西征[1]

岑参

◎岑参（715—770），荆州江陵（今湖北江陵）人。出身于官僚家庭，曾祖父、伯祖父、伯父都官至宰相。父亲也两任州刺史。但父亲早死，家道衰落。他自幼从兄受书，遍读经史。二十岁至长安，献书求仕。以后曾北游河朔。三十岁举进士，授兵曹参军。天宝八年，充安西四镇节度使高仙芝幕府书记，赴安西，天宝十年回长安。天宝十三年又作安西北庭节度使封常清的判官，再度出塞。安史之乱后，至德二年才回朝。前后两次在边塞共六年。他的诗说："万里奉王事，一身无所求。也知边塞苦，岂为妻子谋。"（《初过陇山途中呈宇文判官》）又说："侧身佐戎幕，敛任事边陲。自随定远侯，亦着短后衣。近来能走马，不弱幽并儿。"（《北庭西郊候封大夫受降回军献上》）可以看出他两次出塞都是颇有雄心壮志的。他回朝后，由杜甫等推荐任右补阙，以后转起居舍人等官职，大历元年官至嘉州刺史。以后罢官，客死成都旅舍。

君不见走马川行雪海边[2]，平沙莽莽黄入天。
轮台九月风夜吼[3]，一川碎石大如斗，随风满地石乱走。
匈奴草黄马正肥，金山西见烟尘飞[4]，汉家大将西出师[5]。
将军金甲夜不脱，半夜军行戈相拔，风头如刀面如割。
马毛带雪汗气蒸，五花连钱旋作冰[6]，幕中草檄砚水凝。
虏骑闻之应胆慑，料知短兵不敢接，车师西门伫献捷[7]。

【注释】

［1］《走马川行奉送出师西征》：又题《走马川行奉送封大夫出师西征》，作于天宝十三年（754年）九月。当时作者在西安节度使封常清幕中任安西北庭节度判官，封奉命西征，岑参写此诗为之送行。走马川：未详。一说即左末河，距播仙城（左末城）五百里。另一说为今乌鲁木齐市西北三百里处的玛纳斯河。

［2］行：通往的意思。雪海：因常年多雪而得名。在今新疆境内，具体地址未详。

［3］轮台：在今新疆米泉县境内。

［4］金山：即阿尔泰山。

［5］汉家：这里实借汉以指唐。

［6］五花连钱：马身上连钱形状的斑纹。

［7］车师：安西都护府所在地。今新疆吐鲁番附近。

【赏析】

岑参诗的特点是意奇语奇，尤其是边塞之作，奇气益著。这首诗奇而壮，风沙的猛烈、人物的豪迈，都给人以雄浑壮美之感。诗人在任安西北庭节度判官时，封常清出兵去征播仙，他便写了这首诗为封送行。为了表现边防将士高昂的爱国精神，诗人用了反衬手法，抓住有边地特征的景物来状写环境的艰险，极力渲染、夸张环境的恶劣，来突出人物不畏艰险的精神。诗中运用了比喻、夸张等艺术手法，写得惊心动魄，绘声绘色，热情奔放，气势昂扬。

首先围绕"风"字落笔，描写出征的自然环境。这次出征将经过走马川、雪海边，穿进戈壁沙漠。"平沙莽莽黄入天"，这是典型的绝域风沙景色，狂风怒卷，黄沙飞扬，遮天蔽日，迷迷蒙蒙，一派混沌的景象。开头两句无一"风"字，但捕捉住了风"色"，把风的猛烈写得历历在目。这是白天的景象。

"轮台九月风夜吼，一川碎石大如斗，随风满地石乱走。"对风由暗写转入明写，行军由白日而入黑夜，风"色"是看不见了，便转到写风声。狂风像发疯的野兽，在怒吼，在咆哮，"吼"字形象地显示了风猛风大。接着又通过写石头来写风。斗大的石头，居然被风吹得满地滚动，再著一"乱"字，就更表现出风的狂暴。"平沙莽莽"句写天，"石乱走"句写地，三言两语就把环境的险恶生动地勾勒出来了。

下面写匈奴利用草黄马肥的时机发动了进攻，“金山西见烟尘飞”中“烟尘飞”三字，形容报警的烽烟同匈奴铁骑卷起的尘土一起飞扬，既表现了匈奴军旅的气势，也说明了唐军早有戒备。下面，诗由造境转而写人，诗歌的主人公——顶风冒寒前进的唐军将士出现了。诗人很善于抓住典型的环境和细节来描写唐军将士勇猛无敌的飒爽英姿。如环境是夜间，“将军金甲夜不脱”，以夜不脱甲，写将军重任在肩，以身作则。“半夜军行戈相拨”写半夜行军，从“戈相拨”的细节可以想见夜晚一片漆黑，以及大军衔枚疾走、军容整肃严明的情景。写边地的严寒，不写千丈之坚冰，而是通过几个细节来描写和表现的。“风头如刀面如割”，呼应前面风的描写，同时也是大漠行军最真切的感受。

“马毛带雪汗气蒸，五花连钱旋作冰。”战马在寒风中奔驰，那蒸腾的汗水立刻在马毛上凝结成冰。诗人抓住了马身上那凝而又化、化而又凝的汗水进行细致的刻画，以少胜多，充分渲染了天气的严寒、环境的艰苦和临战的紧张气氛。“幕中草檄砚水凝”，军幕中起草檄文时，发现连砚水也冻结了。诗人巧妙地抓住了这个细节，笔墨酣畅地表现出将士们斗风傲雪的战斗豪情。这样的军队必然无人能敌。这就引出了最后三句，料想敌军闻风丧胆，预祝凯旋，行文就像水到渠成一样自然。

全篇奇句豪气，风发泉涌，由于诗人有边疆生活的亲身体验，因而此诗能“奇而入理”“奇而实确”，真实动人。全诗句句用韵，除开头两句外，三句一转韵，这在七言古诗中是不多见的。全诗韵位密集，换韵频数，节奏急促有力，情韵灵活流宕，声调激越豪壮，有如音乐中的进行曲。

将进酒

李白

◎李白（701—762），字太白。在后人心目中，李白与杜甫并称为“李杜”，为千古诗坛两颗巨星。李白对后世的影响，主要是他的人格力量和个性魅力。其独立之人格、凛然之风骨，在束缚人性的封建社会里闪烁着绚烂的光辉。至于他的诗歌风采，由于时代的原因，后人难以普遍继承。

李白的诗现存900多首，这些诗表现了他一生的思想和经历，也表现了盛唐时代的社会现实和精神生活面貌。其中，咏酒的诗篇极能表现他的个性，这类诗固然数长安放还以后所作思想内容更为深沉，艺术表现更为成熟。《将进酒》即其代表作。这首诗气势磅礴，语言豪放，句式三、五、七言错杂，节奏急促，声情激荡，韵脚灵活多变（换了六个韵），词语自然流畅，是李白的代表作之一。

施蛰存在《唐诗百话·将进酒》云：“李白的诗，是第一流的浪漫主义作品，他在盛唐时期诗坛上的情况，正和雨果在法国、拜伦在英国一样。游仙、饮酒、美人，是他的浪漫主义形式；嵚崎、历落、狂妄、傲岸，是他的浪漫主义精神。”

君不见黄河之水天上来，奔流到海不复回！
君不见高堂明镜悲白发，朝如青丝暮成雪！
人生得意须尽欢[1]，莫使金樽空对月[2]。
天生我材必有用，千金散尽还复来。

烹羊宰牛且为乐，会须一饮三百杯[3]。
岑夫子，丹邱生，将进酒，杯莫停。
与君歌一曲，请君为我倾耳听。
钟鼓馔玉不足贵[4]，但愿长醉不用醒；
古来圣贤皆寂寞，唯有饮者留其名。
陈王昔时宴平乐[5]，斗酒十千恣欢谑[6]。
主人何为言少钱，径须沽取对君酌[7]。
五花马，千金裘[8]，呼儿将出换美酒[9]，与尔同销万古愁。

【注释】

［1］得意：有兴致的时候。

［2］金樽：珍贵的酒器。

［3］会须：应当。

［4］钟鼓：古代富贵人家宴会时击鼓奏乐。馔玉：珍贵的食品。

［5］平乐：即平乐观，汉明帝时建造，在洛阳西门外。

［6］欢谑：尽情地欢乐谈笑。

［7］径：直截了当。沽：买。

［8］千金裘：价值千金的狐裘。这里泛指珍贵的皮衣。

［9］将出：拿出。

【赏析】

《将进酒》是乐府《鼓吹曲辞·汉铙歌》旧题，内容多写饮酒放歌时的情感。

诗篇发端的两组排比长句："君不见黄河之水天上来，奔流到海不复回"，如此壮阔的景象，不是人的肉眼可以穷极。上句写大河之来，势不可挡；下句写大河之去，势不可回。一涨一消，形成舒卷往复的咏叹调。紧接着，"君不见高堂明镜悲白发，朝如青丝暮成雪"，恰似一波未平、一波又起。如果说前两句为空间范畴的夸张，这两句则是时间范畴的夸张。作者将人生由青春至衰老的全过程说成"朝""暮"间事，把本来短暂的说得更短暂，与前两句把本来壮阔的说得更壮阔，是反向的夸张。于是，开篇的这组排比长句既有比喻意，以河水一去不返喻人生易逝，又有反衬作用，以黄河的伟大永恒衬出生命的渺小脆弱。

后面两句是一个逆转，由"悲"而翻作"欢""乐"，从此直到"杯莫停"，诗情渐趋狂放。句中未直写杯中之物，而用"金樽""对月"的形象语言出之，不仅生动，更将饮酒诗意化了；未直写应该痛饮、狂欢，而以"莫使""空"的双重否定句式代替直陈，语气更为强调。"人生得意须尽欢"，这似乎是宣扬及时行乐的思想，然而只不过是表象而已。

"天生我材必有用"，诗人是用乐观好强的口吻肯定人生，肯定自我。于此，从貌似消极的现象中露出了深藏其内的一种怀才不遇而又渴望入世的积极的本质内容来。"千金散尽还复来"，这又是一个高度自信的惊人之句，能驱使金钱而不为金钱所使，真足令一切凡夫俗子咋舌。

诗如其人，紧接的两句是深蕴在骨子里的豪情，作者描绘了一场盛筵，那绝不是"菜要一碟乎，两碟乎？酒要一壶乎，两壶乎？"而是整头整头地"烹羊宰牛"，不喝上"三百杯”决不甘休。至此，狂放之情趋于高潮，诗的旋律加快。

诗人那眼花耳热的醉态跃然纸上，“岑夫子，丹邱生，将进酒，杯莫停”，几个短句忽然加入，使诗歌节奏富于变化，既是生逢知己，又是酒逢对手，不但“忘形到尔汝”，诗人甚至忘却是在写诗，笔下之诗似乎还原为生活，他还要“与君歌一曲，请君为我倾耳听”。

以下八句就是诗中之歌了。“钟鼓馔玉”意即富贵生活，可诗人以为“不足贵”，并放言“但愿长醉不复醒”。诗情至此，便分明由狂放转而为愤激。这里不仅是酒后吐狂言，而且是酒后吐真言了。诗人曾喟叹“自言管葛竟谁许”，说古人“寂寞”，也表现出自己“寂寞”，因此才愿长醉不醒。此诗开始似只涉人生感慨，而不染政治色彩，其实全篇饱含着一种深广的忧愤和对自我的信念。

以下诗情再入狂放，而且愈来愈狂。“主人何为言少钱”，既照应“千金散尽”句，又故作跌宕，引出最后一番豪言壮语：即便千金散尽，也当不惜“将出”名贵宝物——“五花马”“千金裘”来换取美酒，图个一醉方休。诗情至此狂放至极，令人嗟叹咏歌，直欲“手之舞之，足之蹈之”。情犹未已，诗已告终，突然又迸出一句“与尔同销万古愁”，与开篇之“悲”关合，而“万古愁”的含义更加深沉。

乌夜啼[1]

李煜

◎李煜，字重光，初名从嘉，号钟隐、莲峰居士。南唐元宗李璟第六子，五代十国时南唐国君，961年—975年在位，史称李后主。开宝八年，国破降宋，俘至汴京，被封为右千牛卫上将军、违命侯。后被宋太宗毒死。李煜虽不通政治，但其艺术才华却非凡，精书法，善绘画，通音律，诗和文均有一定造诣，尤以词的成就最高。著有千古杰作《虞美人》《浪淘沙》《乌夜啼》等词，被称为“千古词帝”。

林花谢了春红，[2]
太匆匆，
无奈朝来寒雨晚来风。
胭脂泪，[3]
相留醉，
几时重，[4]
自是人生长恨水长东。

【注释】

［1］此调原为唐教坊曲，又名《相见欢》《秋夜月》《上西楼》。三十六字，上片平韵，下片两仄韵两平韵。

［2］谢：凋谢。

［3］胭脂泪：指女子的眼泪。女子脸上搽有胭脂，泪水流经脸颊时沾上胭脂的红色，故云。

［4］几时重：何时再度相会。

【赏析】

此词将人生失意的无限怅恨寄寓在对暮春残景的描绘中，是即景抒情的典范之作。起句“林花谢了春红”，即托出作者的伤春惜花之情；而续以“太匆匆”，则使这种伤春惜花之情得以强化。狼藉残红，春去匆匆。作者的生命之春也早已匆匆而去，只留下伤残的春心和破碎的春梦。因此，“太匆匆”的感慨，固然是为林花凋谢之速而发，但其中也糅合了人生苦短、来日无多的喟叹，蕴含了作者对生命的理性思考。“无奈朝来寒雨晚来风”一句点出林花匆匆谢去的原因是风雨侵袭，而作者生命之春的早逝不也是因为过多的栉风沐雨？所以，此句同样既是叹花，亦是自叹。“无奈”云云，充满不甘听凭外力摧残而又自恨无力改变生态环境的感怆。“胭脂泪”三句，转以拟人化的笔墨，表现作者与林花之间的依依惜别之情。这里，一边是生逢末世、运交华盖的失意人，一边是盛时不再、红消香断的解语花，二者恍然相对，不胜缱绻。“胭脂泪”，遥按上片“林花谢了春红”句，是从杜甫《曲江对雨》的“林花著雨胭脂湿”变化而来。林花为风侵欺，红鲛绡透，状如胭脂。“胭脂泪”者，此之谓也。但花本无泪，实际上是惯于“以我观物”的作者移情于彼，使之人格化——作者身历世变，泣血无泪，不亦色若胭脂？“相留醉”，一作“留人醉”，花固怜人，人亦惜花；泪眼相向之际，究竟是人留花抑或花留人，已惝恍难分。着一“醉”字，写出彼此如醉如痴、眷恋难舍的情态，极为传神，而“几时重”则呼出了人与花共同的希冀和自知希冀无法实现的怅惘与迷茫。结句“自是人生长恨水长东”，一气呵成亦见悲慨。“人生长恨”似乎不仅仅是抒写一己的失意情怀，而涵盖了整个人类所共有的生命的缺憾，是一种融汇和浓缩了无数痛苦的人生体验的浩杰之作。

八声甘州[1]

柳永

◎柳永（987—1053），原名三变，字景庄，后改名永，字耆卿，排行第七，故俗称柳七，福建崇安（今福建武夷山市）人。早年生活放荡，屡试不第，经常出入歌楼妓馆，为乐工歌伎作词，为达官贵人所不齿，于是他索性放浪于汴京、苏杭等地，以填词为专业。仁宗景祐元年（1034 年）始登进士第，历任睦州团练推官、定海晓峰盐场监官、太常博士等职，终官屯田员外郎，世称柳屯田。柳永一生穷困潦倒，独以词著称于世。他精通音律，是北宋第一个专力填词的作家，多写城市风光及市民生活，表达羁旅行役之苦，将自己的身世之感融于词中，具有一定的现实意义。柳永也是北宋大量创制慢词的第一人。他擅用白描手法，工于铺叙，情景相融，并以俚语入词，受到广大市民的欢迎，流传甚广，有“凡有井水饮处，即能歌柳词”（《避暑录话》）之说，对宋词的发展产生了深远的影响。著有《乐章集》。

对潇潇暮雨洒江天[2]，一番洗清秋。渐霜风凄紧[3]，关河冷落，残照当楼。是处红衰翠减[4]，苒苒物华休[5]。惟有长江水，无语东流。

不忍登高临远，望故乡渺邈[6]，归思难收。叹年来踪迹，何事苦淹留？想佳人、妆楼颙望[7]，误几回、天际识归舟[8]。争知我、倚阑干处[9]，正恁凝愁[10]！

【注释】

［1］八声甘州：从唐教坊大曲《甘州》中截取一段而成的慢词，因全词总共有八韵，故名八声。

［2］潇潇：形容雨势急骤的样子。

［3］渐：又。凄紧：寒气逼人。

［4］是处：到处。红衰翠减：指红花绿叶枯萎凋落。李商隐《赠荷花》："此荷此叶常相映，翠减红衰愁煞人。"

［5］苒苒：渐渐地。物华：美好的景物。休：消逝。

［6］渺邈：渺茫又遥远。

［7］颙（yóng）望：定神仰望。颙，仰着头不转动的样子。

［8］"误几回"句：多少回错把远处驶来的船只当成是爱人的归舟。语出谢朓《之宣城郡出新林浦向板桥》诗："天际识归舟，云中辨江树。"

［9］争：宋时俗语。争知：怎知。阑：通"栏"。

［10］恁（nèn）：宋时俗语，即如此、这般。凝愁：凝结不解的愁苦。

【赏析】

这首词大约写于柳永宦游江浙时，是其羁旅行役词的代表作之一。词的上阕铺叙秋景，描绘了一幅风雨交加的秋江雨景，营造了一派萧瑟肃杀的悲秋氛围。词人从大处落笔，由"对"字领起，以"潇潇暮雨洒江天"写出雨势之狂猛，呈现一派浩大壮阔的清秋景象，又以"关河冷落，残照当楼"进一步强化暴雨冲洗后，江天苍茫、澄澈如洗的凄凉寂寞之感。而后从"红衰翠减"一片凋零的近景描写中，词意由苍莽悲壮转入细腻沉思，寄托了词人的失意和哀伤，用"物华休"隐喻美好年华的流逝。又以"无语东流"的长江水暗指词人内心的愁苦、悲怆，抒发了岁月蹉跎、人生短暂、世事无常的人生感慨，空添几分伤感。

词的下阕触景生情，以铺叙手法，直抒思乡念亲的情怀。词人登高临远，抒写了"故乡渺邈"之悲、踪迹"淹留"之叹。"不忍"二字形象写出了词人对自我生命价值反省之后的悲哀，浸透了人生幻灭之感。"想佳人、妆楼颙望"，描写居家的佳人误识归舟之情状，以假想之词进而反思自身，写出游子"倚阑""凝愁"的思归之感。整首词结构缜密，情景交织，以通俗的语言、白描的手法及领字的恰当运用，层层往复地展示了羁旅悲秋、思乡怀人的情感，把复杂的思绪表达得声情并茂。王国维曾以此与苏轼的《水调歌头》媲美，认为二者皆"格高千古，不能以常调论也"（《人间词话》），可见，它在词史上占有重要地位。

水龙吟[1]

次韵章质夫杨花词[2]

苏轼

◎苏轼（1037—1101），字子瞻，号东坡居士。北宋文学家、书画家。一生仕途坎坷，学识渊博，天资极高，诗文书画皆精。其文汪洋恣肆，明白畅达，与欧阳修并称“欧苏”，为“唐宋八大家”之一；其诗清新豪健，善用夸张、比喻手法，艺术表现独具风格，与黄庭坚并称“苏黄”；其词开豪放一派，对后世有巨大影响，与辛弃疾并称“苏辛”；其书法擅长行书、楷书，能自创新意，用笔丰腴跌宕，有天真烂漫之趣，与黄庭坚、米芾、蔡襄并称“宋四家”；其画学文同，喜作枯木怪石，论画主张神似，提倡“士人画”。著有《苏东坡全集》和《东坡乐府》等。

似花还似非花，也无人惜从教坠[3]。抛家傍路，思量却是，无情有思[4]。萦损柔肠[5]，困酣娇眼[6]，欲开还闭。梦随风万里，寻郎去处，又还被莺呼起[7]。

不恨此花飞尽，恨西园，落红难缀[8]。晓来雨过，遗踪何在？一池萍碎[9]。春色三分，二分尘土，一分流水。细看来，不是杨花，点点是离人泪。

【注释】

[1] 水龙吟：词牌名。又名《小楼连苑》《龙吟曲》等。双调，102 字，仄韵。

[2] 次韵：作旧体诗或词的方式之一，也叫步韵。即按照所和诗词中的韵及其用韵的先后次序写诗词。章质夫：苏轼的朋友。

[3] 也无人惜从教坠：也没人爱惜，任它坠落。

[4] 有思：有愁思。

[5] 萦：愁思萦回。柔肠：因杨柳枝条柔细，故以柔肠喻之。

[6] 困酣：非常困倦。

[7] “莺呼起”句：化用唐代金昌绪《春怨》之意：“打起黄莺儿，莫教枝上啼。啼时惊妾梦，不得到辽西。”

[8] 缀：联结。

[9] 萍碎：传说杨花落水，经宿即化为浮萍。

【赏析】

这首词是苏轼婉约词中的经典之作。词家一向以咏物为难，张炎《词源》曰：“诗难于咏物，词为尤难。体认稍真，则拘而不畅；模写差远，则晦而不明。要须收纵联密，用事合题。一段意思，全在结句，斯为绝妙。”章质夫的杨花词已经以其摹写物态的精妙成为一时传诵的名作。步韵填词，从形式到内容，必然受到原唱的约束和限制，尤其是在原唱已经达到很高的艺术水平的情况下，和韵要超越原唱实属不易。苏轼却举重若轻，不仅写出了杨花的形、神，而且采用拟人的艺术手法，把咏物与写人巧妙地结合起来，将物性与人情毫无痕迹地融在一起，真正做到了“借物以寓性情”，“即物即人，两不能别”。全词写得声韵谐婉，情调幽怨缠绵，反映了苏词婉约的一面。此词一出，世人赞誉不绝，名声很快超过章的原作，成为咏物词史上“压倒古今”的名作。

此词约作于 1081 年（元丰四年），苏轼 45 岁，正谪居黄州。当时其好友章质夫曾写《水龙吟》一首，内容是咏杨花的。因为该词写得形神兼备、笔触细腻、轻灵生动，达到了相当高的艺术水平，因而受到当时文人的推崇赞誉，盛传一时。苏东坡也很喜欢章质夫的《水龙吟》，并和了这首《水龙吟·次韵章质夫杨花词》寄给章质夫，还特意告诉他不要给别人看。章质夫慧眼识珠，赞赏不已，也顾不得苏东坡的特意相告，赶快送给他人欣赏，才使得这首千古绝唱得以传世。

和子由渑池怀旧[1]

苏轼

人生到处知何似？应似飞鸿踏雪泥[2]。
泥上偶然留指爪，鸿飞那复计东西[3]。
老僧已死成新塔，坏壁无由见旧题[4]。
往日崎岖还记否，路长人困蹇驴嘶[5]。

【注释】

[1] 予由：苏轼弟弟苏辙字子由。渑（miǎn）池：今河南渑池县。这首诗是针对苏辙《怀渑池寄子瞻兄》而作的和诗。

[2] 飞鸿：大雁。雪泥：融化着雪水的泥土。

[3] 计：推断，指推断鸿飞的去向。

[4] 老僧：这里指奉闲。嘉祐三年（1058 年），苏轼与苏辙赴京应试，途中他们曾寄宿在奉闲的僧舍并在墙壁题诗。坏壁：指奉闲僧舍。

[5] 蹇驴：跛脚的驴。苏轼诗中有自注说："往岁，马死于二陵（按：即崤山，在渑池西），骑驴至渑池。"

【赏析】

北宋嘉祐六年（1061 年）秋，苏轼出任凤翔府（今属陕西）判官，他的弟弟苏辙送他到郑州。苏辙送别返回后，写了一首《怀渑池寄子瞻兄》给苏轼。苏辙 19 岁时曾被任命为渑池县主簿，但是后来考中进士没有到任，他的诗中主要抒发了一种人生偶然的感慨。《和子由渑池怀旧》是苏轼的和诗。苏轼这次赴任凤翔，又经过渑池，两人都对这个地方有特殊的感情。这首诗前两联诗人以雪泥鸿爪这一独到、新颖而警策的比喻，表达了世事无常、人生沧桑的感慨。后两联回忆往事，对前两联的哲理做出形象具体的诠释与补充，进一步深化了主题，即使人生无常，也不可放弃努力。全诗前后贯通，寓哲理于形象之中，内涵丰富，耐人寻味。宋人"以文为诗"，注重表现诗的理趣，苏轼这首诗理和趣相统一，达到水乳交融的境界。

菩萨蛮·书江西造口壁[1]

辛弃疾

◎辛弃疾（1140—1207），字幼安，别号稼轩，历城（今山东济南）人，南宋词人。他出生时，中原已为金兵所占，21 岁参加抗金义军，不久归南宋，历任湖北、江西、湖南、福建、浙东安抚使等职。一生力主抗金。曾上《美芹十论》与《九议》，条陈战守之策，显示出其卓越的军事才能与爱国热忱。其词多抒写力图恢复国家统一的爱国热情，倾诉壮志难酬的悲愤，对当时执政者的屈辱求和颇多谴责，也有不少吟咏祖国河山的作品。

其题材广阔又善于用前人典故入词，风格沉雄豪迈又不乏细腻柔媚之处。其词今存620余首，为南宋之最。作品集有《稼轩长短句》。

郁孤台下清江水[2]，中间多少行人泪？
西北望长安[3]，可怜无数山[4]。
青山遮不住，毕竟东流去[5]。
江晚正愁余[6]，山深闻鹧鸪[7]。

【注释】

［1］造口：即皂口，镇名，在今江西省万安县西南60里处。

［2］郁孤台：古台名，在今江西赣州市西南的贺兰山上，因“隆阜郁然，孤起平地数丈”而得名。清江：赣江与袁江合流处，旧称清江。

［3］长安：今陕西省西安市，为汉唐故都。这里指沦于敌手的宋国都城汴梁。

［4］可怜：可惜。无数山：这里指投降派（也可理解为北方沦陷国土）。

［5］毕竟东流去：暗指力主抗金的时代潮流不可阻挡。

［6］愁余：使我感到忧愁（“余”也有的写作“予”）。

［7］鹧鸪：鸟名，传说它的叫声像“行不得也哥哥”，啼声凄苦。

【赏析】

这首词为宋孝宗淳熙三年（1176年）作者任江西提点刑狱，驻节赣州，途经造口时所作。关于此词之发端，罗大经在《鹤林玉露》中说：“盖南渡之初，虏人追隆祐太后御舟至造口，不及而还。幼安自此起兴。”当时辛弃疾南归十余年，在江西任刑法狱颂方面的官吏，经常巡回往复于湖南、江西等地。来到造口，俯瞰不舍昼夜流逝而去的江水，词人的思绪也似这江水般波澜起伏，绵延不绝，于是写下了这首词。

“郁孤台下清江水”，起笔横绝。由于汉字形、声、义具体可感之特质，尤其郁有郁勃、沉郁之意，孤有巍巍独立之感，郁孤台三字便凸起一座郁然孤峙之高台。词人调动此三字打头阵，显然有满腔磅礴之激愤，势不能不用此突兀之笔也。进而写出台下之清江水。《万安县志》云：“赣水人万安境，初落平广，奔激响溜。”写出清江激流，词境遂从百余里外的郁孤台，顺势收至眼前的造口。造口，词境之核心。故又纵笔写出：“中间多少行人泪?”“行人泪”三字直点造口当年事。词人身临隆祐太后被追之地，痛感建炎国脉如缕之危，愤金兵之猖狂，羞国耻之未雪，乃将满怀悲愤化为此悲凉之句。在词人的心魂中，清江流水，竟为行人流不尽的伤心泪。“行人泪”意蕴深广，不必专言隆祐太后。在建炎年间四海南奔之际，自中原至江淮而江南，不知有多少行人流下无数伤心泪。由此想来，便觉隆祐太后被追至造口，又正是那存亡危急之秋的象征。无疑“行人泪”中，也有词人的悲泪。

“西北望长安，可怜无数山。”长安指汴京，西北望犹言直北望。词人因回想隆祐太后被追而念及神州陆沉，独立造口仰望汴京亦犹杜老之独立夔州仰望长安。抬望眼，遥望长安，境界顿时无限高远。然而，可惜有无数青山重重遮拦，境界遂一变而为具有封闭式的意味，顿挫有力。虽暗用李勉登郁孤台望阙之故事，却写出作者自己的满怀忠愤。

“青山遮不住，毕竟东流去。”赣江北流，此言东流。无数青山虽可遮住长安，但终究遮不住一江之水向东流。写眼前景，若言有寄托，则似难以指实；若言无寄托，则“遮不住”与“毕竟”二语，又明显带有感情色彩。“江晚正愁余，山深闻鹧鸪。”词情、词境又作一大顿挫。“江晚”“山深”，此一暮色苍茫又具封闭式意味的境界，无异为词人沉郁苦闷的孤怀写照，而暗合上阕开头的郁孤台意象。鹧鸪声声，其呼唤词人莫忘南归的怀抱，抑勾起其志业未就的悲愤。

青玉案·元夕[1]

辛弃疾

东风夜放花千树[2]，更吹落，星如雨[3]。宝马雕车香满路[4]。凤箫声动[5]，玉壶光转[6]，一夜鱼龙舞[7]。

蛾儿雪柳黄金缕[8]，笑语盈盈暗香去[9]。众里寻他千百度，蓦然回首[10]，那人却在，灯火阑珊处[11]。

【注释】

[1] 元夕：阴历正月十五为元宵节，是夜称元夕或元夜。

[2] 花千树：花灯之多如千树开花。

[3] 星如雨：指焰火纷纷，乱落如雨。

[4] 宝马雕车：华美的车马。

[5] 凤箫：箫的美称。

[6] 玉壶：指月亮。

[7] 鱼龙舞：指舞鱼、龙灯。

[8] 蛾儿、雪柳、黄金缕：皆为古代妇女的首饰。这里指盛装的妇女。

[9] 盈盈：仪态美好的样子。暗香去：古代妇女身上带着装有香料的物品，她们走了，那散发出来的香气也没有了，所以叫“暗香去”。

[10] 蓦然：突然，猛然。

[11] 阑珊：零落稀疏的样子。

【赏析】

宋孝宗乾道六年到八年（1170—1172年），辛弃疾曾有近两年的时间在临安任职，此词即作于这一时期。词的上片写元夕之夜，临安城里的灯火和人们观看灯火的盛况。开头两句写满城的灯火像一阵春风把千树万树的花儿吹开了一样，又好像是春风吹落了满天的星斗。“花千树”“星如雨”，是指五颜六色的灯火。“宝马雕车香满路”，是指贵族人家乘坐马车出来观灯的气派。

下片写了两层意思，前三句写妇女们在街上观看灯火的欢乐场面。最后三句写被寻找的那个人，与众不同，不在热闹的街上观看灯火，却独自一人待在灯火阑珊的地方，沉思默想。在这里，作者显然是有所寄托的。它含蓄地反映了作者在政治上失意后，不肯与投降派同流合污，甘愿寂寞，以保持高洁的品德。这几句不但含意深，而且构思新巧，富有意境。

此词极力渲染元宵节观灯的盛况。满城灯火，游人如织，通宵欢乐，这一切都是为“那人”的出现而设。而自甘寂寞的“那人”，正如梁启超所说：“自怜幽独，伤心人别有怀抱。”“众里寻他千百度”以下四句，被王国维解作“古今之成大事业、大学问者”必经的第三种境界，即豁然贯通的境界。

南吕·一枝花

不伏老（选段）

关汉卿

◎关汉卿，生卒年不详，号已斋叟，字汉卿，大都人，我国伟大的古典戏剧家。一枝花：南吕曲牌名。本套乃元曲中的名品，也可视作作者生平、个性的自白。《不伏老》中关汉卿以“风流浪子”自夸，通过诙谐、玩世不恭的语言，曲折地表达出坚韧倔强的性格，成为叛逆封建社会价值系统的大胆宣言。曲中所描绘的生活，按照士大夫的传统人生取向标准来看，分明是“堕入下流”，但关汉卿却欣喜于在这种生活中得以解脱功名利禄的“锦套头”而获得自由与快乐。他以生动活泼的比喻，写书会才人的品行才华，具有民间曲词那种辛辣恣肆和诙谐滑稽的风格。

［尾］我是个蒸不烂、煮不熟、捶不扁、炒不爆、响当当一粒铜豌豆。恁子弟每，谁教你钻入他锄不断、斫不下、解不开、顿不脱、慢腾腾千层锦套头。我玩的是梁园月，饮的是东京酒；赏的是洛阳花，攀的是章台柳[1]。我也会围棋、会蹴鞠[2]、会打围、会插科、会歌舞、会吹弹、会咽作、会吟诗、会双陆[3]。你便是落了我牙，歪了我嘴，瘸了我腿，折了我手，天赐与我这几般儿歹症候，尚兀自不肯休！则除是阎王亲自唤，神鬼自来勾，三魂归地府，七魄丧冥幽，天哪！那其间才不向烟花路儿上走！

【注释】

［1］章台柳：妓女。

［2］蹴（cù）鞠（jū）：古代一种踢球游戏。

［3］双陆：一种类似下棋的游戏。

【赏析】

《不伏老》由四支曲子组成，极其鲜明地反映出关汉卿离经叛道的精神，献身于杂剧事业的决心，并且显示出他多才多艺、风流倜傥的个性。

由于元朝统治者实行民族歧视政策，废置了科举，因而元初大部分知识分子怀才不遇，“沉抑下僚”，甚而落到了“八娼九儒十丐”的地步。在文人群体内部急遽分化之际，关汉卿选择了自己独立的生活方式。在《不伏老》里他有两个自况：一曰“我是个经笼罩、受索网、苍翎毛老野鸡，踏踏得阵马儿熟，经了些窝弓冷箭镴枪头”；一曰“我是个蒸不烂、煮不熟、捶不扁、炒不爆、响当当一粒铜豌豆”。两种比喻都表现了久经历练、坚韧不拔的性格。在“乱制词曲、恶言犯上”者处死刑的紧箍咒中，关汉卿执着顽强地从事戏剧事业，并且运用自己所积累的丰富的艺术实践经验和生活斗争经验，采取迂回曲折的方式与统治者周旋。

“铜豌豆”原系元代妓院对老狎客的切口，但此处诗人巧妙地使用双关语，以五串形容植物之豆的衬字来修饰“铜豌豆”，从而赋予了它以坚韧不屈、与世抗争的特性。“谁教你”三字典型地表现了关汉卿对风流子弟，也是对自己落入妓院“锦套头”（陷阱、圈套）的同情而催发出的一种痛苦的抽搐。正由于诗人对黑暗社会现实的强烈不满，正由于他对统治阶级的坚决不合作态度，关汉卿才用极端的语言来夸示他那完全市民化的书会才人的全部生活：“我也会围棋、会蹴鞠、会打围、会插科、会歌舞、会吹弹、会咽作、会吟诗、会双陆。”在这大胆又略带夸饰的笔调中，在这才情、诸艺的铺陈中，实际上深蕴着一种豪情，一种在封建观念压抑下对个人智慧和力量的自信。至此，诗人的笔锋又一转，在豪情的基础上全曲的情感基调也达到了最强音：“则除是阎王亲自唤，神鬼自来勾，三魂归地府，七魄丧冥幽，天哪！那其间才不向烟花路儿上走!”这种对人生永恒价值的追求，正是诗中诙谐乐观的精神力量所在。

在艺术上，这首散曲最大的特点就是大量地添加衬字，娴熟地运用排比句、连环句，造成一种气韵镗鞳的艺术感染力。譬如（尾）曲中“你便是落了我牙”一句，那向前流泻的一组组衬字很自然地引起情感上激越的节奏，急促粗犷，铿锵有声，极为有力地表现出诗人向“烟花路儿上走”的坚韧决心。全曲一气直下，然又几见波折，三支曲牌中“暂休”“万事休”等情绪沉思处，也往往是行文顿挫腾挪、劲气暗转处，读来如睹三峡击浪之状，浑然有一种雄健豪宕、富于韵律的美感。

面朝大海，春暖花开

海子

◎海子（1964—1989），原名查海生。生于安徽省怀宁县高河镇查湾村，在农村长大。1979 年 15 岁时考入北京大学法律系，大学期间开始诗歌创作。1983 年在中国政法大学哲学教研室工作。1989 年 3 月 26 日卧轨自杀。出版的诗集有《土地》《海子、骆一禾作品集》《海子的诗》《海子诗全编》。

从明天起，做一个幸福的人
喂马，劈柴，周游世界
从明天起，关心粮食和蔬菜
我有一所房子，面朝大海，春暖花开

从明天起，和每一个亲人通信
告诉他们我的幸福
那幸福的闪电告诉我的
我将告诉每一个人

给每一条河每一座山取一个温暖的名字
陌生人，我也为你祝福
愿你有一个灿烂的前程
愿你有情人终成眷属
愿你在尘世获得幸福

我只愿面朝大海，春暖花开

【赏析】

海子的《面朝大海，春暖花开》以明朗清新的语言，唱出了诗人的真诚善良——愿每个人都能“在尘世获得幸福”，抒情自然，感情真挚。

全诗起势突兀，“从明天起，做一个幸福的人”，使读者为他短暂的高兴之后，心在隐隐忧虑，即今天和过去的他活得并不幸福，幸福是从未知的“明天”开始的，只是一个愿望，只是他的憧憬和渴望。诗一开始，就攫住读者之心。

“面朝大海，春暖花开”，这两个短语可谓是海子的天才创造，不仅意象开阔深远，而且韵味无穷。大海上除了茫茫海水，怎么会有春暖花开呢？现实与理想的差异，就这样完美组合起来了。诗歌平白如话，情感表达真实、自然、朴实无华。红尘浊世，非君子所能苟活，生不逢时？怀才不遇？性格怪僻？我们不得而知。让我们也为这样的天才诗人之死叹惋、痛惜、反思，在学会思考的同时学会宽容豁达，看得太透，是一种悲哀；难得糊涂，积极入世而又坚守自己，追求崇高也学会享受平淡，尊重别人也爱惜自己，好好珍惜生活吧。

我是一条小河

冯至

◎冯至（1905—1993），原名冯承植，字君培，河北涿州市人，现代作家、诗人、翻译家。出版诗集《昨日之歌》《北游及其他》《十四行集》《西郊集》，及散文集《山水》《东欧杂记》、中篇小说《伍子胥》、传记文学《杜甫传》。冯至是沉钟社的诗人，早期诗作以格调幽婉、韵味浓烈著称。鲁迅称他是“中国最杰出的抒情诗人”，对新诗发展有其独特的建树。

我是一条小河，我无心由你的身边绕过——
你无心把你彩霞般的影儿
投入了我软软的柔波。

我流过一座森林，
柔波便荡荡地
把那些碧翠的叶影儿
裁剪成你的裙裳。

我流过一座花丛，
柔波便粼粼地
把那些凄艳的花影儿
编织成你的花冠。

无奈呀，我终于流入了，
流入无情的大海
海上的风又厉，浪又狂，
吹折了花冠，击碎了裙裳！

我也随着海潮漂漾，
漂漾到无边的地方——
你那彩霞般的影儿
也和幻散了的彩霞一样！

【赏析】

全诗无一字写爱情，却展现出爱情发生、发展和破灭的过程。诗人借助“小河”与“影儿”之间的天然联系，写出两心相印与相随，如此委婉含蓄的抒写，构思十分新颖，给人以美的享受。诗人还特别在意字句锤炼，诗的语言极富于感情色彩。首节两个“无心”（副词）把“小河”和“影儿”爱情的发生写得那样自然、真切、和谐，开篇就营造出一种恬静幽美的气氛。其后写小河“荡荡地”“粼粼地”的轻盈姿态与大海的厉波狂浪形成鲜明对照，以大海的“无情”反衬主人公的多情。最后一节选用“飘漾”“幻散”这对词，准确地传达出诗人的惆怅和无奈情绪。而在诗的形式上，长短句不拘，韵脚不严，间亦用对偶与复沓，显得舒卷自如，活泼优雅。全诗自由与节制相辅为用，别具一种浓浓的韵味。

回答

北岛

◎北岛，原名赵振开，曾用笔名石默。祖籍浙江湖州，1949 年生于北京。1969 年当建筑工人，后在某公司工作。80 年代末移居国外。北岛的诗歌创作开始于“文化大革命”后期，反映了从迷惘到觉醒的一代青年的心声，“文化大革命”的荒诞现实，造成了诗人独特的“冷抒情”的方式。清醒的思辨与直觉思维产生的隐喻、象征意象相结合，是北岛诗显著的艺术特征，具有高度概括力的悖论式警句，造成了北岛诗独有的振聋发聩的艺术力量。著有诗集《太阳城札记》《北岛顾城诗选》《北岛诗选》等。

卑鄙是卑鄙者的通行证，
高尚是高尚者的墓志铭。
看吧，在那镀金的天空中，
飘满了死者弯曲的倒影。

冰川纪过去了，
为什么到处都是冰凌？
好望角发现了，

为什么死海里千帆相竞？

我来到这个世界上，
只带着纸、绳索和身影，
为了在审判之前，
宣读那些被判决了的声音。

告诉你吧，世界，
我——不——相——信！
纵使你脚下有一千名挑战者，
那就把我算做第一千零一名。

我不相信天是蓝的，
我不相信雷的回声，
我不相信梦是假的，
我不相信死无报应。

如果海洋注定要决堤，
就让所有的苦水都注入我心中；
如果陆地注定要上升，
就让人类重新选择生存的峰顶。

新的转机和闪闪的星斗，
正在缀满没有遮拦的天空，
那是五千年的象形文字，
那是未来人们凝视的眼睛。

【赏析】

《回答》是一首杰出的政治抒情诗。诗人在表现时，借景抒情、借物抒情、借事抒情。无论是对“文化大革命”现实的高度概括，对现存秩序的怀疑，还是作为挑战反叛英雄的悲壮程度，抑或对这一切崭新艺术的表现，在同派诗人的同类作品中，都是无与伦比的。因此，这首沉雄冷峻、大气磅礴、激荡人心的作品，成为当时流行的几个朦胧诗本压卷第一篇，是当之无愧非其莫属的。

世界上最远的距离

泰戈尔

◎泰戈尔是印度著名诗人、文学家、作家、艺术家、社会活动家、哲学家和印度民族主义者，生于加尔各答市一个有深厚文化教养的家庭，属于婆罗门种姓。1913 年他凭借宗教抒情诗《吉檀迦利》获得诺贝尔文学奖，是首位获得诺贝尔文学奖的印度人。他与黎巴嫩诗人卡里·纪伯伦齐名，并称为“站在东西方文化桥梁的两位巨人”。

◎著诗集有《故事诗集》《新月集》《新月集》《采果集》《边缘集》《飞鸟集》《吉檀迦利》等。

世界上最远的距离
不是生与死的距离
而是我站在你面前
你不知道我爱你

世界上最远的距离
不是我站在你面前
你不知道我爱你
而是爱到痴迷
却不能说出我爱你

世界上最远的距离
不是我不能说我爱你
而是想你痛彻心脾
却只能深埋心底

世界上最远的距离
不是我不能说我想你
而是彼此相爱
却不能够在一起

世界上最远的距离
不是彼此相爱
却不能在一起
而是明知道真爱无敌
却装做毫不在意

世界上最远的距离
不是树与树的距离
而是同根生长的树枝
却无法在风中相依

世界上最远的距离
不是树枝无法相依

而是相互了望的星星
却没有交汇的轨迹

世界上最远的距离
不是星星之间的轨迹
而是纵然轨迹交汇
却在瞬间无处寻觅

世界上最远的距离
不是瞬间便无处寻觅
而是尚未相遇
便无法相聚

世界上最远的距离
是鱼与飞鸟的距离
一个在天
一个却深潜海底

【赏析】

1913 年泰戈尔发表为人们所熟知的《飞鸟集》和《园丁集》。《飞鸟集》的译者郑振铎在译完泰戈尔的这部散文诗集后，曾深情地称它“包含着深邃的大道理”。他的诗所包含的思想内容是多方面的，但是其中包含的精深博大的人生哲理启示，则是他的诗的主要特征。

这是泰戈尔的一篇散文诗，是泰戈尔写的《飞鸟集》中的一篇。诗人在失恋后把内心的感受抒发得淋漓尽致，谁说有情人终成眷属，失恋的打击对他来说实在犹如晴天霹雳，将他打入人间地狱。诗人此刻的灵魂就像是无处依靠，虽然精神上的折磨远大于肉体的疼痛，但诗人此刻也是坚强的，依然忍受着寂寞的孤独，写下了此诗。

全诗以爱为主线，诗人敏感的字里行间流露着痛苦而无奈的情感，不能不令人动容。诗歌简短而整齐，全诗由几组“不是……而是……”构成，采取对比的手法，层层深入，把读者带到了那种痛苦而无奈的境地，并把诗人情怀感染给每位读者。读至最后令人恍然大悟——世界上最远的距离实际上是心与心的距离。

当你老了

威廉·巴特勒·叶芝

◎威廉·巴特勒·叶芝（1865—1939），爱尔兰诗人、剧作家。1923 年诺贝尔文学奖获得者。1889 年，24 岁的叶芝与美丽的女演员、爱尔兰民族自治运动的女领导人冈妮相遇，一见钟情。但当他向冈妮求婚时却遭到了拒绝。冈妮后来嫁给了与自己并肩战斗的同志。其后5年，29岁的叶芝写下了这首风靡全球的著名爱情诗。因其具有震撼人心的魅力，已成为世界爱情诗中的圣篇。本诗没有热烈宣泄的激动，只有平静的真挚的倾诉，调子优雅而舒缓，流动又飘逸，淡淡的哀伤中不乏亲切与温馨。

当你老了，白发苍苍，睡意朦胧，
在炉前打盹，请取下这本诗篇，
慢慢吟诵，梦见你当年的双眼，
那柔美的光芒与青幽的晕影；

多少人真情假意，爱过你的美丽，
爱过你欢乐而迷人的青春，
唯独一人爱你朝圣者的心，
爱你日益凋谢的脸上的哀戚；

当你佝偻着，在灼热的炉栅边，
你将轻轻诉说，带着一丝伤感，
逝去的爱，如今已步上高山，
在密密星群里埋藏它的赧颜。

【赏析】

本诗以“当你老了”这一假定的时间为开始，用“这本诗篇”召回、昭示爱情，继而哀叹爱情的消逝，最后在“高山”顶上的“密密星群里”，让爱重生并且升华，具有感人的力量。

全诗共分三节，采用第二人称叙事的手法娓娓道来，表达了诗人对理想爱情的深刻体悟和忠贞追求。第一节开篇点题，借助想象和联想，作者虚构了若干年后年迈的恋人在炉火旁阅读诗集的情景，形象地传达出他对冈妮始终不渝的爱慕之情和因爱情无望而产生的淡淡的感伤情绪。第二节将两种不同的爱情进行对比、烘托，进一步彰显了诗人理想的爱情的圣洁和难能可贵，使诗篇获得巨大的美感力量。诗人追求的爱，是脱离肉体和物质的爱，是来自灵魂深处永久不褪色的爱。第三节继续回到第一节虚拟的意境之中，想象女主人公在“白发苍苍，睡意朦胧”的暮年回首过去，感慨爱情的凄然消逝，抒发了理想爱情无法实现的怅惘之情，再一次深沉地表达了诗人的忠贞追求。最后两行的“山”与“星”的意象，拓展了本诗的意境和空间，使诗人的个体性之爱升华为人类的永恒之爱，同时赋予了爱情以永恒、不朽的神圣含义。

整首诗韵律齐整，节奏舒缓，语言明白晓畅，文思隽永，意境优美。诗里没有华丽的辞藻，平实的字词背后却蕴含着深沉的情感力量。诗人以丰富的想象、细腻的笔触，真实生动地传达出生命个体独特的情感体验，从中感悟并传递出全人类的普遍而又共同的情思哲理，实现了个体对人生及世界的超越。

第二章 散 文

《论语》十则[1]

孔子

◎孔子（前551—前479），名丘，字仲尼，春秋晚期鲁国陬邑（今山东曲阜）人。孔子是儒家学派的创始人，是我国古代伟大的思想家和教育家，“世界十大文化名人”之一。其思想的核心是“仁”，政治上宣扬“仁者爱人”“克己复礼”，教育上提出“有教无类”“因材施教”等主张。一生培养弟子三千余人，曾周游列国，终未见用。晚年整理《诗》《书》等古代文献，对保存和传播我国古代文化有重要贡献。

◎《论语》是儒家经典之一。全书20篇，主要记录孔子及其弟子的言行，由孔子的弟子及再传弟子记录编纂而成，是研究和了解孔子思想生活及儒家学说的重要资料。全书是以记言为主的语录体散文，内容涉及政治、哲学、教育、伦理、文化等各个方面，语言简练，内涵深刻，对中国后代思想、政治、文化等方面都有巨大而深远的影响。

子曰：“不患人之不己知[2]，患不知人也。”（《学而》）

子曰：“学而不思则罔[3]，思而不学则殆[4]。”（《为政》）

子曰：“富与贵，是人之所欲也；不以其道得之[5]，不处也[6]。贫与贱，是人之所恶也[7]；不以其道得之，不去也[8]。”（《里仁》）

子曰：“饭疏食饮水[9]，曲肱而枕之[10]，乐亦在其中矣。不义而富且贵，于我如浮云。”（《述而》）

子曰：“三人行，必有我师焉，择其善者而从之，其不善者而改之。”（《述而》）

子曰：“岁寒[11]，然后知松柏之后彫也[12]。”（《子罕》）

子曰：“志士仁人，无求生以害仁，有杀身以成仁[13]。”（《卫灵公》）

子贡问曰：“有一言而可以终身行之者乎？”子曰：“其恕乎[14]！己所不欲，勿施于人。”（《卫灵公》）

孔子曰：“益者三友，损者三友。友直[15]，友谅[16]，友多闻[17]，益矣。友便辟[18]，友善柔[19]，友便佞[20]，损矣。”（《季氏》）

子张问仁于孔子[21]。孔子曰：“能行五者于天下为仁矣。”“请问之。”曰：“恭[22]，宽[23]，信[24]，敏[25]，惠[26]。恭则不侮[27]，宽则得众[28]，信则人任焉[29]，敏则有功[30]，惠则足以使人[31]。”（《阳货》）

【注释】

[1] 孔子这十则语录原散见于《论语》各篇之中，这里按照在原书中出现的先后顺

序排列。

［2］患：忧虑、担心。不己知：不了解自己。这句意思是说，不要担心别人不了解我，更重要的是怕我不了解别人。

［3］罔：无，无所得。

［4］殆：疑惑。一说危险。

［5］道：这里指正当的途径。

［6］处：接受。

［7］恶：厌恶，不喜欢。

［8］去：除去，摆脱。

［9］饭：作动词，吃。疏食：指粗粮。

［10］肱（gōng）：胳膊。曲肱：指弯着胳膊。

［11］岁：年。

［12］彫：通“凋”，凋零、残落。

［13］杀身：献出生命。

［14］恕：推己及人，仁爱待物。

［15］友直：与正直的人交朋友。

［16］谅：信实。

［17］多闻：见多识广。

［18］便辟：虚浮。

［19］善柔：善于谄媚而不信实。

［20］便佞：花言巧语、夸夸其谈。

［21］子张：孔子的学生，姓颛孙，名师，字子张。

［22］恭：恭敬、庄重。

［23］宽：宽厚。

［24］信：诚实，讲诚信。

［25］敏：勤奋。

［26］惠：恩惠。

［27］侮：侮辱。

［28］得众：得到大家的拥护。

［29］人任：得到人们的信任。

［30］功：指贡献大。

［31］使人：指使唤人，指挥人。

【赏析】

《论语》具有格言化特征，是以记言为主的语录体散文。本篇从《论语》中选择了十则孔子的语录。这些语录虽篇幅短小，却生动地展现了孔子勤奋好学、安贫乐道、积极向上的人生态度以及儒家的一些基本理念，是孔子对生活经验的概括与长期学识的积累。《论语》每篇皆以首句前两字为标题。语言简洁精练，生动形象，隽永含蓄。《论语》还大量运用排比、比喻、对偶等多种修辞手法，句式长短交错，富于变化。几千年来，《论语》中的许多语录仍对我们有启发意义，许多蕴含哲理的语句成为后世的格言警句，被人们广为传诵，对于提高文化素质与道德修养起到重要的作用。

大学之道

《大学》

◎《大学》的作者，在宋以前一直没有提起过，司马迁《史记·孔子世家》和郑玄的《礼记注》都说到了《中庸》的作者是子思，但都没有说《大学》的作者是谁。对此，自古至今，学者纷纷研究，猜测不已，论辩不断。一般而论，关于《大学》的作者，程颢、程颐认为是“孔氏之遗言也”。朱熹也认为，《大学》“经一章，盖孔子之言而曾子述之；其传十章，则曾子之意而门人记之也”。就是说，“经”是孔子的话，由曾子记录下来；“传”是曾子解释“经”的话，由曾子的学生记录下来。《大学》原为《礼记》之一篇，后朱熹将《大学》《中庸》《论语》《孟子》合编注释，称为《四书》，从此《大学》成为儒家经典。

大学之道[1]，在明明德[2]，在亲民[3]，在止于至善[4]。知止而后有定[5][6]，定而后能静[7]，静而后能安[8]，安而后能虑[9]，虑而后能得[10]。物有本末，事有终始[11]，知所先后，则近道矣[12]。

古之欲明明德于天下者[13]，先治其国；欲治其国者，先齐其家[14]；欲齐其家者，先修其身[15]；欲修其身者，先正其心[16]；欲正其心者，先诚其意[17]；欲诚其意者，先致其知[18]；致知在格物[19]。

物格而后知至，知至而后意诚，意诚而后心正，心正而后身修，身修而后家齐，家齐而后国治，国治而后天下平。

自天子以至于庶人[20]，壹是皆以修身为本[21]。其本乱，而末治者否矣[22]。其所厚者薄，而其所薄者厚，未之有也。此谓知本，此谓知之至也[23]。

【注释】

［1］大：指规模广，程度深。学：觉悟明白。人能明白“明明德”“亲民”“止于至善”的道理就是“大学”。

［2］明明德：使人内在的光明德性昭明于天下的人。第一个“明”是动词，使动用法；第二个“明”是形容词，形容人内在的德性原本清明。朱熹《大学章句·序》云：“大学之书，古之大学所以教人之法也。盖自天降生民，则既莫不与之以仁义礼智之性矣。”

［3］亲民：亲爱于民。“亲民”含有教化的意思，即我亲爱你而教化你，让你找到自己的“明德”，并懂得去亲爱其他的人。

［4］止于至善：达到最完美的境地，指“明明德”以及“亲民”都达到了圆满。

［5］知止：指上句的“止于至善”。

［6］定：指志向定在“明明德”上，不受外界诱惑。

［7］静：指心不妄动，不为外物所诱。

［8］安：指身不妄动，随处而安。

［9］虑：指身心能安，遇事之时的所感所发。如果身心不安，遇事常丧失理智，则不能虑。

［10］得：指达到至善的目的。

［11］事有终始：任何一件事都有先后次序。“终始”，从结束到开始。有一个开始，便会再有一个结束，如此循环不止。

［12］近道：指接近事物发展的规律。

［13］明明德于天下：使天下人都能明其明德。

［14］齐其家：指家庭中父慈子孝，长幼有序，和睦相处；家族中公平有序，没有纷争。齐：和谐整齐。

［15］修身：内在的修养功夫。朱熹《大学章句》：“正心以上皆所以修身也。”

［16］正其心：指心有所主，不受情绪干扰蒙蔽。

［17］诚其意：指使意念、志向都合乎德性的要求。

［18］致其知：即明明德。

［19］格物：即格杀摒弃物欲，断除因欲望带来的烦恼。

［20］庶人：平民。

［21］壹是：一切、都是。

［22］其本乱，而末治者否矣：犹言不修身而可以齐家、治国、平天下，那是不可能的。本：指修身。末：指齐家以至平天下。

［23］其所厚者薄，而其所薄者厚，未之有也：意思是该重视的不重视，不该重视的重视，这种不分轻重缓急，本末倒置，就想理家治国是不可能的。厚：指家人；薄：指国与天下之人。

【赏析】

中国传统文化喜好讲德性，对人的要求，归根结底就是要人道——孔孟之道，所谓古圣先贤之道。得道以后，才能够把天下治好，使家庭和睦，个人成为有道德的人。而得道、悟道是有一定的方法的。《大学》就是教大家明白道的所在以及得道的方法。所以，程子曰：“而初学人德之门也。”

古圣先贤之道是所有的人，上至天子，下到普通老百姓，都应该要学习的。“古人为学次弟者，独赖此篇之存。”《大学》提出了人道的必然次第，总的来说，就是“三纲领”“八条目”。

“三纲领”就是“明明德”“亲民”“止于至善”。这“三纲领”在句首虽然都有一个“在”字，但理解上，不能将三者视为各自独立的领域。全文对此三者一贯而有不可分割的关系，是非常强调的。换句话说，在“明明德”与“亲民”之外，没有另一个“止于至善”；“明明德”之事的“止于至善”，便是要推到“亲民”，使天下人皆能“明明德”；而“亲民”之事的“止于至善”，便是以“明明德”为基础，先觉者由己身做起，成为天下人的楷模，并通过教化，以引导天下人自明其明德。

“八条目”是指格物、致知、诚意、正心、修身、齐家、治国、平天下。朱熹说：“此八者，《大学》之条目也。”这正是完成“三纲领”的修行方法。首句的“明明德于天下”即是末句的“天下平”，但不直接说“天下平”，盖因欲平治天下，其方法断非全凭刑政以管制百姓，而当以一己的“明明德”为本，并将此道推行于天下，使百姓亦皆自明其明德，成就道德的社会，才算真太平。然而，“天下”的根本在“国”，“国”的根本在“家”，“家”的根本在“个人”，所以想使全天下为道德的社会，还须先使国、家、个人皆成道德之国、道德之家、道德之人，而其最根本处就在个人。个人要成为道德之个体，唯有修身。修身的先决条件则是格物、致知、诚意、正心，没有此四者，便没有修身可谈，这是修身的具体内容。四者当中最基本的方法就是格物。此“格”指格杀摒弃。此“物”指人心中不合理的私欲，不是指外物，具体说来就是“财、色、名、利”等种种贪欲。因为人的内心有不合理的贪欲，所以其看见的便不正，而是是非非均失其当。如一个人爱妻爱子，其妻子再不好，他总觉得好；若格去此爱，则此妻与子的不好，自然悉知悉见。格物、致知后，方能诚意、正心。即使一字不识之人，亦做得到。故“格物”实则“大学”根基，只要用心，人人可做，人人能做，物格而后贪欲自消，一切外物皆不能缚。因为心无挂碍，则没有恐怖，远离颠倒梦想，成就美满幸福人生！

谏逐客书[1]

李斯

◎李斯（？—前208），秦朝政治家。楚国上蔡（今河南上蔡县）人。年轻时做过郡中小吏，后与韩非子一起师从著名思想家荀子学“帝王之术”，学成后到秦国，做了秦国国相吕不韦的舍人，后得到秦王嬴政赏识，拜为客卿。秦王政十年（公元前237年），因韩国水工郑国事件，宗室贵族建议逐客，他上书谏阻，为秦王采纳。不久任廷尉，建议对六国采用各个击破的策略，在秦统一中国中起了重要作用。秦统一后，他官至丞相，反对分封制，主张改设郡县，统一文字和度量衡，对旧的典章制度进行了一系列改革，为巩固新兴的中央集权制做出了重要贡献。秦始皇死后赵高矫诏谋杀太子而立胡亥，李斯为保住自己的地位被迫胁从，最终遭赵高诬害，被秦二世腰斩于咸阳，夷灭三族。

李斯是著名的散文作家，他以政治家的手笔撰写的《谏逐客书》开了秦汉政论文的先河，堪称散文典范之作。他的文章继承了战国纵横家纵横捭阖的文风，论事周详，说理透彻，气势充沛，文采斐然，开汉赋铺陈藻饰之先河，具有很强的感染力。李斯的文章保留至今的均收在司马迁《史记·李斯列传》中，共有三篇：《谏逐客书》《论督责书》《狱中上秦二世书》。除代表作《谏逐客书》外，其他如《泰山刻石文》《琅琊台刻石文》等都是“颂秦德”之作，对后代的碑志铭文影响很大。

臣闻吏议逐客，窃以为过矣[2]。

昔缪公求士[3]，西取由余于戎[4]，东得百里奚于宛[5]，迎蹇叔于宋[6]，来丕豹、公孙支于晋[7]。此五子者，不产于秦[8]，而缪公用之，并国二十[9]，遂霸西戎。孝公用商鞅之法[10]，移风易俗，民以殷盛[11]，国以富强，百姓乐用[12]，诸侯亲服，获楚、魏之师[13]，举地千里[14]，至今治强。惠王用张仪之计[15]，拔三川之地[16]，西并巴蜀[17]，北收上郡[18]，南取汉中[19]，包九夷[20]，制鄢郢[21]，东据成皋之险[22]，割膏腴之壤，遂散六国之从，使之西面事秦，功施到今[23]。昭王得范睢[24]，废穰侯[25]，逐华阳[26]，强公室，杜私门[27]，蚕食诸侯[28]，使秦成帝业。此四君者，皆以客之功。由此观之，客何负于秦哉！向使四君却客而不内[29]，疏士而不用，是使国无富利之实，而秦无强大之名也。

今陛下致昆山之玉[30]，有随和之宝[31]，垂明月之珠[32]，服太阿之剑[33]，乘纤离之马[34]，建翠凤之旗[35]，树灵鼍之鼓[36]。此数宝者，秦不生一焉，而陛下说之[37]，何也？必秦国之所生然后可，则是夜光之璧不饰朝廷，犀象之器不为玩好[38]，郑、卫之女不充后宫[39]，而骏良駃騠不实外厩[40]，江南金锡不为用[41]，西蜀丹青不为采[42]。所以饰后宫，充下陈，娱心意，说耳目者[43]，必出于秦然后可，则是宛珠之簪[44]，傅玑之珥[45]，阿缟之衣[46]，锦绣之饰不进于前，而随俗雅化，佳冶窈窕，赵女不立于侧也[47]。夫击瓮叩缶[48]，弹筝搏髀[49]，而歌呼呜呜快耳者，真秦之声也；郑卫桑间、韶虞武象者[50]，异国之乐也。今弃击瓮叩缶而就郑卫，退弹筝而取韶虞，若是者何也？快意当前，适观而已矣[51]。今取人则不然，不问可否，不论曲直，非秦者去，为客者逐。然则是所重者在乎色乐珠玉，而所轻者在乎人民也。此非所以跨海内、制诸侯之术也。

臣闻地广者粟多，国大者人众，兵强则士勇。是以泰山不让土壤[52]，故能成其大；河海不择细流[53]，故能就其深；王者不却众庶[54]，故能明其德。是以地无四方，民无异国，四时充美，鬼神降福，此五帝三王之所以无敌也[55]。今乃弃黔首以资敌国[56]，却宾客以业诸侯[57]，使天下之士退而不敢西向，裹足不入秦，此所谓“藉寇兵而赍盗粮”者也[58]。

夫物不产于秦，可宝者多；士不产于秦，而愿忠者众。今逐客以资敌国，损民以益仇[59]，内自虚而外树怨于诸侯，求国无危，不可得也。

【注释】

[1] 本文选自《史记·李斯列传》。谏：下对上进行劝诫的用语。客：客卿，这里指当时在秦国做官的别国人员。书：上书，古代臣子向君王陈述意见的一种文体。李斯在秦国做客卿时，韩国派名叫郑国的人帮助秦修渠，企图借此耗损秦的国力。事发，秦宗室趁机劝秦王“逐客”，李斯也在被逐之列，于是他写了这篇上书。

[2] 窃：谦辞，私下的意思。过：错误。

[3] 缪公：即秦穆公，名任好，春秋时秦国国君，春秋五霸之一。

[4] 由余：春秋晋国人，先在西戎做官，后投奔秦，帮助秦穆公统一西戎各部。戎：古代中原人多称西方少数部族为戎。

[5] 百里奚：楚国宛人，原为虞国大夫。晋灭虞被俘，后作为秦穆公夫人的陪嫁家奴被送往秦国，后逃回到宛。秦穆公听说他十分贤能，用五张黑公羊皮将其赎出，聘为上大夫，故称“五羖大夫”，是辅佐秦穆公称霸的重臣。宛：楚国邑名，在今河南南阳市。

[6] 蹇（jiǎn）叔：百里奚的好友，经百里奚推荐，秦穆公把他从宋国请来，厚礼聘为上大夫。

[7] 丕豹：晋国大夫丕郑之子，丕郑被晋惠公杀死后，丕豹投奔秦国，秦穆公任为大夫。公孙支：“支”或作“枝”，字子桑，秦人，曾游晋，后返秦任大夫。

[8] 产：生，出生。

[9] 并：吞并。这里的“二十”当是约数。

[10] 孝公：即秦孝公，名渠梁，秦国国君，任用商鞅进行变法，使秦国强盛。商鞅：卫国公族，氏公孙，亦称公孙鞅，初为魏相公叔座家臣，公叔座死后入秦，受到秦孝公重用，任左庶长、大良造，因功封于商十五邑，号称商君。于公元前356年和前350年两次实行变法，奠定秦国富强的基础。公元前338年，秦孝公去世，商鞅被车裂身死。

［11］殷：多，众多。殷盛：指百姓众多而且富裕。

［12］乐用：乐于为国效力。

［13］魏：国名。始封君魏文侯系晋国大夫毕万后裔，于公元前403年与韩景侯、赵烈侯联合瓜分晋国，被周威烈王封为诸侯，建都安邑（今山西夏县西北）。魏文侯任用李悝改革内政，成为强国。梁惠王时迁都大梁（今河南开封市），因此亦称“梁”。后国势衰败，公元前225年被秦国所灭。“获楚、魏之师”，指战胜楚国、魏国的军队。公元前340年，商鞅设计诱杀魏军主将公子昂，大败魏军。同年又与楚战，战况不详，据此，当也是秦军获胜。

［14］举地：开拓疆土。

［15］惠王：即秦惠王，名驷，秦孝公之子，公元前337年至前311年在位，于公元前325年称王。张仪：魏人，秦惠王时数次任秦相，鼓吹“连横”，游说各国诸侯事奉秦国，辅佐秦惠文君称王，获封武信君。秦武王即位后，张仪入魏为相。于公元前310年去世。此句以下诸事，并非都是张仪之计，因为张仪曾经为宰相，就把功劳归到他身上了。

［16］拔：攻取。三川之地：指黄河、洛水、伊水三川之地，在今河南西北部黄河以南的洛水、伊水流域。

［17］巴蜀：当时的两个小国名。巴在今四川东部，蜀在今四川西北部。

［18］上郡：郡名，辖地相当于现在陕西北部及内蒙古的部分地区。

［19］汉中：郡名，在现在的陕西汉中。

［20］包：这里有并吞的意思。九夷：此指楚国境内西北部的少数部族，在今陕西、湖北、四川三省交界地区。

［21］鄢（yān）：楚国别都，在今湖北宜城东南。春秋时楚惠王曾建都于此。郢（yǐng）：楚国都城，在今湖北江陵市西北纪南城。公元前279年秦将白起攻取鄢，翌年又攻取郢。

［22］成皋：邑名，在今河南荥阳市汜水镇，地势险要，是著名的军事重地。春秋时属郑国，称虎牢，公元前375年韩国灭郑属韩，公元前249年被秦军攻取。

［23］施（yì）：蔓延，延续。

［24］昭王：即秦昭王，名稷，一作侧或则，秦惠王之子，秦武王异母弟，公元前306年至前251年在位。范雎（jū）：一作“范且”，亦称范叔，魏人，入秦后改名张禄，受到秦昭王信任，为秦相，对内力主废除外戚专权，对外采取远交近攻策略，封于应（今河南宝丰县西南），亦称应侯，死于公元前255年。

［25］穰（ráng）：穰侯，即魏冉，楚人后裔，秦昭王母宣太后之异父弟，秦武王去世，拥立秦昭王，任将军，多次为相，受封于穰（今河南邓州市），故称穰侯，后又加封陶（今山东定陶县西北）。因秦昭王采纳范雎之言，被免去相职，终老于陶。

［26］华阳：秦昭王母宣太后之同父弟，曾任将军等职，与魏冉同掌国政，先受封于华阳（今河南新郑市北），故称华阳君，后封于新城（今河南新密市东南），故又称新城君。他与魏冉专权三十多年。后昭王听范雎的意见，废太后，放逐魏冉、华阳。

［27］杜：杜绝，抑制。私门：指贵族豪门。

［28］蚕食：比喻像蚕吃桑叶那样逐渐吞食侵占。

［29］向使：假使，倘若。内：同“纳”，接纳。

［30］陛下：对帝王的尊称。致：求得，收罗。昆山：即昆仑山。

［31］随和之宝：即所谓“随侯珠”和“和氏璧”，传说春秋时随侯所得的夜明珠和楚人卞和的美玉，是当时认为的最珍贵的宝物。

［32］明月：宝珠名。

［33］服：佩。太阿（ē）：即太阿剑，宝剑名，相传为春秋著名工匠欧冶子和干将所铸。

［34］纤离：古骏马名。

［35］建：树。翠凤之旗：用翠鸟羽毛组合成凤凰形图案的旗子。

［36］树：设置。鼍（tuó）：亦称扬子鳄，俗称猪婆龙，皮可蒙鼓。

［37］说：通“悦”，喜悦，喜爱。

［38］犀象之器：用犀牛角和象牙制成的器具。

［39］郑、卫之女：此时郑、卫已亡，当指郑、卫故地的女子。郑、卫两地的女子以能歌善舞出名。后宫：嫔妃所居的宫室，也可用作嫔妃的代称。

［40］駃（jué）騠（tí）：骏马名。

［41］江南：长江以南地区。此指长江以南的楚地，素以出产金、锡著名。

［42］丹：丹砂，可以制成红色颜料。青：可以制成青黑色颜料。西蜀丹青：蜀地素以出产丹青矿石出名。

［43］下陈：指后宫中侍奉帝王的宫女行列。

［44］宛珠：宛地产的宝珠。

［45］傅：附着，镶嵌。玑：不圆的珠子，此泛指珠子。珥（ěr）：耳饰。

［46］阿：指齐国东阿（今山东东阿县）产绢帛。缟（gǎo）：白色的丝织品。

［47］随俗雅化：随和时俗而雅致不凡。佳：美好，美丽。冶：妖冶，艳丽。窈窕：美好的样子。

［48］瓮（wèng）、缶（fǒu）：秦产陶制乐器。

［49］筝：秦地的一种弦乐器。搏：击打，拍打。髀（bì）：大腿。

［50］郑：指郑国故地的音乐。卫：指卫国故地的音乐。桑间：桑间为卫国濮水边上地名，在今河南濮阳市南，有男女聚会唱歌的风俗。韶、虞：相传是虞舜时的乐曲。武、象：周武王时的音乐。

［51］适观：适于欣赏。

［52］让：推辞、拒绝。

［53］择：舍弃，抛弃。细流：小水。

［54］却：推却，拒绝。

［55］五帝：指黄帝、颛顼、帝喾、尧、舜。一说伏羲、神农、黄帝、尧、舜。三王：指夏、商、周三代开国君主，即夏禹、商汤、周文王和周武王。五帝三王被认为是古代的明君。

［56］黔首：无爵平民不能服冠，只能以黑巾裹头，故称黔首。此泛指百姓。资：资助，供给。

［57］业：成就，造就。

［58］藉：借给。赍（jī）：赠送。

［59］益：增益，增多。仇：仇敌。

【赏析】

《谏逐客书》是作为秦国客卿的李斯向秦王政呈送的反驳逐客谬论、规劝改变逐客成命的奏章。据《史记·李斯列传》记载，韩国派水工郑国来秦修建三百余里的渠道，以此来削弱秦国的实力。事情败露后，秦王政听信宗室大臣的进言，认为来秦的客卿大抵都想游间于秦，就下令驱逐客卿。李斯也在被驱逐之列，于是写下了这篇奏章。

作者立意高远，站在秦国的立场上，为了秦国的最大利益，用史实生动地反驳了贵族的逐客谬论，深刻阐明了在国力竞争中人才的重要性。通过秦国以前能够强大，是因为纳客，现在逐客则对秦国有害无利的具体论述，说明逐客的错误与荒谬，具有很强的说服力。此书一上，“秦王乃除逐客之令，复李斯官”，而且对他更加倚重。

全文分为三段。第一段是第一自然段，文章开门见山，观点鲜明：“吏议逐客，窃以为过矣。”干净利落，直接点出主旨所在，言辞谦和而又切中要害。第二段是第二到四自然段，作者选取大量事例，从不同方面来论述逐客的错误。首先，他列举了穆公、孝公、惠王、昭王四位秦国历史上极为圣明的国君为例，说明他们正是因为招贤纳士，广收天下人才，才使秦国逐渐强大起来，得出“此四君者，皆以客之功”的结论，并反诘“由此观之，客何负于秦哉”，然后李斯联系现实，说明现在秦始皇“却客而不内，疏士而不用”，必将使秦国的强大名实不符，损害秦国的利益。作者通过对比的方法，阐述自己的观点，具有很强的说服力。然后，李斯从历史回到现实，由人说到物。秦始皇喜欢的珠宝并非产于秦国，美女、音乐也不是秦国独有，如果都想“必秦国之所生然后可”，那么秦国将什么也没有。现在秦国对客“不问可否，不论曲直，非秦者去，为客者逐。然则是所重者在乎色乐珠玉，而所轻者在乎人民也”，得出“此非所以跨海内、制诸侯之术”的结论。这对于想一统天下的秦王来说，无疑是振聋发聩的，具有很强的论辩力量。第四自然段作者从正面说理，指出要成就五帝三王之功，完成统一天下之大业，关键在于“地广者粟多，国大者人众，兵强则士勇”，就必须“地无四方，民无异国，四时充美，鬼神降福”，并以泰山和河海为例，类比说理，深入浅出，打动人心。最后再次回到秦王最想成就的霸业上，阐明成就霸业就不应该拒绝“众庶”，把客卿逐出秦国，就是“藉寇兵而赍盗粮”，是非常不明智的，其危害之大，可想而知。第三段是最后一个自然段，得出全文结论，再次阐明逐客的危害性。作者语重心长，恳切之情，溢于言表。他从物与人两个方面进行总结，说明秦国以前正是因为纳客，才物产丰富，人才济济，逐渐富强。现在如果逐客，那必然是“逐客以资敌国，损民以益仇，内自虚而外树怨于诸侯，求国无危，不可得也”。他把逐客与秦国的安危联系在一起，足以引起秦王的重视。文章首尾呼应，深化主题。

本文观点鲜明，论据典型，论证充分，具有很强的说服力。作者在论证时，注意运用古今对比论证和正反对比论证，不仅使行文富有变化，而且也大大增强了文章的说服力。另外，作者还大量运用铺陈、排比和对偶等修辞方法，文采斐然，音韵铿锵，陈述观点淋漓尽致，气势流畅，展现了作者在文字表达技巧方面的独到之处。

过秦论[1]

贾谊

◎贾谊（前200—前168），汉族，洛阳（今河南省洛阳市东）人。西汉初年著名的政论家、文学家。18岁即有才名，年轻时由河南郡守吴公推荐，20余岁被文帝召为博士。不到一年被破格提为太中大夫。但是在23岁时，因遭群臣忌恨，被贬为长沙王的太傅。后被召回长安，为梁怀王太傅。梁怀王坠马而死后，贾谊深自歉疚，直至33岁忧伤而死。其著作主要有散文和辞赋两类。散文如《过秦论》《论积贮疏》《陈政事疏》等都很有名，辞赋以《吊屈原赋》《鹏鸟赋》最著名。

秦孝公据崤函之固[2]，拥雍州之地，君臣固守以窥周室[3]，有席卷天下，包举宇内，囊括四海之意，并吞八荒之心[4]。当是时也，商君佐之[5]，内立法度，务耕织，修守战之具；外连衡而斗诸侯[6]。于是秦人拱手而取西河之外[7]。

孝公既没[8]，惠文、武、昭襄蒙故业[9]，因遗策[10]，南取汉中，西举巴、蜀，东割膏腴之地[11]，北收要害之郡。诸侯恐惧，会盟而谋弱秦[12]，不爱珍器重宝肥饶之地[13]，以致天下之士[14]，合从缔交[15]，相与为一。当此之时，齐有孟尝，赵有平原，楚有春申，魏有信陵[16]。此四君者，皆明智而忠信，宽厚而爱人，尊贤而重士，约从离横[17]，兼韩、魏、燕、楚、齐、赵、宋、卫、中山之众。于是六国之士，有宁越、徐尚、苏秦、杜赫之属为之谋[18]，齐明、周最、陈轸、召滑、楼缓、翟景、苏厉、乐毅之徒通其意[19]，吴起、孙膑、带佗、倪良、王廖、田忌、廉颇、赵奢之伦制其兵[20]。尝以十倍之地，百万之众，叩关而攻秦。秦人开关延敌，九国之师逡巡而不敢进。秦无亡矢遗镞之费[21]，而天下诸侯已困矣。于是从散约败，争割地而赂秦[22]。秦有余力而制其弊[23]，追亡逐北[24]，伏尸百万，流血漂橹[25]；因利乘便[26]，宰割天下，分裂山河。强国请服，弱国入朝。延及孝文王、庄襄王[27]，享国之日浅，国家无事。

及至始皇，奋六世之余烈[28]，振长策而御宇内，吞二周而亡诸侯，履至尊而制六合[29]，执敲扑而鞭笞天下[30]，威震四海。南取百越之地[31]，以为桂林、象郡[32]；百越之君俯首系颈[33]，委命下吏[34]。乃使蒙恬北筑长城而守藩篱，却匈奴七百余里；胡人不敢南下而牧马，士不敢弯弓而报怨。于是废先王之道[35]，焚百家之言，以愚黔首[36]；隳名城[37]，杀豪杰；收天下之兵，聚之咸阳[38]，销锋镝[39]，铸以为金人十二，以弱天下之民。然后践华为城，因河为池，据亿丈之城，临不测之渊以为固[40]。良将劲弩守要害之处，信臣精卒陈利兵而谁何[41]。天下已定，始皇之心，自以为关中之固，金城千里[42]，子孙帝王万世之业也。

始皇既没，余威振于殊俗。然陈涉瓮牖绳枢之子[43]，氓隶之人[44]，而迁徙之徒也[45]，才能不及中人，非有仲尼、墨翟之贤，陶朱、倚顿之富[46]，蹑足行伍之间[47]，而倔起阡陌之中[48]，率疲弊之卒，将数百之众，转而攻秦，斩木为兵，揭竿为旗，天下云集响应，赢粮而景从[49]，山东豪俊遂并起而亡秦族矣[50]。

且夫天下非小弱也，雍州之地，崤函之固，自若也[51]。陈涉之位，非尊于齐、楚、燕、赵、韩、魏、宋、卫、中山之君也；锄櫌棘矜[52]，非铦于钩戟长铩也[53]；谪戍之众[54]，非抗于九国之师也；深谋远虑，行军用兵之道，非及向时之士也[55]。然而成败异变，功业相反也。试使山东之国与陈涉度长絜大[56]，比权量力，则不可同年而语矣。然秦以区区之地，致万乘之势[57]，序八州而朝同列[58]。百有余年矣；然后以六合为家，崤函为宫；一夫作难而七庙隳[59]，身死人手[60]，为天下笑者，何也？仁义不施而攻守之势异也。

【注释】

［1］过：用作动词，意思是指责过失。

［2］秦孝公：秦国国君，名渠梁，公元前361—前338年在位。他任用商鞅变法，使秦国迅速富强起来。据：占据。崤：崤山，在今河南洛宁县北。函：函谷关，在今河南灵宝市西北。固：地形险要坚固之地。

［3］固守：坚守。窥：偷看，此引申为图谋、暗算的意思。周室：周王室。

［4］席卷：像席子一样卷起。包举：全部占有。宇内、四海、八荒：都有“天下”的意思。囊括：像装在口袋里一样包括进去。

［5］商君：商鞅。佐：辅佐。之：指秦孝公。

［6］外：对外，外交上。连衡：即“连横”，指与东方的齐、楚六国个别联合以打击其他国家，使服从于秦的一种策略。斗诸侯：使诸侯互相争斗。

［7］拱手：原为两手相合表示恭敬，这里形容轻而易举的样子。西河：指魏国在黄河以西的土地。

［8］没：通“殁”，死亡。

［9］惠文：秦惠文王，孝公之子，公元前337—前311年在位。武：秦武王，公元前310—前307年在位。蒙：承受，继承。故业：旧业。

［10］因：沿袭，遵循。遗策：遗留下来的国策。

［11］割：割取。膏腴（yú）：比喻土地肥沃。

［12］会盟：集会结盟。谋：谋划。弱秦：削弱秦国的势力。

［13］不爱：不惜。

［14］以致：来招纳。

［15］合从：即合纵，即东方六国联合。缔交：缔结盟约，成为友好同盟。

［16］孟尝：孟尝君田文，齐国贵族。平原：平原君赵胜，赵惠文王弟。春申：春申君黄歇，楚国贵族。信陵：信陵君魏无忌，魏昭王少子。

［17］约从离横：相约六国合纵抗秦，拆散秦国的连横策略。

［18］宁越：赵国人。徐尚：宋国人。苏秦：洛阳人，为纵约长，是合纵的倡导者。杜赫：周人。以上四人为六国策士的代表。

［19］齐明：东周的臣子。周最：东周君之子。陈轸（zhěn）：楚人。召滑：楚臣。楼缓：魏相。翟景：魏人。苏厉：苏秦的弟弟。乐毅：燕将。通其意：沟通合纵国之间的意见。

［20］吴起：兵家，魏人。孙膑：兵家，齐人。带佗（tuó）：楚将。倪良、王廖：都是兵家。田忌：齐将。廉颇：赵将。赵奢：赵将。制其兵：训练、统率六国的军队。

［21］无：没有。矢：箭。镞（zú）：箭头。

［22］争割地：争着割让土地。赂秦：贿赂讨好秦国。

［23］制其弊：掌握并利用各诸侯国的弱点加以制服。

［24］亡、北：都是溃败的意思。

［25］流血漂橹：流的血可以使盾牌飘浮起来，形容死人之多。“橹”，盾牌。

［26］因、乘：都是依靠、凭借的意思。利、便：都是指时机和形势。

［27］延及：延续到。孝文王：昭襄王子，名柱，在位仅三天。庄襄王：孝文王之子，名子楚，在位三年（前249—前247）。

［28］奋：发扬。六世：指秦孝公、惠文王、武王、昭襄王、孝文王、庄襄王六代。余烈：遗留下来的功业。

［29］履：登，踏。至尊：皇帝的宝座。六合：天地四方。

［30］敲扑：刑具，短的为敲，长的叫扑。鞭笞（chī）：也是刑具，用作动词，鞭打。

［31］百越：古代散居于南方各地少数民族的总称，又称百粤。

［32］桂林：郡名，秦始皇三十三年（前214年）置，辖境约相当于今广西大部和广东小部。象郡：郡名，秦始皇三十三年置，辖境约相当于今广西西部、广东西南部和贵州南部一带。

［33］俯首：低头表示顺服。系颈：颈上系绳，表示投降。

［34］委命下吏：把生命交给秦国的下级官吏。委，托付。

［35］废：废弃。先王之道：指儒家所效法尊崇的尧、舜、禹、汤等古代圣王的仁义学说。

［36］黔首：秦始皇称帝后对百姓的称呼。

［37］隳（huī）：同“堕”，毁坏。

［38］兵：兵器。咸阳：秦代的都城。

［39］销：销毁。锋：锋刃。镝（dí）：箭头。

［40］践华为城：凭借华山作为帝都东城。因河为池：以黄河作帝都的护城河。河，黄河。池，护城河。亿丈之城：形容巍峨的华山。不测之渊：形容黄河之深。不测，难以测量。

［41］信臣：忠实可靠的臣子。陈利兵：陈列锋利的兵器。谁何：盘问过往行人。

［42］金城：金属铸成的城郭，这里形容城墙坚固。

［43］陈涉：即陈胜，字涉，阳城（今河南登封东南）人，秦二世元年（前209年）与吴广在大泽乡发动反秦起义。瓮牖：用瓦瓮作窗。绳枢：以草绳栓门枢。

［44］氓：同甿（méng）：耕田的农夫。隶：奴隶。

［45］迁徙之徒：被征发去边地戍守的人。

［46］仲尼：孔子的字。墨翟（dí）：墨子之名。陶朱：即春秋时越国大夫范蠡，传说他帮助越王勾践灭吴后，离开越国，至陶（今山东肥城市西北），自称陶朱公，经商致富。猗顿：春秋时鲁国人，曾向陶朱公学致富之术，以畜牧致富。

［47］蹑（niè）足：置身。行伍：军队。

［48］倔起：突起，这里指陈胜首倡起义。阡陌：田间纵横交错的小路。

［49］赢：担着。景从：像影子一样跟着。景，同“影”。

［50］山东：崤山以东。亡秦族：推翻了秦王朝。

［51］自若：像从前一样。

［52］锄櫌（yōu）棘矜（jīn）：指农具木棍。耰，古代碎土平地用的农具。棘矜，棘树做的杖。

［53］铦（xiān）：锋利。钩戟：古代的一种兵器。长铩（shā）：长矛。

［54］谪（zhé）戍（shù）：因罪被征发去守边。

［55］向时：从前，过去。士：指六国谋臣。

［56］度（duó）长絜（xié）大：比量长短大小。

［57］致：取得。万乘：古称拥有万辆兵车的国家叫万乘之国，此指大国、皇帝。势：势力。

［58］序：招致，引。八州：雍州以外的八州。朝：使……朝拜。同列：指东方六国。

［59］一夫作难：指陈涉起义。七庙：帝王的宗庙，古制天子七庙，三昭三穆，加上太祖之庙。

［60］身死人手：指秦二世被赵高所杀、子婴为项羽所杀。

【赏析】

前三段，主要写三个方面：一是秦国世世代代有野心；二是秦国实力愈来愈强大；三是由于靠实力，秦国统一天下并不很难。第一段着重写秦国有野心，第二段着重写秦国有实力，第三段兼而写之。全篇的铺排和对比都从这三方面入手，把具体事实贯穿进去，用概括的语言勾画出大的轮廓来，使叙述的内容有了倾向性，有了作者自己的观点。如说“秦人拱手而取西河之外”“秦无亡矢遗镞之费”和第三段结束处写“始皇之心，自以为关中之固，金城千里，子孙帝王万世之业也”等，都是写秦之野心和实力，以及得天下并不难。与此同时，作者也写了另一方面，如“四君”“九国之师”“六国之士”等，愈写对方也就愈反衬秦之强大，这是烘云托月的手法。但我们却感到：愈写秦之强大，就愈见秦之骄横愚昧；愈写秦之自信太强，就愈见秦之主观片面；愈写秦之野心极大，就愈见秦之眼光短浅。作者虽处处叙而不论，却处处为最后一段的议论在“蓄势”。这样的文章，读起来自然感到饱满酣畅了。

前面说过，第三段写秦始皇：野心与实力，兼而写之。但第三段与第二段不一样。第二段是用正反对比手法从两面写，第三段却从正面写，把秦始皇的实力和野心描绘得淋漓尽致，愈写愈足，愈写愈神气。甚至到了第四段开头处，还要找补两句：“始皇既没，余威震于殊俗”。吴闿生夹批：“再加二句，十分酣恣。”这就像给皮球或车轮打气，打到最大限度，再加上两下，自然球胎或轮胎就非爆裂不可了。然后一下子反跌下来，改从陈涉方面写起，却又处处对陈涉寓褒于贬，这就更加写出秦之灭亡实有自取其祸之道了。

最末一段是“论”和“断”，仍用对比手法把几个方面综合到一起，然后得出结论，即所谓“断”。为了使结论下得郑重，于是又把秦重新提起总说一遍，才以“仁义不施而攻守之势异也”收尾。文章须能放能收，能开能合，始见本领。贾谊在这篇杰作中完全做到了这一点。

金圣叹在《才子古文》（历朝部分）卷二中对本篇加批语说：“《过秦论》者，论秦之过也。秦过只是末句‘仁义不施’一语便断尽，此通篇文字。……至于前半有说六国时，此只是反补秦；后半有说秦时，此只是反衬陈涉，最是疏奇之笔。”这是说得相当扼要的。

李将军列传（节选）[1]

《史记》

◎《史记》原名《太史公书》，是我国第一部纪传体通史。它记叙了从传说中的黄帝一直到汉武帝太初年间大约三千年的历史。全书一百三十篇，由十二本纪、十表、八书、三十世家、七十列传五个部分组成，共五十二万多字。“本纪”记载历代帝王的事迹；“表”是各个历史时期的大事记；“书”是关于天文、地理、政治、经济、文化等方面的专史；“世家”写历代王侯和辅汉功臣的事迹；“列传”是历代有影响人物的传记。鲁迅誉为“史家之绝唱，无韵之离骚”。

李将军广者，陇西成纪人也[2]，其先曰李信，秦时为将，逐得燕太子丹者也。故槐里[3]，徙成纪。广家世世受射[4]。孝文帝十四年，匈奴大入萧关，而广以良家子从军击胡，用善骑射，杀首虏多，为汉中郎[5]。广从弟李蔡亦为郎，皆为武骑常侍[6]，秩八百石。尝从行，有所冲陷折关及格猛兽[7]，而文帝曰：“惜乎，子不遇时！如令子当高帝时[8]，万户侯岂足道哉！”

及孝景初立[9]，广为陇西都尉[10]，徙为骑郎将[11]。吴楚军时[12]，广为骁骑都尉，从太尉亚夫击吴楚军，取旗[13]，显功名昌邑下[14]。以梁王授广将军印，还，赏不行[15]。徙为上谷太守，匈奴日以合战[16]。典属国公孙昆邪为上泣曰[17]：“李广才气，天下无双，自负其能，数与虏敌战，恐亡之[18]。”于是乃徙为上郡太守。后广转为边郡太守，徙上郡。尝为陇西、北地、雁门、代郡、云中太守，皆以力战为名。

匈奴大入上郡，天子使中贵人从广勒习兵击匈奴[19]。中贵人将骑数十纵[20]，见匈奴三人，与战。三人还射，伤中贵人，杀其骑且尽。中贵人走广[21]。广曰：“是必射雕者也。”广乃遂从百骑往驰三人。三人亡马步行，行数十里。广令其骑张左右翼，而广身自射彼三人者，杀其二人，生得一人，果匈奴射雕者也。已缚之上马，望匈奴有数千骑，见广，以为诱骑，皆惊，上山陈[22]。广之百骑皆大恐，欲驰还走。广曰：“吾去大军数十里，今如此以百骑走，匈奴追射我立尽。今我留，匈奴必以我为大军之诱[23]，必不敢击我。”广令诸骑曰：“前！”前未到匈奴陈二里所，止，令曰：“皆下马解鞍！”其骑曰：“虏多且近，即有急，奈何？”广曰：“彼虏以我为走，今皆解鞍以示不走，用坚其意[24]。”于是胡骑遂不敢击。有白马将出护其兵，李广上马与十余骑奔射杀胡白马将，而复还至其骑中，解鞍，令士皆纵马卧。是时会暮[25]，胡兵终怪之，不敢击。夜半时，胡兵亦以为汉有伏军于旁欲夜取之，胡皆引兵而去[26]。平旦，李广乃归其大军。大军不知广所之，故弗从。

【注释】

[1]《李将军列传》选自《史记》，是李广的传记。李广是西汉中期的著名将领，多次参加抗击匈奴的战役。本文通过描写李广的机智勇敢、英勇善战、廉洁宽厚，以及有功不得封爵，最后被迫自刎的不幸遭遇，塑造了一位悲剧英雄的形象。同时通过他的不幸遭遇揭露了当时统治者压制贤能、赏罚不公的不合理现象，寄予了作者的深切同情和不平。

［2］陇西：汉代郡名，在今甘肃省东部。成纪：县名。
［3］故槐里：原来住在槐里。槐里：汉代县名，今陕西省兴平县东南。
［4］世世受射：意为接受世代相传的射法。
［5］良家子：世家子弟。用：因为。中郎：掌管守卫宫禁等职务的官。
［6］武骑常侍：皇帝侍从官，郎官加封的官衔。
［7］冲陷：冲锋陷阵。折关：抵抗防御。格：斗，搏击。
［8］高帝：汉朝开国皇帝刘邦，即汉高祖。
［9］孝景：文帝之子，即汉景帝刘启。
［10］都尉：掌管一郡的军事武备，位次于太守。
［11］骑郎将：统帅骑郎的将领。骑郎：骑马护从皇帝车驾的郎官。
［12］吴楚军时：指平息吴楚等七国叛乱时。
［13］旗：指敌人的军旗。
［14］昌邑：今山东省金乡县西北，为当时封国梁国要邑。
［15］以梁王三句：李广身为汉将私下接受梁王授给他的将军印，犯了错误，因此还朝后没有获得封赏。
［16］日以合战：每天来和李广交战。
［17］典属国：主管少数民族事务的官。上：皇帝。
［18］亡之：失掉他。
［19］中贵人：皇帝宠信的宦官。勒：部勒，约束。习兵：演习军事。
［20］纵：纵马驰骋。
［21］走广：逃奔到李广处。
［22］陈：通“阵”。排兵布阵。
［23］以我为大军之诱：认为我们是大军的诱骑来引诱他们中埋伏的。
［24］用：来。
［25］会：适逢，正赶上。
［26］引：率领。

【赏析】

本篇记述汉代名将李广的生平事迹。李广是英勇善战、智勇双全的英雄。他一生与匈奴战斗七十余次，常常以少胜多，险中取胜，以致匈奴人闻名丧胆，称之为“飞将军”，“避之数岁”。李广又是一位最能体恤士卒的将领。他治军简易，对士兵从不苛刻，尤其是他与士卒同甘共苦的作风，深得将士们的敬佩。正是由于李广这种战斗中身先士卒，生活中先人后己的品格，使士兵都甘愿在他麾下，都乐意为他效命。然而，这位战功卓著、备受士卒爱戴的名将，却一生坎坷，终身未得封爵。皇帝嫌他命运不好，不敢重用，贵戚也借机对他排挤，终于导致李广含愤自杀。李广是以自杀抗议朝廷对他的不公，控诉贵戚对他的无理。太史公也通过李广的悲剧结局揭露并谴责了统治者的任人唯亲、刻薄寡恩以及对贤能的压抑与扼杀，从而使这篇传记具有更深一层的政治意义。

《李将军列传》是司马迁的一篇力作，这篇作品充分展示了作者在人物传记方面的杰出才能。抓住主要特征突出人物形象是司马迁最擅长的方法之一，在本文中作者就抓住李广最突出的特点，通过一些生动的故事和细节，着力加以描写，使人物形象极为鲜明。如写他以百骑机智地吓退匈奴数千骑；受伤被俘而能飞身夺马逃脱；率四千人迎敌，被敌军四万人围困，仍能临危不惧，指挥若定。通过这几个惊险的战斗故事，突出表现了李广的智勇双全。尤其是对李广的善射，作者更是不厌其详地精心描写，如射杀匈奴射雕手，射杀敌军白马将，射退敌人的追骑，误以石为虎而力射没镞，甚至平时还常以射箭与将士赌赛、饮酒等。这些精彩的片断犹如一个个特写镜头，生动地展示了这位名将的丰采。

司马迁写人物传记往往笔端含情，在这篇《李将军列传》中更是倾注了对李广的深切同情，同时也流露出对当权者的愤慨。作者的这些感情又主要是在叙事中体现出来的。如写李蔡“为人在下中，名声出广下远甚”，但却能封侯拜相；写卫青徇私情而排挤李广。在这两段文字中我们都可感受到作者的愤愤不平之情。李广愤而自杀的消息传出后，“广军士大夫一军皆哭。百姓闻之，知与不知，无老壮皆为垂涕。”写全军与百姓的悲哭，自然也包含了作者个人的悲痛，我们可以想象，太史公写到此处时一定也是眼含热泪的。

此外，如侧面衬托、反面对比、剪裁之精当、结构之起伏，以及语言之精炼流畅、生动传神等，都是这篇传记文学杰作的突出特点。

随着这篇杰作的问世，李广的英雄形象也就渐渐铭刻在人们的心上。“但使龙城飞将在，不教胡马度阴山。”（王昌龄《出塞》）“君不见，沙场征战苦，至今犹忆李将军。”（高适《燕歌行》）这些脍炙人口的唐诗佳句就生动地表达了后人对这位一代名将的景慕赞佩之情。

朋党论

欧阳修

◎欧阳修（1007—1073），字永叔，号醉翁，晚年又号六一居士。汉族，吉安永丰（今属江西）人，自称庐陵人（今永丰县沙溪）。谥号文忠，世称欧阳文忠公，北宋卓越的文学家、史学家。四岁丧父，受其母悉心教诲，少有“奇童”之誉。欧阳修是在宋代文学史上最早开创一代文风的文坛领袖，领导了北宋诗文革新运动，继承并发展了韩愈的古文理论。他与（唐朝）韩愈、柳宗元、（宋朝）王安石、苏洵、苏轼、苏辙、曾巩合称“唐宋八大家”。唐代韩愈、柳宗元和北宋欧阳修、苏轼称为“千古文章四大家”。

臣闻朋党之说，自古有之[1]，惟幸人君辨其君子小人而已。大凡君子与君子以同道为朋[2]，小人与小人以同利为朋，此自然之理也。

然臣谓小人无朋，惟君子则有之。其故何哉？小人所好者禄利也，所贪者财货也。当其同利之时，暂相党引以为朋者[3]，伪也。及其见利而争先，或利尽而交疏，则反相贼害，虽其兄弟亲戚不能相保。故臣谓小人无朋，其暂为朋者，伪也。君子则不然，所守者道义，所行者忠信，所惜者名节。以之修身，则同道而相益；以之事君，则同心而共济；终始如一，此君子之朋也。故为人君者，但当退小人之伪朋，用君子之真朋，则天下治矣。

尧之时，小人共工、驩兜等四人为一朋[4]，君子八元、八恺十六人为一朋[5]。舜佐尧，退四凶小人之朋，而进元、恺君子之朋，尧之天下大治。及舜自为天子，而皋、夔、稷、契等二十二人并列于朝[6]，更相称美，更相推让，凡二十二人为一朋，而舜皆用之，天下亦大治。《书》曰："纣有臣亿万，惟亿万心；周有臣三千，惟一心。"纣之时，亿万人各异心，可谓不为朋矣，然纣以亡国。周武王之臣，三千人为一大朋，而周用以兴。后汉献帝时，尽取天下名士囚禁之，目为党人。及黄巾贼起，汉室大乱，后方悔悟，尽解党人而释之，然已无救矣。唐之晚年，渐起朋党之论[7]。及昭宗时，尽杀朝之名士，或投之黄河，曰："此辈清流，可投浊流。"[8]而唐遂亡矣。

夫前世之主，能使人人异心不为朋，莫如纣；能禁绝善人为朋，莫如汉献帝；能诛戮清流之朋，莫如唐昭宗之世；然皆乱亡其国。更相称美推让而不自疑，莫如舜之二十二臣，舜亦不疑而皆用之，然而后世不诮舜为二十二人朋党所欺，而称舜为聪明之圣者，以能辨君子与小人也。周武之世，举其国之臣三千人共为一朋，自古为朋之多且大，莫如周，然周用此以兴者，善人虽多而不厌也。

夫兴亡治乱之迹[9]，为人君者，可以鉴矣[10]。

【注释】

［1］朋党之说，自古有之：指前人已有朋党的议论。

［2］同道：志同道合。

［3］党引：结为私党，相互援引。

［4］共工、驩兜等四人：旧传二者与三苗、鲧为尧时四凶。

［5］八恺：高阳氏有才德的八个贤臣，包括苍舒、隤敳、梼戭、大临、龙降、庭坚、仲容、叔达。八元：高辛氏有才德的八个贤臣，包括伯奋、仲堪、叔献、季仲、伯虎、仲熊、叔豹、季狸。

［6］皋、夔、稷、契：皋陶掌管刑法，夔掌管音乐，稷掌管农事，契掌管教育，与其他十八人皆舜时贤臣。

［7］唐之晚年，渐起朋党之论：唐朝穆宗至宣宗年间，出现了牛僧孺、李宗闵与李德裕为首的牛、李两党，互相争夺，前后延续近40年。

［8］昭宗时句：唐昭宗，当为唐昭宣帝，把朝廷中的名士都杀害了，有的竟被投入黄河，说什么"这些人自命为清流，应把他们投到浊流中去"。

［9］迹，事迹。

［10］鉴：借鉴。

【赏析】

这是一篇驳论文。文章起笔不凡，开篇提出：君子无党，小人有党的观点。对于小人用来陷人以罪、君子为之谈虎色变的"朋党之说"，作者不回避，不辩解，而是明确地承认朋党之有，这样便夺取了政敌手中的武器，而使自己立于不败之地。开头一句，作者就是这样理直气壮地揭示了全文的主旨。它包含三个方面内容：一是朋党之说"自古有之"；二是朋党有君子与小人之别；三是君主要善于辨别。作者首先从道理上论述君子之朋与小人之朋的本质区别；继而引用了六件史实，以事实证明了朋党的"自古有之"；最后通过对前引史实的进一步分析，论证了君主用小人之朋，则国家乱亡；用君子之朋，则国家兴盛。文章写得不枝不蔓，中心突出，有理有据，剖析透辟，具有不可辩驳的逻辑力量。

文章不讳言朋党，而是指出朋党有原则的区别，"君子与君子以同道为朋，小人与小人以同利为朋"，并引证历史来说明君子之朋有利于国，小人之朋有害于国，希望君主进君子之真朋，去小人之伪朋。文章避免了消极地替作者作辩解，而从正面指出朋党的客观存在，指出借口反对朋党的人就结为朋党，说明朋党有本质的不同。这就争取了主动，使作者立于不败之地，文章也由此具有深刻的揭露作用和强大的批判力量，而排偶句式的穿插运用，又增加了文章议论的气势。

答司马谏议书[1]

王安石

◎王安石（1021—1086），字介甫，晚号半山。去世后追谥号“文”，世人称其为王文公。小字獾郎，晚年封荆国公，世人又称王荆公。中国杰出的政治家、文学家、思想家、改革家。在文学中具有突出成就。其诗“学杜得其瘦硬”，擅长于说理与修辞，善于用典故，风格遒劲有力，警辟精绝，也有情韵深婉的作品。著有《临川先生文集》。

某启[2]：昨日蒙教，窃以为与君实游处相好之日久[3]，而议事每不合，所操之术多异故也[4]。虽欲强聒[5]，终必不蒙见察，故略上报[6]，不复一一自辨。重念蒙君实视遇厚[7]，于反复不宜卤莽[8]，故今具道所以，冀君实或见恕也。

盖儒者所争，尤在于名实，名实已明[9]，而天下之理得矣。今君实所以见教者，以为侵官、生事、征利、拒谏[10]，以致天下怨谤也。某则以谓受命于人主，议法度而修之于朝廷[11]，以授之于有司，不为侵官；举先王之政，以兴利除弊，不为生事；为天下理财，不为征利；辟邪说，难壬人[12]，不为拒谏。至于怨诽之多，则固前知其如此也。人习于苟且非一日，士大夫多以不恤国事、同俗自媚于众为善。上乃欲变此，而某不量敌之众寡，欲出力助上以抗之，则众何为而不汹汹然[13]。盘庚之迁[14]，胥怨者民也[15]，非特朝廷士大夫而已；盘庚不为怨者故改其度，度义而后动，是而不见可悔故也。如君实责我以在位久，未能助上大有为，以膏泽斯民[16]，则某知罪矣；如曰今日当一切不事事，守前所为而已，则非某之所敢知。

无由会晤，不任区区向往之至[17]。

【注释】

［1］选自《四部丛刊·临川先生文集》卷七十三。司马谏议，指司马光，字君实，北宋政治家、史学家，时任翰林学士、右谏议大夫，曾写信反对王安石变法。本文是王安石的回信。

［2］某：作者自称。

［3］游处：交往共处。

［4］所操之术：所持的主张和方法。

［5］强聒：过分啰唆。聒：语声嘈杂。

［6］上报：回信。

［7］视遇：看待。

［8］反复：指书信往来。

［9］名实：名义和实际。

［10］侵官、生事、征利、拒谏：这是司马光信中指责王安石变法的四条罪状。侵官：增设新官，侵犯原来官吏的职权。生事：废旧立新，名目繁多，生事扰民。征利：设法生财，与民争利。拒谏：拒绝接受意见。

［11］修：修正。

［12］难壬人：批驳巧言献媚的人。壬人：巧言献媚的坏人。

［13］汹汹然：大声吵闹的样子。

［14］盘庚之迁：商朝君主盘庚即位后，认为国都设在商地（今河南商丘），不适宜实行教化，决定迁都亳（bó）（今河南偃师），改国号为殷。事见《尚书・盘庚》。

［15］胥：相与，都。

［16］膏泽：恩惠，这里做动词用。

［17］不任区区向往之至：意思是不胜敬仰，这是旧时写信的客套话。不任：不胜。区区：情意诚挚。向往之至：仰慕到极点。

【赏析】

宋神宗熙宁二年（1069 年），王安石为宰相，实行新法，受到保守派的强烈反对。当时右谏议大夫司马光写了一封长达三千三百余字的信给王安石，批评新政，不遗余力。此为作者的复信。

本文是书信体驳论文。全文主要驳斥司马光对新法的指责，所以属驳论文。王安石的说理文见识高超、论辩犀利。全文立论的论点是针对司马光对新法“侵官、生事、征利、拒谏”的指责，指出“儒者所争，尤在于名实”，名实已明，而天下之理得矣，从而说明变法是正确的。司马光的攻击名实不符，全是谬论。文章逐条驳斥司马光的谬论，揭露其保守、腐朽的本质，表示出作者坚持改革、绝不为流言俗语所动的决心。

本文写作上也非常具有特色：首先，行文简洁、结构严谨，紧紧扣住保守派几个主要论点进行驳斥，只驳论点不涉及其他事情，结构非常严谨，驳斥时针对其要害，言简意明，使文章短小精悍。其次，论证方法多样。一是直接反驳，如“为天下理财，不为征利”。二是举出根据进行反驳，如“某则以谓受命于人主，议法度而修之于朝廷，以授之于有司，不为侵官”。三是举出史实进行反驳，如“盘庚之迁，胥怨者民也，非特朝廷士大夫而已；盘庚不为怨者故改其度，度义而后动，是而不见可悔故也”。最后是气势磅礴，寓刚于柔，傲岸之气慨然涌出，强调坚持改革的决心不可逆转。文章简明严整，措辞委婉而有骨力。

典论・论文

曹丕

◎曹丕（187—226），字子桓，曹操次子，操死，袭位为丞相、魏王。建安二十五年冬，自立为大魏皇帝。曹丕爱好文学，他的《燕歌行》两首是现存文人作品中最早的完整七言诗。而本篇《典论・论文》则是其专著《典论》中的一篇。《典论》早已亡佚，此《论文》见收于《文选》，故得完整保留。在中国文论史上，此篇《论文》第一次较为全面地论述了作家、作品及其两者之间的关系，也是第一次把文学当作一个具有独立价值的对象加以认识，因此它就成为当时文学进入自觉时代的标志之一。

文人相轻，自古而然。傅毅之于班固，伯仲之间耳，而固小之。与弟超书曰："武仲以能属文[1]为兰台令史，下笔不能自休[2]。"夫人善於自见[3]，而文非一体，鲜能备善，是以各以所长，相轻所短。里语曰："家有弊帚，享之千金。"斯不自见之患也。

今之文人：鲁国[4]孔融文举、广陵[5]陈琳孔璋、山阳[6]王粲仲宣、北海[7]徐干伟长、陈留[8]阮瑀元瑜、汝南[9]应场德琏、东平[10]刘桢公干。斯七子者，於学无所遗，於辞无所假[11]，咸以自骋骥騄[12]於千里，仰齐足而并驰。以此相服，亦良难矣！盖君子审己以度人，故能免于斯累，而作论文。

王粲长于辞赋，徐干时有齐气，然粲之匹也。如粲之初征、登楼、槐赋、征思，干之玄猿、漏卮、圆扇、橘赋，虽张、蔡[13]不过也。然于他文，未能称是。琳、瑀之章表书记，今之隽也。应场和而不壮；刘桢壮而不密。孔融体气高妙，有过人者，然不能持论，理不胜辞，以至乎杂以嘲戏；及其所善，扬、班俦也[14]。

常人贵远贱近，向声背实，又患闇于自见，谓己为贤。

夫文本同而末异，盖奏议宜雅，书论宜理，铭诔尚实，诗赋欲丽。此四科不同，故能之者偏也；唯通才能备其体。

文以气为主，气之清浊有体，不可力强而致。譬诸音乐，曲度虽均，节奏同检[15]，至於引气不齐，巧拙有素，虽在父兄，不能以移子弟。

盖文章，经国之大业，不朽之盛事。年寿有时而尽，荣乐止乎其身，二者必至之常期，未若文章之无穷。是以古之作者，寄身于翰墨，见意于篇籍，不假良史之辞，不托飞驰之势，而声名自传于后。故西伯幽而演易，周旦显而制礼，不以隐约[16]而弗务，不以康乐而加思[17]。夫然则古人贱尺璧而重寸阴，惧乎时之过已。而人多不强力。贫贱则慑于饥寒，富贵则流于逸乐，遂营目前之务，而遗千载之功。日月逝于上，体貌衰于下，忽然与万物迁化[18]，斯志士之大痛也！融等已逝，唯干著论，成一家言。

【注释】

[1] 属文：写文章。

[2] 休：停。

[3] 自见：自我表现。

[4] 鲁国：今山东省西南部。

[5] 广陵：今江苏省江都市。

[6] 山阳：今山东省邹城市。

[7] 北海：今山东省寿光市。

[8] 陈留：今河南省开封市。

[9] 汝南：今河南省汝南县。

[10] 东平：今山东省东平县。

[11] 无所假借：意味能自创新词。

[12] 骥騄：千里马。

[13] 张：张衡。蔡：蔡邕

[14] 扬：扬雄。班：班固。俦：同类。

［15］检：法度。

［16］隐约：穷困。

［17］加思：转移念头。

［18］迁化：死去。

【赏析】

曹丕《典论·论文》的内容是通过批评建安七子其人其文而展开的，在其短短的篇幅中涉及文学批评中诸多重要论题：文学的价值问题，作家的个性与作品的风格问题，文体问题，文学批评的态度问题等。虽然曹丕关于这几方面的议论都很简略，但其对后来文论的发展却有着长久的影响。

首先，关于文学的价值。曹丕强调“盖文章，经国之大业，不朽之盛事”，把文学的地位提高到前所未有的地步；又鼓励文人从事写作，不要“遂营目前之务，而遗千载之功”，这对当时及以后的文学发展无疑具有推动作用。

其次，关于“文气”。曹丕认为“文以气为主”，而“气之清浊有体，不可力强而致”。这里的“清浊”，大体接近于“刚柔”的含义，是中国文论史中阳刚与阴柔两种审美划分的较早远源。同时，所谓“文以气为主”也在文论史上首开了作家气质论、创作个性论的先河。

再次，关于文学体裁的区分。曹丕认为，“夫文本同而末异”。所谓本，大致指文章的基本规则；所谓末，是指各种不同的文体。就末而言，“奏议宜雅，书论宜理，铭诔尚实，诗赋欲丽”，这就开了后世文体论的先河。特别有意义的是曹丕“诗赋欲丽”这个判断，它一改“诗言志”的认识传统，把审美的重要性引入古代文论中，从理论上开启了文学自觉独立的进程。

最后，关于文学批评的态度。曹丕指出了两个错误倾向：一是“贵远贱近，向声背实”；二是“闇于自见，谓己为贤”。并指出由来已久的“文人相轻”的陋习，提倡“审己以度人”的批评原则。曹丕以自己对建安七子的具体评判，实践了这个原则。

尽管曹丕的《典论·论文》在各个问题上的议论都只是略引端绪，却为后世文学批评理论的发展奠定了基础，其功不可没。

求自试表（节选）

曹植

臣植言：臣闻士之生世，入则事父，出则事君。事父尚于荣亲，事君贵于兴国。故慈父不能爱无益之子，仁君不能畜无用之臣。夫论德而授官者，成功之君也；量能而受爵者，毕命之臣也[1]。故君无虚授，臣无虚受。虚授谓之谬举，虚受谓之尸禄，《诗》之素餐所由作也。昔二虢不辞两国之任[2]，其德厚也；旦、奭不让燕、鲁之封[3]，其功大也。今臣蒙国重恩，三世于今矣。正值陛下升平之际，沐浴圣泽，潜润德教，可谓厚幸矣！而位窃东藩[4]，爵在上列，身被轻暖，口厌百味，目极华靡，耳倦丝竹者，爵重禄厚之所致也。退念古之受爵禄者，有异于此，皆以功勤济国，辅主惠民。今臣无德可述，无功可纪，若此终年，无益国朝，将挂风人“彼己”之讥[5]。是以上惭玄冕[6]，俯愧朱绂[7]。

方今天下一统，九州晏如[8]。顾西尚有违命之蜀，东有不臣之吴，使边境未得税甲[9]，谋士未得高枕者，诚欲混同宇内，以致太和也[10]。

今臣居外，非不厚也，而寝不安席，食不遑味者，以二方未克为念！伏见先帝武臣宿兵，年耆即世者有闻矣[11]，虽贤不乏世，宿将旧卒犹习战也。窃不自量，志在授命[12]，庶立毛发之功，以报所受之恩。若使陛下出不世之诏[13]，效臣锥刀之用，使得西属大将军，当一校之队[14]；若东属大司马，统偏师之任。必乘危蹈险，骋舟奋骊，突刃触锋，为士卒先。虽未能擒权馘亮[15]，庶将虏其雄率[16]，歼其丑类[17]。必效须臾之捷，以灭终身之愧。使名挂史笔，事列朝策。虽身分蜀境，首悬吴阙，犹生之年也。如微才弗试，没世无闻，徒荣其躯而丰其体，生无益于事，死无损于数，虚荷上位而忝重禄[18]，禽息鸟视，终于白首，此徒圈牢之养物，非臣之所志也。

流闻东军失备[19]，师徒小衄[20]，辍食忘餐，奋袂攘衽，抚剑东顾，而心已驰于吴、会矣[21]！臣昔从先武皇帝，南极赤岸[22]，东临沧海，西望玉门，北出玄塞[23]，伏见所以行师用兵之势，可谓神妙也！故兵者不可豫言[24]，临难而制变者也。志欲自效于明时，立功于圣世。每览史籍，观古忠臣义士，出一朝之命以殉国家之难，身虽屠裂，而功名著于景钟[25]，名绩垂于竹帛，未尝不抚心而叹息也。

夫自炫自媒者，士女之丑行也；干时求进者[26]，道家之明忌也。而臣敢陈闻于陛下者，诚与国分形同气，忧患共之者也。冀以尘雾之微，补益山海；荧烛末光[27]，增辉日月。是以敢冒其丑而献其忠，必知为朝士所笑。圣主不以人废言，伏惟陛下少垂神听，臣则幸矣！

【注释】

[1] 毕命：尽命。

[2] 二虢：周文王弟虢仲封于东虢，虢叔封于西虢。

[3] 旦、奭不让燕、鲁之封：周公旦封于鲁，召公奭封于燕。

[4] 东藩：曹植被封为东方藩国之王。

[5] 风人：诗人。《左传》曾引《诗》曰：“彼己之子，不称其服。”指彼人的德行，不能和他尊贵的衣服相称。

[6] 冕：王者礼冠。

[7] 绂：绶，系印的带子。

[8] 晏如：安然。

[9] 税：解。

[10] 太和：太平和顺。

[11] 耆：老。

[12] 授命：贡献生命。

[13] 不世：非常。

[14] 一校：军中五百人为一校。

[15] 权：孙权。馘：斩获敌人，把耳朵割下。亮：诸葛亮。

[16] 虏：擒获。率：帅。

[17] 丑类：士卒。

［18］忝：辱。

［19］流：传。

［20］衄：挫折。

［21］会：吴郡、会稽郡，属吴国。

［22］赤岸：赤壁。

［23］玄：黑色，古人以黑色代表北方。塞：长城。

［24］豫：预。

［25］景钟：晋景公钟。春秋时晋将魏颗打退秦兵，他的功勋被刻在景钟上。

［26］干：求。

［27］荧：小火。

【赏析】

建安文学以其所反映的积极进取的人生观和清新俊爽、慷慨刚健的艺术风格在中国文学史上谱写了光辉夺目的一页，在对历史变迁、社会动荡做出深刻反映的同时，还尽情表达了对生命意义的极力追求，并第一次把个人的生存目的、价值取向作为崭新的命题放在文学中加以表现。正是这种对生活意义、生命价值的思索、探求、确认和把握，使它充满了一股勃勃生气。

《求自试表》十分鲜明地表现了曹植对建功立业的追求。这一追求是个性意识觉醒的标志。魏晋时期是一个思想解放的时期，人们逐步地摆脱了两汉时代神学目的论和谶纬宿命论的支配，把对来世的憧憬转变为对现实生活的追求，虚幻的向往在减弱，现实的追求在增强。曹植此表虽处处着眼于“忧国忘家”“捐躯济难”的所谓忠臣之志，但透过这种封建主义思想的包裹，其核心乃是对生命价值的追求。作为藩王的曹植，“爵在上列，身被轻暖。口厌百味，目极华靡，耳倦丝竹”，然而他所汲汲不安者是忧惧于“没世无闻”，他视荣华富贵为“徒荣其躯而丰其体”，视锦衣玉食的生活为“圈牢之养物”。他企望一个“身虽屠裂，而功名著于景钟，名绩垂于竹帛”的光辉灿烂的人生。这种珍惜生命、追求不朽的思想，正体现了一种对于自我价值的发现和肯定。曹植对生命意义的追求，乃在于要创造一个能流传后世的名声。他的这种追求，客观上还有着对压制个性发展的封建势力的揭露。

《求自试表》之所以为千古传诵，固然因其不折不挠的奋发精神感染着后世读者，但也因为它那深婉、优美的艺术魅力给人以美的享受。本文成功地塑造了一个抒情主人公的形象，自始至终地抒发了建功立业的渴望，感情强烈，骨气苍然。曹植的散文同汉代相比，虽仍在一定程度上存其铺排的风味，但对于个人思想感情的真切流露，则又为汉文所远不及。反映到语言上，为了表现一种流荡的情愫，《求自试表》在骈偶对仗之中又间以散文句式，既有整饬之美，句型又富于变化，避免了呆板和冗长，从而全文的气韵生动而流畅。优美的文句、丰赡的词采，同真实热切的内在感情的统一，使本文焕发出一种感人的艺术光彩。

说居庸关

龚自珍

◎龚自珍（1792—1841），清代思想家、文学家及改良主义的先驱者。27岁中举人，38岁中进士。曾任内阁中书、宗人府主事和礼部主事等官职。主张革除弊政，抵制外国侵略，曾全力支持林则徐禁除鸦片。48岁辞官南归，次年暴卒于江苏丹阳云阳书院。他的诗文主张“更法”“改图”，揭露清统治者的腐朽，洋溢着爱国热情，被柳亚子誉为“三百年来第一流”。著有《定庵文集》，留存文章300余篇，诗词近800首，今人辑为《龚自珍全集》。著名诗作《己亥杂诗》，共315首。

居庸关者，古之谭守者之言也[1]。龚子曰：“疑若可守然。”何以疑若守然？曰：“出昌平州，山东西远相望，俄然而相辏相赴[2]，以至相蹙[3]，居庸置其间，如因两山以为之门，故曰疑若可守然。关凡四重。南口者，下关也，为之城，城南门至北门一里；出北门十五里，曰中关，又为之城，城南门至北门一里；出北门又十五里，曰上关，又为之城，城南门至北门一里；出北门又十五里，曰八达岭，又为之城，城南门至北门一里。盖自南口之南门，至十八达岭之北门，凡四十八里，关之首尾具制如是[4]，故曰疑若可守然。下关最下，中关高倍之，八达岭之俯南口也，如窥井形然，故曰疑若可守然。”

自入南口，城甃有天竺字、蒙古字[5]。上关之北门，大书曰：“居庸关，景泰二年修。”八达岭之北门，大书曰：“北门锁钥，景泰三年建。”自入南口，流水啮吾马蹄，涉之，琤然鸣[6]；弄之则忽涌忽洑而尽态[7]；迹之则至乎八达岭而穷。八达岭者，古隰余水之源也[8]。自入南口，木多文杏、苹婆、棠梨，皆怒华[9]。自入南口，或容十骑，或容两骑，或容一骑。蒙古自北来，鞭橐驼[10]，与余摩臂行。时时橐驼冲余骑颠，余亦挝蒙古帽[11]，堕于橐驼前。蒙古大笑。余乃私叹曰：“若蒙古，古者建置居庸关之所以然，非以若耶？余，江左士也，使余生赵宋世，目尚不得睹燕、赵，安得与反毳者相挝戏乎万山间[12]？生我圣清中外一家之世，岂不傲古人哉！”蒙古来者，是岁克西克腾、苏尼特，皆入京，诣理藩院交马云。自入南口，多雾，若小雨，过中关，见税亭焉。问其吏曰：“今法网宽大，税有漏乎？”曰：“大筐小筐，大偷橐驼小偷羊[13]。”余叹曰：“信若是，是有间道矣。”自入南口，四山之陂陀之隙[14]，有护边墙数十处，问之民，皆言是明时修。微税吏言，吾固知有间道出没于此护边墙之间。承平之世，漏税而已，设生昔之世，与凡守关以为险之世，有不大骇北兵自天而降者哉！

降自八达岭，地遂平，又五里，曰坌道[15]。

【注释】

［1］谭：同“谈”。

［2］俄然：突然。辏（còu）：车轮的辐，此处意为聚集。

［3］蹙：局促。

［4］具制：格局。

［5］城甃（zhòu）：城墙的砖石。

[6] 瑽（cōng）然：佩玉的响声。

[7] 洑（fú）：水流回旋。

[8] 隰（xī）余水：古水名。即今榆河，自居庸关南流，经过北京市昌平区。

[9] 怒华：怒放。华，同“花”。

[10] 橐（tuó）驼：骆驼。

[11] 挝（zhuā）：击，打。

[12] 反毳（cuì）：反穿皮毛衣，指北方少数民族。

[13] 大筐小筐，大偷橐驼小偷羊：形容偷税的极多。

[14] 陂（pō）陀（tuó）：倾斜不平的样子。

[15] 坌（bèn）道：道路名。

【赏析】

这是一篇奇特的散文，作者以舆地家和文学家两副眼光同时观察客观世界，融叙述、描写、评议为一体，洒脱、清新，富有寓意，使本文既有政治、学术价值，又有艺术价值。在谋篇布局上多有可借鉴之处。

本文写于清代道光十六年，是一篇描写生动、饶有情趣、寓意深刻的记游奇文。

居庸关是长城的一个重要关口，位于北京昌平区，地势险要，为兵家必争之地。所以本文一开始就写：“居庸关者，古之谭守者之言也。”可是居庸关真的可守吗？作者对此提出了疑义。作者紧紧围绕这个疑义展开文章。

作者第一层先写居庸关所处山势险峻。“山东西远相望，俄然而相辏相赴，以至相蹙”，而“居庸置其间”，“如因两山以为之门”因而险要。第二层写四道雄关首尾相接，紧密相连。第三层更是突出居庸关的险峻，“下关最下，中关高倍之”，高下相倾，自上而下俯视“如窥井形然”，有一夫当关万夫莫开之险。可是，这个如此险要的地方仍有漏洞，“吾固知有间道出没于此护边墙之间”。在“承平之世”只不过是偷税而已，如是战争年代，“有不大骇北兵白天而降者哉”。作者的疑虑也正在于此，但又不仅仅于此，除了自然原因外，还有政治、关防等其他因素存在。作者是居安思危，并非杞人忧天，明朝景泰二年、景泰三年修的“居庸关”“北门锁钥”的牌匾尚在城门上挂着，雄关尤在，可城已易主，有讽有戒，耐人寻味。

居庸关不但地势险要，而且风景优美，是旅游胜地。文章的后半部分记游写景。先写水，“自入南口，流水啮吾马蹄，涉之，瑽然鸣；弄之则忽涌忽洑而尽态；迹之则至乎八达岭而穷。八达岭者，古隰余水之源也”，有形有声。再写林木，“自入南口，木多文杏、苹婆、棠梨，皆怒华”，惜墨如金，却写得有形有色。

接下来作者饶有情趣地写路遇蒙古交马人，其间的议论颇有深意，“若蒙古，古者建置居庸关之所以然，非以若耶？余，江左士也，使余生赵宋世，目尚不得睹燕、赵，安得与反毳者相挝戏乎万山间？生我圣清中外一家之世，岂不傲古人哉”，这是文章点题的一笔。

一只特立独行的猪

王小波

◎王小波（1952—1997），当代作家。他的文学创作风格独特，富有想象力，有些放荡不羁但又不乏理性精神，敢于触及传统文化中的较深层面，用率真犀利的语言对男欢女爱和两性进行描写，可以说他的作品是对我们生活中所有的荒谬和苦难做出的最彻底的反讽，代表作有“时代三部曲”（分别指《黄金时代》《白银时代》《青铜时代》，以喜剧的精神和幽默的风格来讲述人类生存的荒谬故事，描写权力对于欲望和人性的压制）。电影剧本《东宫西宫》获阿根廷国际电影节最佳编剧奖。1997 年因心脏病突发猝死。作为作家，王小波生前鲜为人知，死后他的作品几乎全部出版，随之引发了“王小波热”的文化现象。他汪洋恣肆的笔触、放荡不羁的写作风格，以及所宣扬的自由主义精神引起了文学界对其价值的探讨。

插队的时候，我喂过猪，也放过牛。假如没有人来管，这两种动物也完全知道该怎样生活。它们会自由自在地闲逛，饥则食渴则饮，春天来临时还要谈谈爱情；这样一来，它们的生活层次很低，完全乏善可陈。人来了以后，给它们的生活做出了安排：每一头牛和每一口猪的生活都有了主题。就它们中的大多数而言，这种生活主题是很悲惨的：前者的主题是干活，后者的主题是长肉。我不认为这有什么可抱怨的，因为我当时的生活也不见得丰富了多少，除了八个样板戏，也没有什么消遣。有极少数的猪和牛，它们的生活另有安排。以猪为例，种猪和母猪除了吃，还有别的事可干。就我所见，它们对这些安排也不大喜欢。种猪的任务是交配，换言之，我们的政策准许它当个花花公子。但是疲惫的种猪往往摆出一种肉猪（肉猪是阉过的）才有的正人君子架势，死活不肯跳到母猪背上去。母猪的任务是生崽儿，但有些母猪却要把猪崽儿吃掉。总的来说，人的安排使猪痛苦不堪。但它们还是接受了：猪总是猪啊。

对生活做种种设置是人特有的品性。不光是设置动物，也设置自己。我们知道，在古希腊有个斯巴达，那里的生活被设置得了无生趣，其目的就是要使男人成为亡命战士，使女人成为生育机器，前者像些斗鸡，后者像些母猪。这两类动物是很特别的，但我以为，它们肯定不喜欢自己的生活。但不喜欢又能怎么样？人也好，动物也罢，都很难改变自己的命运。

以下谈到的一只猪有些与众不同。我喂猪时，它已经有四五岁了，从名分上说，它是肉猪，但长得又黑又瘦，两眼炯炯有光。这家伙像山羊一样敏捷，一米高的猪栏一跳就过；它还能跳上猪圈的房顶，这一点又像是猫——所以它总是到处游逛，根本就不在圈里呆着。所有喂过猪的知青都把它当宠儿来对待，它也是我的宠儿——因为它只对知青好，容许他们走到三米之内，要是别的人，它早就跑了。它是公的，原本该劁掉。不过你去试试看，哪怕你把劁猪刀藏在身后，它也能嗅出来，朝你瞪大眼睛，噢噢地吼起来。我总是用细米糠熬的粥喂它，等它吃够了以后，才把糠对到野草里喂别的猪。其他猪看了嫉妒，一起嚷起来。这时候整个猪场一片鬼哭狼嚎，但我和它都不在乎。吃饱了以后，它就跳上房顶去晒太阳，或者模仿各种声音。它会学汽车响、拖拉机响，学得都很像；有时整天不见踪影，我估计它到附近的村寨里找母猪去了。我们这里也有母猪，都关在圈里，被过度的生育搞得走了形，又脏又臭，它对它们不感兴趣；村寨里的母猪好看一些。它有很多精彩的事迹，但我喂猪的时间短，知道得有限，索性就不写了。总而言之，所有喂过猪的知青都喜欢它，喜欢它特立独行的派头儿，还说它活得潇洒。但老乡们就不这么浪漫，他们说，这猪不正经。领导则痛恨它，这一点以后还要谈到。我对它则不止是喜欢——我尊敬它，常常不顾自己虚长十几岁这一现实，把它叫做“猪兄”。如前所述，这位猪兄会模仿各种声音。我想它也学过人说话，但没有学会——假如学会了，我们就可以做倾心之谈。但这不能怪它。人和猪的音色差得太远了。

后来，猪兄学会了汽笛叫，这个本领给它招来了麻烦。我们那里有座糖厂，中午要鸣一次汽笛，让工人换班。我们队下地干活时，听见汽笛响就收工回来。我的猪兄每天上午十点钟总要跳到房上学汽笛，地里的人听见它叫就回来——这可比糖厂鸣笛早了一个半小时。坦白地说，这不能全怪猪兄，它毕竟不是锅炉，叫起来和汽笛还有些区别，但老乡们却硬说听不出来。领导因此开了一个会，把它定成了破坏春耕的坏分子，要对它采取专政手段——会议的精神我已经知道了，但我不为它担忧——因为假如专政是指绳索和杀猪刀的话，那是一点门都没有的。以前的领导也不是没试过，一百人也逮不住它。狗也没用：猪兄跑起来像颗鱼雷，能把狗撞出一丈开外。谁知这回是动了真格的：指导员带了二十几个人，手拿五四式手枪；副指导员带了十几人，手持看青的火枪，分两路在猪场外的空地上兜捕它。这就使我陷入了内心的矛盾：按我和它的交情，我该舞起两把杀猪刀冲出去，和它并肩战斗，但我又觉得这样做太过惊世骇俗——它毕竟是只猪啊；还有一个理由，我不敢对抗领导，我怀疑这才是问题之所在。总之，我在一边看着。猪兄的镇定使我佩服之极：它很冷静地躲在手枪和火枪的连线之内，任凭人喊狗咬，不离那条线。这样，拿手枪的人开火就会把拿火枪的打死，反之亦然；两头同时开火，两头都会被打死。至于它，因为目标小，多半没事。就这样连兜了几个圈子，它找到了一个空子，一头撞出去了；跑得潇洒之极。以后我在甘蔗地里还见过它一次，它长出了獠牙，还认识我，但已不容我走近了。这种冷淡使我痛心，但我也赞成它对心怀叵测的人保持距离。

我已经四十岁了，除了这只猪，还没见过谁敢于如此无视对生活的设置。相反，我倒见过很多想要设置别人生活的人，还有对被设置的生活安之若素的人。因为这个原故，我一直怀念这只特立独行的猪。

【赏析】

如果拿商汤的“仁义及于鸟兽”、孔夫子的“己所不欲，勿施于人”等伦理来做一番揭示，王小波则极有深意地道出了那个“人之欲，施及于猪”的社会现实。

猪总是猪，人类以其高蹈无比的智能介入了猪的生活，即上演了文中啼笑皆非的所谓“使之有意义”的新生活。猪的痛苦在人类看来是正常的，猪总是猪啊！而这种“被安排”“被主题”的新生活，却是被很多人视为正常的生活，而且是安之若素、循规蹈矩地生活着。

当这只猪打破了这种循规蹈矩的生活之后，自然会被众多的人排挤，甚至是以消除为快。而那些想挣脱这种生活却又不敢行动的人，也只能跟这只猪达到心灵的融通。真正痛苦的是那些不愿如此，但又不敢、不能不如此的思想者，这就是作者所要揭示的主题。

一个王朝的背影

余秋雨

◎余秋雨（生于1946年），浙江余姚人，艺术理论家，中国文化史学者，散文家。曾任上海戏剧学院院长、上海写作学会会长。20世纪80年代后期开始散文写作，获得了极大成功，影响广泛。代表作品集有《文化苦旅》《文明的碎片》《千年一叹》《山居笔记》《行者无疆》等。

一

我们这些人，对清代总有一种复杂的情感阻隔。记得很小的时候，历史老师讲到“扬州十日”“嘉定三屠”时眼含泪花，这是清代的开始；而讲到“火烧圆明园”“戊戌变法”时又有泪花了，这是清代的尾声。年迈的老师一哭，孩子们也跟着哭，清代历史是小学中唯一用眼泪浸润的课程。从小种下的怨恨，很难化解得开。

老人的眼泪和孩子们的眼泪拌和在一起，使这种历史情绪有了一种最世俗的力量。我小学的同学全是汉族，没有满族，因此很容易在课堂里获得一种共同语言。好像汉族理所当然是中国的主宰，你满族为什么要来抢夺呢？抢夺去了能够弄好倒也罢了，偏偏越弄越糟，最后几乎让外国人给瓜分了。于是，在闪闪泪光中，我们懂得了什么是汉奸，什么是卖国贼，什么是民族大义，什么是气节。我们似乎也知道了中国之所以落后于世界列强，关键就在于清代，而辛亥革命的启蒙者们重新点燃汉人对清人的仇恨，提出“驱除鞑虏，恢复中华”的口号，又是多么有必要，多么让人解气。清朝终于被推翻了，但至今在很多中国人心里，它仍然是一种冤孽般的存在。

长大以后，我开始对这种情绪产生警惕。因为无数事实证明，在我们中国，许多情绪化的社会评判规范，虽然堂而皇之地传之久远，却包含着极大的不公正。我们缺少人类普遍意义上的价值启蒙，因此这些情绪化的社会评判规范大多是从封建正统观念逐渐引申出来的，带有很多盲目性。先是姓氏正统论，刘汉、李唐、赵宋、朱明……在同一姓氏的传代系列中所出现的继承人，哪怕是昏君、懦夫、色鬼、守财奴、精神失常者，都是合法而合理的，而外姓人氏若有觊觎，即便有一千条一万条道理，也站不住脚，真伪、正邪、忠奸全由此划分。由姓氏正统论扩而大之，就是民族正统论。这种观念要比姓氏正统论复杂得多，你看辛亥革命的闯将们与封建主义的姓氏正统论势不两立，却也需要大声宣扬民族正统论，便是例证。民族正统论涉及几乎一切中国人都耳熟能详的许多著名人物和著名事件，是一个在今后仍然要不断争论的麻烦问题。在这儿请允许我稍稍回避一下，我需要肯定的仅仅是这样一点：满族是中国的满族，清朝的历史是中国历史的一部分；统观全部中国古代史，清朝的皇帝在总体上还算比较好的，而其中的康熙皇帝甚至可说是中国历史上最好的皇帝之一，他与唐太宗李世民一样使我这个现代汉族中国人感到骄傲。

既然说到了唐太宗，我们又不能不指出，据现代历史学家考证，他更可能是鲜卑族而不是汉族之后。

如果说先后在巨大的社会灾难中迅速开创了“贞观之治”和“康雍乾盛世”的两位

中国历史上最杰出帝王都不是汉族，如果我们还愿意想一想那位至今还在被全世界历史学家惊叹的建立了赫赫武功的元太祖成吉思汗，那么我们的中华历史观一定会比小学里的历史课开阔得多，放达得多。

汉族当然非常伟大，汉族当然没有理由要受到外族的屠杀和欺凌，当自己的民族遭受危难时当然要挺身而出进行无畏的抗争，为了个人的私利不惜出卖民族利益的无耻之徒当然要受到永久的唾弃，这些都是没有异议的。问题是，不能由此而把汉族等同于中华，把中华历史的正义、光亮、希望，全都押在汉族一边。与其他民族一样，汉族也有大量的污浊、昏聩和丑恶，它的统治者常常一再地把整个中国历史推入死胡同。在这种情况下，历史有可能作出超越汉族正统论的选择，而这种选择又未必是倒退。

《桃花扇》中那位秦淮名妓李香君，身份低贱而品格高洁，在清兵浩荡南下、大明江山风雨飘摇时节保持着多大的民族气节！但是，她万万没有想到，就在她和她的恋人侯朝宗为抗清复明不惜赴汤蹈火、奔命呼号的时候，恰恰正是苟延残喘而仍然荒淫无度的南明小朝廷，作践了他们。那个在当时当地看来既是明朝也是汉族的最后代表的弘光政权，根本不要她和她的姐妹们的忠君泪、报国心，而只要她们作为一个女人最可怜的色相。李香君真想与恋人一起为大明捐躯流血，但叫她恶心的是，竟然是大明的官僚来强逼她成婚，而使她血溅纸扇，染成“桃花”。“桃花扇底送南朝”，这样的朝廷就让它去了吧，长叹一声，气节、操守、抗争、奔走，全都成了荒诞和自嘲。《桃花扇》的作者孔尚任是孔老夫子的后裔，连他，也对历史转捩时期那种盲目的正统观念产生了深深的怀疑。他把这种怀疑，转化成了笔底的灭寂和苍凉。

对李香君和侯朝宗来说，明末的一切，看够了，清代会怎么样呢，不想看了。文学作品总要结束，但历史还在往前走，事实上，清代还是很可看看的。

为此，我要写写承德的避暑山庄。清代的史料成捆成扎，把这些留给历史学家吧，我们只要轻手轻脚地绕到这个消夏的别墅里去偷看几眼也就够了。这种偷看其实也是偷看自己，偷看自己心底从小埋下的历史情绪和民族情绪，有多少可以留存，有多少需要校正。

二

承德的避暑山庄是清代皇家园林，又称热河行宫、承德离宫，虽然闻名史册，但久为禁苑，又地处塞外，历来光顾的人不多，直到这几年才被旅游者搅得有点热闹。我原先并不知道能在那里获得一点什么，只是今年夏天中央电视台在承德组织了一次国内优秀电视编剧和导演的聚会，要我给他们讲点课，就被他们接去了。住所正在避暑山庄背后，刚到那天的薄暮时分，我独个儿走出住所大门，对着眼前黑黝黝的山岭发呆。查过地图，这山岭便是避暑山庄北部的最后屏障，就像一张罗圈椅的椅背。在这张罗圈椅上，休息过一个疲惫的王朝。奇怪的是，整个中华版图都已归属了这个王朝，为什么还要把这张休息的罗圈椅放到长城之外呢？清代的帝王们在这张椅子上面南而坐的时候在想一些什么呢？月亮升起来了，眼前的山壁显得更加巍然怆然。北京的故宫把几个不同的朝代混杂在一起，谁的形象也看不真切，而在这里，远远的，静静的，纯纯的，悄悄的，躲开了中原王气，藏下了一个不羼杂的清代。它实在对我产生了一种巨大的诱惑，于是匆匆讲完几次课，便一头埋到了山庄里边。

山庄很大，本来觉得北京的颐和园已经大得令人咋舌了，它竟比颐和园还大整整一倍，据说装下八九个北海公园是没有问题的。我想不出国内还有哪个古典园林能望其项背。

山庄外面还有一圈被称之为“外八庙”的寺庙群，这暂不去说它，光说山庄里面，除了前半部有层层叠叠的宫殿外，主要是开阔的湖区、平原区和山区。尤其是山区，几乎占了整个山庄的八成左右，这让游惯了别的园林的人很不习惯。园林是用来休闲的，何况是皇家园林，大多追求方便平适，有的也会堆几座小山装点一下，哪有像这儿的，硬是圈进莽莽苍苍一大片真正的山岭来消遣？这个格局，包含着一种需要我们抬头仰望、低头思索的审美观念和人生观念。

山庄里有很多楹联和石碑，上面的文字大多由皇帝们亲自撰写，他们当然想不到多少年后会有我们这些陌生人闯入他们的私家园林，来读这些文字，这些文字是写给他们后辈继承人看的。朝廷给别人看的东西很多，有大量刻印广颁的官样文章，而写在这里的文字，尽管有时也咬文嚼字，但总的来说是说给儿孙们听的体己话，比较真实可信。我踏着青苔和蔓草，辨识和解读着一切能找到的文字，连藏在山间树林中的石碑都不放过，读完一篇，便舒松开筋骨四周看看。一路走去，终于可以有把握地说，山庄的营造，完全出自一代政治家在精神上的强健。

首先是康熙，山庄正宫午门上悬挂着的“避暑山庄”四个字就是他写的，这四个汉字写得很好，撇捺间透露出一个胜利者的从容和安详，可以想见他首次踏进山庄时的步履也是这样的。他一定会这样，因为他是走了一条艰难而又成功的长途才走进山庄的，到这里来喘口气，应该。

他一生的艰难都是自找的。他的父辈本来已经给他打下了一个很完整的华夏江山，他八岁即位，十四岁亲政，年轻轻一个孩子，坐享其成就是了，能在如此辽阔的疆土、如此兴盛的运势前做些什么呢？他稚气未脱的眼睛，竟然疑惑地盯上了两个庞然大物，一个是朝廷中最有权势的辅政大臣鳌拜，一个自恃当初做汉奸领清兵入关有功、拥兵自重于南方的吴三桂。平心而论，对于这样与自己的祖辈、父辈都有密切关系的重要政治势力，即便是德高望重的一代雄主也未免下得了决心去动手，但康熙却向他们、也向自己挑战了，十六岁干脆利落地除了鳌拜集团，二十岁开始向吴三桂开战，花八年时间的征战取得彻底胜利。他等于把到手的江山重新打理了一遍，使自己从一个继承者变成了创业者。他成熟了，眼前几乎已经找不到什么对手，但他还是经常骑着马，在中国北方山林草泽间徘徊，这是他祖辈崛起的所在，他在寻找着自己的生命和事业的依托点。

他每次都要经过长城，长城多年失修，已经破败。对着这堵受到历代帝王切切关心的城墙，他想了很多。他的祖辈是破长城进来的，没有吴三桂也绝对进得了，那么长城究竟有什么用呢？堂堂一个朝廷，难道就靠这些砖块去保卫？但是如果没有长城，我们的防线又在哪里呢？他思考的结果，可以从 1691 年他的一份上谕中看出个大概。那年五月，古北口总兵官蔡元向朝廷提出，他所管辖的那一带长城“倾塌甚多，请行修筑”，康熙竟然完全不同意，他的上谕是：

秦筑长城以来，汉、唐、宋亦常修理，其时岂无边患？明末我太祖统大兵长驱直入，诸路瓦解，皆莫能当。可见守国之道，惟在修德安民。民心悦则邦本得，而边境自固，所谓“众志成城”者是也。如古北、喜峰口一带，朕皆巡阅，概多损坏，今欲修之，兴工劳役，岂能无害百姓？且长城延袤数千里，养兵几何方能分守？

说得实在是很有道理。我对埋在我们民族心底的“长城情结”一直不敢恭维，读了康熙这段话，简直是找到了一个远年知音。由于康熙这样说，清代成了中国古代基本上不修长城的一个朝代，对此我也觉得不无痛快。当然，我们今天从保护文物的意义上修理长城是完全另外一回事了，只要不把长城永远作为中华文明的最高象征就好。

康熙希望能筑起一座无形的长城。“修德安民”云云说得过于堂皇而蹈空，实际上他有硬的一手和软的一手。硬的一手是在长城外设立“木兰围场”，每年秋天，由皇帝亲自率领王公大臣、各级官兵一万余人去进行大规模的“围猎”，实际上是一种声势浩大的军事演习，这既可以使王公大臣们保持住勇猛、强悍的人生风范，又可顺便对北方边境起一个威慑作用。“木兰围场”既然设在长城之外的边远地带，离北京就很有一点距离，如此众多的朝廷要员前去秋猎，当然要建造一些大大小小的行宫，而热河行宫，就是其中最大的一座；软的一手是与北方边疆的各少数民族建立起一种常来常往的友好关系，他们的首领不必长途进京也有与清廷彼此交谊的机会和场所，而且还为他们准备下各自的宗教场所，这也就需要有热河行宫和它周围的寺庙群了。总之，软硬两手最后都汇集到这一座行宫、这一个山庄里来了，说是避暑，说是休息，意义却又远远不止于此。把复杂的政治目的和军事意义转化为一片幽静闲适的园林，一圈香火缭绕的寺庙，这不能不说是康熙的大本事。然而，眼前又是道道地地的园林和寺庙，道道地地的休息和祈祷，军事和政治，消解得那样烟水葱茏、慈眉善目，如果不是那些石碑提醒，我们甚至连可以疑惑的痕迹都找不到。

避暑山庄是康熙的“长城”，与蜿蜒千里的秦始皇长城相比，哪个更高明些呢？

康熙几乎每年立秋之后都要到“木兰围场”参加一次为期二十天的秋猎，一生参加了四十八次。每次围猎，情景都极为壮观。先由康熙选定逐年轮换的狩猎区域（逐年轮换是为了生态保护），然后就搭建一百七十多座大帐篷为“内城”，二百五十多座大帐篷为“外城”，城外再设警卫。第二天拂晓，八旗官兵在皇帝的统一督导下集结围拢，在上万官兵齐声呐喊下，康熙首先一马当先，引弓射猎，每有所中便引来一片欢呼，然后扈从大臣和各级将士也紧随康熙射猎。康熙身强力壮，骑术高明，围猎时智勇双全，弓箭上的功夫更让王公大臣由衷惊服，因而他本人的猎获就很多。晚上，营地上篝火处处，肉香飘荡，人笑马嘶，而康熙还必须回帐篷里批阅每天疾驰送来的奏章文书。康熙一生身先士卒打过许多著名的仗，但在晚年，他最得意的还是自己打猎的成绩，因为这纯粹是他个人生命力的验证。1719 年康熙自“木兰围场”行猎后返回避暑山庄时曾兴致勃勃地告谕御前侍卫：

> 朕自幼至今已用鸟枪弓矢获虎一百五十三只，熊十二只，豹二十五只，猞二十只，麋鹿十四只，狼九十六只，野猪一百三十三口，哨获之鹿已数百，其余围场内随便射获诸兽不胜记矣。朕于一日内射兔三百一十八只，若庸常人毕世亦不能及此一日之数也。

这笔流水账，他说得很得意，我们读得也很高兴。身体的强健和精神的强健往往是连在一起的，须知中国历史上多的是有气无力病恹恹的皇帝，他们即便再“内秀”，也何以面对如此庞大的国家。

由于强健，他有足够的精力处理挺复杂的西藏事务和蒙古事务，解决治理黄河、淮河和疏通漕运等大问题，而且大多很有成效，功泽后世。由于强健，他还愿意勤奋地学习，结果不仅武功一流，“内秀”也十分了得，成为中国历代皇帝中特别有学问、也特别重视学问的一位，这一点一直很使我震动，而且我可以肯定，当时也把一大群冷眼旁观的汉族知识分子震动了。

谁能想得到呢，这位满清帝工竟然比明代历朝皇帝更热爱和精通汉族传统文化！大凡经、史、子、集、诗、书、音律，他都下过一番功夫，其中对朱熹哲学钻研最深。他亲自批点《资治通鉴纲目大全》，与一批著名的理学家进行水平不低的学术探讨，并命他们编纂了《朱子大全》《性理精义》等著作。他下令访求遗散在民间的善本珍籍加以整理，并且大规模地组织人力编辑出版了卷帙浩繁的《古今图书集成》《康熙字典》《佩文韵府》《大清会典》，文化气魄铺地盖天，直到今天，我们研究中国古代文化还离不开这些极其重要的工具书。他派人通过对全国土地的实际测量，编成了全国地图《皇舆全览图》。在他倡导的文化气氛下，涌现了一大批在整个中国文化史上都可以称得上第一流大师的人文科学家，在这一点上，几乎很少有朝代能与康熙朝相比肩。

以上讲的还只是我们所说的“国学”，可能更让现代读者惊异的是他的“西学”。因为即使到了现代，在我们印象中，国学和西学虽然可以沟通，但在同一个人身上深潜两边的毕竟不多，尤其对一些官员来说更是如此。然而早在三百年前，康熙皇帝竟然在北京故宫和承德避暑山庄认真研究了欧几里德几何学，经常演算习题，又学习了法国数学家巴蒂的《实用和理论几何学》，并比较它与欧几里德几何学的差别。他的老师是当时来中国的一批西方传教士，但后来他的演算比传教士还快，他亲自审校译成汉文和满文的西方数学著作，而且一有机会就向大臣们讲授西方数学。以数学为基础，康熙又进而学习了西方的天文、历法、物理、医学、化学，与中国原有的这方面知识比较，取长补短。在自然科学问题上，中国官僚和外国传教士经常发生矛盾，康熙不袒护中国官僚，也不主观臆断，而是靠自己发愤学习，真正弄通西方学说，几乎每次都作出了公正的裁断。他任命一名外国人担任钦天监监副，并命令礼部挑选一批学生去钦天监学习自然科学，学好了就选拔为博士官。西方的自然科学著作《验气图说》《仪像志》《赤道南北星图》《穷理学》《坤舆图说》等等被一一翻译过来，有的已经译成汉文的西方自然科学著作如《几何原理》前六卷他又命人译成满文。

这一切，居然与他所醉心的“国学”互不排斥，居然与他一天射猎三百一十八只野兔互不排斥，居然与他一连串重大的政治行为、军事行为、经济行为互不排斥！我并不认为康熙给中国带来了根本性的希望，他的政权也做过不少坏事，如臭名昭著的“文字狱”之类；我想说的只是，在中国历代帝王中，这位少数民族出身的帝王具有超乎寻常的生命力，他的人格比较健全。有时，个人的生命力和人格，会给历史留下重重的印记。与他相比，明代的许多皇帝都活得太不像样了，鲁迅说他们是“无赖儿郎”，确有点像。尤其让人生气的是明代万历皇帝（神宗）朱翊钧，在位四十八年，亲政三十八年，竟有二十五年时间躲在深宫之内不见外人的面，完全不理国事，连内阁首辅也见不到他，不知在干什么。没见他玩过什么，似乎也没有好色的嫌疑，历史学家们只能推断他躺在烟榻上抽了二十多年的鸦片烟！他聚敛的金银如山似海，但当清军起事，朝廷束手无策时问他要钱，他也死不肯拿出来，最后拿出一个无济于事的小零头，竟然都是因窖藏人久变黑发霉、腐蚀得不能见天日的银子！这完全是一个失去任何人格支撑的心理变态者，但他又集权于一身，明朝怎能不垮？他死后还有儿子朱常洛（光宗）、孙子朱由校（熹宗）和朱由检（思宗）先后继位，但明朝已在他的手里败定了，他的儿孙们非常可怜。康熙与他正相反，把生命从深宫里释放出来，在旷野、猎场和各个知识领域挥洒，避暑山庄就是他这种生命方式的一个重要吐纳口站，因此也是当时中国历史的一所“吉宅”。

三

康熙与晚明帝王的对比，避暑山庄与万历深宫的对比，当时的汉族知识分子当然也感受到了，心情比较复杂。

开始大多数汉族知识分子都是抗清复明，甚至在赳赳武夫们纷纷掉头转向之后，一群柔弱的文人还宁死不折。文人中也有一些著名的变节者，但他们往往也承受着深刻的心理矛盾和精神痛苦。我想这便是文化的力量。一切军事争逐都是浮面的，而事情到了要摇撼某个文化生态系统的时候才会真正变得严重起来。一个民族，一个国家，一个人种，其最终意义不是军事的、地域的、政治的，而是文化的。当时江南地区好几次重大的抗清事件，都起之于“削发”之争，即汉人历来束发而清人强令削发，甚至到了“留头不留发，留发不留头”的地步。头发的样式看来事小却关及文化生态，结果，是否“毁我衣冠”的问题成了“夷夏抗争”的最高爆发点。这中间，最能把事情与整个文化系统联系起来的是文化人，最懂得文明和野蛮的差别，并把“鞑虏”与野蛮连在一起的也是文化人。老百姓的头发终于被削掉了，而不少文人还在拼死坚持。著名大学者刘宗周住在杭州，自清兵进杭州后便绝食，二十天后死亡；他的门生，另一位著名大学者黄宗羲投身于武装抗清行列，失败后回余姚家乡事母著述；又一位著名大学者顾炎武比黄宗羲更进一步，武装抗清失败后还走遍全国许多地方图谋复明，最后终老陕西……这些一代宗师如此强硬，他们的门生和崇拜者们当然也多有追随。

但是，事情到了康熙那儿却发生了一些微妙的变化。文人们依然像朱耷笔下的秃鹫，以“天地为之一寒”的冷眼看着朝廷，而朝廷却奇怪地流泻出一种压抑不住的对汉文化的热忱。开始大家以为是一种笼络人心的策略，但从康熙身上看好像不完全是。他在讨伐吴三桂的战争还没有结束的时候，就迫不及待地下令各级官员以“崇儒重道”为目的，向朝廷推荐“学问兼优、文词卓越”的士子，由他亲自主考录用，称作“博学鸿词科”。这次被保荐、征召的共一百四十三人，后来录取了五十人。其中有傅山、李颙等人被推荐了却宁死不应考。傅山被人推荐后又被强抬进北京，他见到“大清门”三字便滚倒在地，两泪直流，如此行动康熙不仅不怪罪反而免他考试，任命他为“中书舍人”。他回乡后不准别人以“中书舍人”称他，但这个时候说他对康熙本人还有多大仇恨，大概谈不上了。

李颙也是如此，受到推荐后称病拒考，被人抬到省城后竟以绝食相抗，别人只得作罢。这事发生在康熙十七年，康熙本人二十六岁，没想到二十五年后，五十余岁的康熙西巡时还记得这位强硬的学人，召见他，他没有应召，但心里毕竟已经很过意不去了，派儿子李慎言作代表应召，并送自己的两部著作《四书反身录》和《二曲集》给康熙。这件事带有一定的象征性，表示最有抵触的汉族知识分子也开始与康熙和解了。

与李颙相比，黄宗羲是大人物了，康熙更是礼仪有加，多次请黄宗羲出山未能如愿，便命令当地巡抚到黄宗羲家里，把黄宗羲写的书认真抄来，送入宫内以供自己拜读。这一来，黄宗羲也不能不有所感动，与李颐一样，自己出面终究不便，由儿子代理，黄宗羲让自己的儿子黄百家进入皇家修史局，帮助完成康熙交下的修《明史》的任务。你看，即便是原先与清廷不共戴天黄宗羲、李颙他们，也觉得儿子一辈可以在康熙手下好生过日子了。这不是变节，也不是妥协，而是一种文化生态意义上的开始认同。既然康熙对汉文化认同得那么诚恳，汉族文人为什么就完全不能与他认同呢？政治军事，不过是文化的外表罢了。

黄宗羲不是让儿子参加康熙下令编写的《明史》吗？编《明史》这事给汉族知识界震动不小。康熙任命了大历史学家徐元文、万斯同、张玉书、王鸿绪等负责此事，要他们根据《明实录》如实编写，说“他书或以文章见长，独修史宜直书实事”，他还多次要大家仔细研究明代晚期破败的教训，引以为戒。汉族知识界要反清复明，而清廷君主竟然亲自领导着汉族的历史学家在冷静研究明代了，这种研究又高于反清复明者的思考水平，那么，对峙也就不能不渐渐化解了。《明史》后来成为整个二十四史中写得较好的一部，这是直到今天还要承认的事实。

当然，也还余留着几个坚持不肯认同的文人。例如康熙时代浙江有个学者叫吕留良的，在著书和讲学中还一再强调孔子思想的精义是“尊王攘夷”，这个提法，在他死后被湖南一个叫曾静的落第书生看到了，很是激动，赶到浙江找到吕留良的儿子和学生几人，策划反清。这时康熙也早已过世，已是雍正年间，这群文人手下无一兵一卒，能干成什么事呢？他们打听到川陕总督岳钟琪是岳飞的后代，想来肯定能继承岳飞遗志来抗击外夷，就派人带给他一封策反的信，眼巴巴地请他起事。这事说起来已经有点近乎笑话，岳飞抗金到那时已隔着整整一个元朝、整整一个明朝，清朝也已过了八九十年，算到岳钟琪身上都是多少代的事情啦，还想着让他凭着一个“岳”字拍案而起，中国书生的昏愚和天真就在这里。岳钟琪是清朝大官，做梦也没想到过要反清，接信后虚假地应付了一下，却理所当然地报告了雍正皇帝。

雍正下令逮捕了这个谋反集团，又亲自阅读了书信、著作，觉得其中有好些观念需要自己写文章来与汉族知识分子辩论，而且认为有过康熙一代，朝廷已有足够的事实和勇气证明清代统治者并不差，为什么还要对抗清廷？于是这位皇帝亲自编了一部《大义觉迷录》颁发各地，而且特免肇事者曾静等人的死罪，让他们专到江浙一带去宣讲。

雍正的《大义觉迷录》写得颇为诚恳。他的大意是：不错，我们是夷人，我们是“外国”人，但这是籍贯而已，天命要我们来抚育中原生民，被抚育者为什么还要把华、夷分开来看？你们所尊重的舜是东夷之人，文王是西夷之人，这难道有损于他们的圣德吗？吕留良这样著书立说的人，连前朝康熙皇帝的文治武功、赫赫盛德都加以隐匿和诬蔑，实在是不顾民生国运只泄私愤了。外族入主中原，可以反而勇于为善，如果著书立说的人只认为生在中原的君主不必修德行仁也可享有名分，而外族君主即便励精图治也得不到褒扬，外族君主为善之心也会因之而懈怠，受苦的不还是中原的百姓吗？

雍正的这番话，带着明显的委屈情绪，而且是给父亲康熙打抱不平，也真有一些动人的地方。但他的整体思维能力显然比不上康熙，口口声声说自己是“外国”人，“夷人”，尽管他所说的“外国”只是指外族，而且也仅指中原地区之外的几个少数民族，与我们今天所说的外国不同，但无论如何在一些前提性的概念上把事情搞复杂了，反而不利。他的儿子乾隆看出了这个毛病，即位后把《大义觉迷录》全部收回，列为禁书，杀了被雍正赦免了的曾静等人，开始大兴文字狱。康熙、雍正年间也有丑恶的文字狱，但来得特别厉害的是乾隆，他不许汉族知识分子把清廷看成是“夷人”，连一般文字中也不让出现“虏”“胡”之类字样，不小心写出来了很可能被砍头。他想用暴力抹去这种对立，然后一心一意做个好皇帝。除了华夷之分的敏感点外，其他地方他倒是比较宽容，有度量，听得进忠臣贤士们的尖锐意见和建议，因此在他执政的前期，做了很多好事，国运可称昌盛。这样一来，即便存有异念的少数汉族知识分子也不敢有什么想头，到后来也真没有什么想头了。其实本来这样的人已不可多觅，雍正和乾隆都把文章做过了头。真正第一流的大学者，在乾隆时代已不想作反清复明的事了。乾隆，靠着人才济济的智力优势，靠着康熙、雍正给他奠定丰厚基业，也靠着他本人的韬略雄才，做起了中国历史上福气最好的大皇帝。承德避暑山庄，他来得最多，总共逗留的时间很长，因此他的踪迹更是随处可见。乾隆也经常参加“木兰秋狝”，亲自射获的猎物也极为可观，但他的主要心思却放在边疆征战上，避暑山庄和周围的外八庙内，记载这种征战成果的碑文极多。这种征战与汉族的利益没有冲突，反而弘扬了中国的国威，连汉族知识界也引以为荣，甚至可以把乾隆看成是华夏圣君了，但我细看碑文之后却产生一个强烈的感觉：有的仗迫不得已，打打也可以，但多数边境战争的必要性深可怀疑。需要打得这么大吗？需要反复那么多次吗？需要这样强横地来对待邻居们吗？需要杀得如此残酷吗？

好大喜功的乾隆把他的所谓“十全武功”镌刻在避暑山庄里乐滋滋地自我品尝，这使山庄回荡出一些燥热而又不详的气氛。在满、汉文化对峙基本上结束之后，这里洋溢着的是中华帝国的自得情绪。江南塞北的风景名胜在这里聚会，上天的唯一骄子在这里安驻，再下令编一部综览全部典籍的《四库全书》在这里存放，几乎什么也不缺了。乾隆不断地写诗，说避暑山庄里的意境已远远超过唐宋诗词里的描绘，而他则一直等着到时间卸任成为“林下人”，在此间度过余生。在山庄内松云峡的同一座石碑上，乾隆一生竟先后刻下了六首御制诗表述这种自得情怀。

是的，乾隆一朝确实不算窝囊，但须知这已是十八世纪（乾隆正好死于十八世纪最后一年），十九世纪已经迎面而来，世界发生了多大的变化！乾隆打了那么多仗，耗资该有多少？他重用的大贪官和珅，又把国力糟蹋到了何等地步？事实上，清朝乃至中国的整体历史悲剧，就在乾隆这个貌似全盛期的皇帝身上，在山水宜人的避暑山庄内，已经酿就。但此时的避暑山庄，还完全沉湎在中华帝国的梦幻中，而全国的文化良知，也都在这个梦幻边沿口或陶醉，或喑哑。

1793 年 9 月 14 日，一个英国使团来到避暑山庄，乾隆以盛宴欢迎，还在山庄的万树园内以大型歌舞和焰火晚会招待，避暑山庄一片热闹。英方的目的是希望乾隆同意他们派使臣常驻北京，在北京设立洋行，希望中国开放天津、宁波、舟山为贸易口岸，在广州附近拨一些地方让英商居住，又希望英国货物在广州至澳门的内河流通时能获免税和减税的优惠。本来，这是可以谈判的事，但对居住在避暑山庄、一生喜欢用武力炫耀华夏威仪的乾隆来说却不存在任何谈判的可能。他给英国国王写了信，信的标题是《赐英吉利国王敕书》，信内对一切要求全部拒绝，说“天朝尺土俱归版籍，疆址森然，即使岛屿沙洲，亦必划界分疆各有专属”，“从无外人等在北京城开设货行之事”，“此与天朝体制不合，断不可行！”也许至今有人认为这几句话充满了爱国主义的凛然大义，与以后清廷签订的卖国条约不可同日而语，对此我实在不敢苟同。

本来康熙早在 1684 年就已开放海禁，在广东、福建、浙江、江苏分设四个海关欢迎外商来贸易，过了七十多年乾隆反而关闭其他海关只许外商在广州贸易，外商在广州也有许多可笑的限制，例如不准学说中国话、买中国书，不许坐轿，更不许把妇女带来，等等。我们闭目就能想象朝廷对外国人的这些限制是出于何种心理规定出来的。康熙向传教士学西方自然科学，关系不错，而乾隆却把天主教给禁了。自高自大，无视外部世界，满脑天朝意识，这与以后的受辱挨打有着必然的逻辑联系。乾隆在避暑山庄训斥外国帝王的朗声言词，就连历史老人也会听得不太顺耳了。这座园林，已羼杂进某种凶兆。

四

我在山庄松云峡细读乾隆写了六首诗的那座石碑时，在碑的西侧又读到他儿子嘉庆的一首。嘉庆即位后经过这里，读了父亲那些得意扬扬的诗后不禁长叹一声：父亲的诗真是深奥，而我这个做儿子的却实在觉得肩上的担子太重了！（“瞻题蕴精奥，守位重仔肩”）嘉庆为人比较懦弱宽厚，在父亲留下的这副担子前不知如何是好，他一生都在面对内忧外患，最后不明不白地死在避暑山庄。

道光皇帝继嘉庆之位时已四十来岁，没有什么才能，只知艰苦朴素，穿的裤子还打过补丁。这对一国元首来说可不是什么佳话。朝中大臣竞相模仿，穿了破旧衣服上朝，一眼看去，这个朝廷已经没有多少气数了。父亲死在避暑山庄，畏怯的道光也就不愿意去那里了，让它空关了几十年，他有时想想也该像祖宗一样去打一次猎，打听能不能不经过避暑山庄就可以到“木兰围场”，回答说没有别的道路，他也就不去打猎了。像他这么个可怜巴巴的皇帝，似乎本来就与山庄和打猎没有缘分的，鸦片战争已经爆发，他忧愁的目光只能一直注视着南方。

避暑山庄一直关到1860年9月，突然接到命令，咸丰皇帝要来，赶快打扫。咸丰这次来时带的银两特别多，原来是来逃难的，英法联军正威胁着北京。咸丰这一来就不走了，东走走西看看，庆幸祖辈留下这么个好地方让他躲避。他在这里又批准了好几份丧权辱国的条约，但签约后还是不走，直到1861年8月22日死在这儿，差不多住了近一年。

咸丰一死，避暑山庄热闹了好些天，各种政治势力围着遗体进行着明明暗暗的较量。一场被历史学家称之为“辛酉政变”的行动方案在山庄的几间屋子里制定，然后，咸丰的棺木向北京启运了，刚继位的小皇帝也出发了，浩浩荡荡。避暑山庄的大门又一次紧紧地关住了，而就在这支浩浩荡荡的队伍中间，很快站出来一个二十七岁的青年女子，她将统治中国数十年。

她就是慈禧，离开了山庄后再也没有回来。不久又下了一道命令，说热河避暑山庄已经几十年不用，殿亭各宫多已倾圮，只是咸丰皇帝去时稍稍修治了一下，现在咸丰已逝，众人已走，“所有热河一切工程，著即停止。”

这个命令，与康熙不修长城的谕旨前后辉映。康熙的“长城”也终于倾坍了，荒草凄迷，暮鸦回翔，旧墙斑驳，霉苔处处，而大门却紧紧地关着。关住了那些宫殿房舍倒也罢了，还关住了那么些苍郁的山，那么些晶亮的水。在康熙看来，这儿就是他心目中的清代，但清代把它丢弃了，于是自己也就成了一个丧魂落魄的朝代。慈禧在北京修了一个颐和园，与避暑山庄对抗，塞外溯北的园林不会再有对抗的能力和兴趣，它似乎已属于另外一个时代。康熙连同他的园林一起失败了，败在一个没有读过什么书，没有建立过什么功业的女人手里。热河的雄风早已吹散，清朝从此阴气重重、劣迹斑斑。

当新的一个世纪来到的时候，一大群汉族知识分子向这个政权发出了毁灭性声讨，民族仇恨重新在心底燃起，三百年前抗清志士的事迹重新被发掘和播扬。避暑山庄，在这个时候是一个邪恶的象征，老老实实躲在远处，尽量不要叫人发现。

五

清朝灭亡后，社会震荡，世事忙乱，人们也没有心思去品咂一下这次历史变更的苦涩厚味，匆匆忙忙赶路去了。直到 1927 年 6 月 1 日，大学者王国维先生在颐和园投水而死，才让全国的有心人肃然沉思。

王国维先生的死因众说纷纭，我们且不管它，只知道这位汉族文化大师拖着清代的一条辫子，自尽在清代的皇家园林里，遗嘱为“五十之年，只欠一死；经此世变，义无再辱”。他不会不知道明末清初为汉族人是束发还是留辫之争曾发生过惊人的血案，他不会不知道刘宗周、黄宗羲、顾炎武这些大学者的慷慨行迹，他更不会不知道按照世界历史的进程，社会巨变乃属必然，但是他还是死了。我赞成陈寅恪先生的说法，王国维先生并不死于政治斗争、人事纠葛，或仅仅为清廷尽忠，而是死于一种文化：

凡一种文化值衰落之时，为此文化所化之人，必感苦痛，其表现此文化之程量愈宏，则其所受之苦痛亦愈甚；迨既达极深之度，殆非出于自杀无以求一己之心安而义尽也。

（《王观堂先生挽词并序》）

王国维先生实在又无法把自己为之而死的文化与清廷分割开来。在他的书架里，《古今图书集成》《康熙字典》《四库全书》《红楼梦》《桃花扇》《长生殿》、乾嘉学派、纳兰性德等等都把两者连在一起了，于是对他来说，衣冠举止，生态心态，也莫不两相混同。我们记得，在康熙手下，汉族高层知识分子经过剧烈的心理挣扎已开始与朝廷产生某种文化认同，没有想到的是，当康熙的政治事业和军事事业已经破败之后，文化认同竟还未消散。为此，宏才多学的王国维先生要以生命来祭奠它。他没有从心理挣扎中找到希望，死得可惜又死得必然。知识分子总是不同寻常，他们总要在政治军事的折腾之后表现出长久的文化韧性，文化变成了生命，只有靠生命来拥抱文化了，别无他途；明末以后是这样，清末以后也是这样。但清末又是整个中国封建制度的末尾，因此王国维先生祭奠的该是整个中国传统文化。清代只是他的落脚点。

王国维先生到颐和园这也还是第一次，是从一个同事处借了五元钱才去的，颐和园门票六角，死后口袋中尚余四元四角，他去不了承德，也推不开山庄紧闭的大门。

今天，我们面对着避暑山庄的清澈湖水，却不能不想起王国维先生的面容和身影。我轻轻地叹息一声，一个风云数百年的朝代，总是以一群强者英武的雄姿开头，而打下最后一个句点的，却常常是一些文质彬彬的凄怨灵魂。

【赏析】

康熙是清朝历史上在位最长的皇帝，也是中国历史上公认的有作为的明君，是余秋雨在文中花浓墨评论的人物。余秋雨在《一个王朝的背影》中尽可能挖掘语言的叙事素质，并把这种叙事铺展为感性场景，主要包括以下三方面：

其一，不同意修长城。康熙曾说：“守国之道，惟在修德安民，民心悦则邦本得，而边境自固，所谓‘众志成城’者是也。”如果说“修德安民”是冠冕堂皇的话，那么他在固国上采取的软硬两手则足可见其高明之处。硬的一手是设立“木兰围场”，把生命从深宫里释放出来，强健斗志；软的就是与北方边疆的各少数民族建立友好邦交。康熙眼中的长城是“避暑山庄”，其不仅仅是供皇家休憩度假的园林，更重要的意义在于军事、外交上的功能，它是康熙心中无形的长城。

其二，重视学问，中西兼容。文中写道：“大凡经、史、子、集、诗书、音律，他都下过一番功夫，其中对朱熹哲学钻研最深……大规模地组织人力编辑出版了卷帙浩繁的《古今图书集成》《康熙字典》《佩文韵府》《大清会典》，文化气魄铺天盖地。”想不到康熙竟如此热爱汉族的传统文化。此外，他还在故宫和避暑山庄认真研究欧几里德几何学，经常演算习题，又学习了法国数学家巴蒂的《实用和理论几何学》，比较它与欧几里德几何学的差别，这点是其他朝代从未有过的。更令汉族知识界震动的是他任命大历史学家编《明史》，这边还在想着反清复明，那边皇帝已经领导汉人研究明亡之训了。康熙确有韬略过人之处。

其三，开放海禁。“康熙早在1684年就已经开放海禁，在广东、福建、浙江、江苏分设四个海关欢迎外商来贸易。”却没想到了乾隆时期反而关闭了海关，真是历史的倒退。

“在中国历代帝王中，这位少数民族出身的帝王具有超乎寻常的生命力，他的人格比较健全。”余秋雨先生在文中这样评价康熙。在封建制度逐渐没落的背景下，康乾盛世犹如晚春的绽放的花朵，虽一时充满生机，但早已落后于季节的变更，随时可能凋零。康熙的生命热情最终没有点亮中国的前进之路，但他的背影依然伟岸高大。

生活在大自然的怀抱里

卢梭

◎卢梭（1712—1778），法国伟大的启蒙思想家、哲学家、教育家、文学家，是18世纪法国大革命的思想先驱，启蒙运动最卓越的代表人物之一。早年丧母，未受过正规教育，14岁外出谋生，当过学徒、仆人、家庭教师、乐谱抄写员等。主要著作有《论人类不平等的起源和基础》《社会契约论》《爱弥儿》《忏悔录》《新爱洛伊丝》《植物学通信》等。在这些著作中他提出了天赋人权、自由平等、主权在民等思想，对法国大革命产生了深远的影响。卢梭终其一生都在悲惨中度过，自然渗透了他整个生命，虽然自然的奇伟与实质的美饱满了他的精神世界，却未能给他的生前添加几分殷实的粉饰。

为了到花园里看日出，我比太阳起得更早；如果这是一个晴天，我最殷切的期望是不要有信件或来访扰乱这一天的清宁。我用上午的时间做各种杂事。每件事都是我乐意完成的，因为这都不是非立即处理不可的急事，然后我匆忙用膳，为的是躲避那些不受欢迎的来访者，并且使自己有一个充裕的下午。即使最炎热的日子，在中午一时前我就顶着烈日带着芳夏特（芳夏特：卢梭养的一条狗的名字）出发了。由于担心不速之客会使我不能脱身，我加紧了步伐。可是，一旦绕过一个拐角，我觉得自己得救了，就激动而愉快地松了口气，自言自语说：“今天下午我是自己的主宰了！”从此，我迈着平静的步伐，到树林中去寻觅一个荒野的角落，一个人迹不至因而没有任何奴役和统治印记的荒野的角落，一个我相信在我之前从未有人到过的幽静的角落，那儿不会有令人厌恶的第三者跑来横隔在大自然和我之间。那儿，大自然在我眼前展开一幅永远清新的华丽的图景。金色的燃料木、紫红的欧石南非常繁茂，给我深刻的印象，使我欣悦；我头上树木的宏伟、我四周灌木的纤丽、我脚下花草的惊人的纷繁使我目不暇接，不知道应该观赏还是赞叹；这么多美好的东西争相吸引我的注意力，使我眼花缭乱，使我在每件东西面前流连，从而助长我懒惰和爱空想的习气，使我常常想：“不，全身辉煌的所罗门也无法同它们当中任何一个相比。”

我的想象不会让如此美好的土地长久渺无人烟。我按自己的意愿在那儿立即安排了居民，我把舆论、偏见和所有虚假的感情远远驱走，使那些配享受如此佳境的人迁进这大自然的乐园。我将把他们组成一个亲切的社会，而我相信自己并非其中不相称的成员。我按照自己的喜好建造一个黄金的世纪，并用那些我经历过的给我留下甜美记忆的情景和我的心灵还在憧憬的情境充实这美好的生活，我多么神往人类真正的快乐，如此甜美、如此纯洁，但如今已经远离人类的快乐。甚至每当念及此，我的眼泪就夺眶而出！啊！这个时刻，如果有关巴黎、我的世纪、我这个作家的卑微的虚荣心的念头来扰乱我的遐想，我就怀着无比的轻蔑立即将它们赶走，使我能够专心陶醉于这些充溢我心灵的美妙的感情！然而，在遐想中，我承认，我幻想的虚无有时会突然使我的心灵感到痛苦。甚至即使我所有的梦想变成现实，我也不会感到满足：我还会有新的梦想、新的期望、新的憧憬。我觉得我身上有一种没有什么东西能够填满的无法解释的空虚，有一种虽然我无法阐明、但我感到需要的对某种其他快乐的向往。然而，先生，甚至这种向往也是一种快乐，因为我从而充满一种强烈的感情和一种迷人的感伤——而这都是我不愿意舍弃的东西。

我立即将我的思想从低处升高，转向自然界所有的生命，转向事物普遍的体系，转向主宰一切的不可思议的上帝。此刻我的心灵迷失在大千世界里，我停止思维，我停止冥想，我停止哲学的推理；我怀着快感，感到肩负着宇宙的重压，我陶醉于这些伟大观念的混杂，我喜欢任由我的想象在空间驰骋；我禁锢在生命的疆界内的心灵感到这儿过分狭窄，我在天地间感到窒息，我希望投身到一个无限的世界中去。我相信，如果我能够洞悉大自然所有的奥秘，我也许不会体会这种令人惊异的心醉神迷，而处在一种没有那么甜美的状态里；我的心灵所沉湎的这种出神入化的佳境使我在亢奋激动中有时高声呼唤：“啊，伟大的上帝呀！啊，伟大的上帝呀！”但除此之外，我不能讲出也不能思考任何别的东西。遗忘，但他们肯定不会把我忘却；不过，这又有什么关系？反正他们没有任何办法来搅乱我的安宁。摆脱了纷繁的社会生活所形成的种种尘世的情欲，我的灵魂就经常神游于这一氛围之上，提前跟天使们亲切交谈，并希望不久就将进入这一行列。我知道，人们将竭力避免把这样一处甘美的退隐之所交还给我，他们早就不愿让我呆在那里。但是他们却阻止不了我每天振想象之翼飞到那里，一连几个小时重尝我住在那里时的喜悦。我还可以做一件更美妙的事，那就是我可以尽情想象。假如我设想我现在就在岛上，我不是同样可以遐想吗？我甚至还可以更进一步，在抽象的单调的遐想的魅力之外，再添上一些可爱的形象，使得这一遐想更为生动活泼。在我心醉神迷时这些形象所代表的究竟是什么，连我的感官也时常是不甚清楚的；现在遐想越来越深入，它们也就被勾画得越来越清晰了。跟我当年真在那里时相比，我现在时常是更融洽地生活在这些形象之中，心情也更加舒畅。不幸的是，随着想象力的衰退，这些形象越来越难以映入脑际，而且也不能长时间的停留。唉！正在一个人开始摆脱他的躯壳时，他的视线却被他的躯壳阻挡的最厉害！

【赏析】

《生活在大自然的怀抱里》是一篇意境优美的散文。文章表达了作者热爱自然、崇尚个性、蔑视世俗观念的思想。文章一开始就用简洁的语调描述作者在一天里如何摆脱来访者，接着又饱含激情地描述了他所看到的自然极其清新华丽、生机无限，甚于自然这个甜美、纯洁的世外桃源，卢梭陶醉了，忘却了尘世的纷繁、虚伪、伪善、偏见，充满了梦想、憧憬。从少年时期开始，卢梭便酷爱自然，他曾不厌其烦地摹写、表现自然，自然渗透了他整个生命。在课文中，卢梭走进大自然，融入大自然，在大自然的怀抱中，逃离了人世的纷繁扰乱，感受到了自由和快乐，并由此引发出丰富的想象和深邃的思考。文章思想深刻，意蕴丰富，语言凝练厚重，值得好好品味。

作者笔下的大自然是浪漫而充满诗意的，那里有金色的燃料木、紫红的欧石南、宏伟的树木、纤丽的灌木、纷繁的花草等，与尘世的环境形成鲜明的对比。大自然在作者的眼里是如此鲜亮明丽、生机勃勃，使作者眼花缭乱，目不暇接，流连忘返。这是作者通过景物描写表达对大自然的热爱和赞美之情。

面对大自然的美景，作者展开了丰富的想象。此时，自然已经融进了他的生命。因而，当这种快乐远离了人类的时候，他会非常感伤。他在文中流露出来的感伤之情，是他对自然、对自由快乐的生活向往的另一种表现。

作者清楚，卑微的虚荣心也会来扰乱他的遐想。于是他“怀着无比的轻蔑”驱散了它们，为的是自己能专心陶醉于对大自然的美妙情感中。作者的思绪从想象层面上升到精神层面，从生活层面提升到生命层面，作者的思想转向自然界所有的生命，转向事物普遍的体系，转向主宰一切的不可思议的上帝。于是，作者的心灵迷失在大千世界中，思维停止了，冥想停止了，哲学的推理也停止了，任由想象自由驰骋，心灵向着无限的自由飞奔，全身心沉湎于一种出神入化的佳境，完全融合在对自然、生命等的无限体验中。

文章采用了内心独白似的表述方式，亲切自然、感情真挚。全文流畅隽永，情景交融，充满诗情画意，熔人文精神与理性精神于一炉，给读者以深刻的艺术享受。

我的世界观

爱因斯坦

◎阿尔伯特·爱因斯坦（1879—1955），世界著名物理学家，现代物理学的开创者和奠基人。1999 年 12 月 26 日，爱因斯坦被美国《时代》周刊评选为“世纪伟人”。爱因斯坦 1900 年毕业于苏黎世工业大学，并入瑞士国籍。1905 年获苏黎世大学哲学博士学位。曾在伯尔尼专利局任职。苏黎世大学、布拉格德意志大学教授。1913 年返德国，任柏林威廉皇帝物理研究所所长和柏林大学教授，并当选为普鲁士科学院院士。1933 年因受纳粹政权迫害，迁居美国，任普林斯顿高级研究所教授，从事理论物理研究，1940 年入美国国籍。

我们这些总有一死的人的命运是多么奇特呀！我们每个人在这个世界上都只作一个短暂的逗留；目的何在，却无所知，尽管有时自以为对此若有所感。但是，不必深思，只要从日常生活就可以明白：人是为别人而生存的——首先是为那样一些人，他们的喜悦和健康关系着我们自己的全部幸福；然后是为许多我们所不认识的人，他们的命运通过同情的纽带同我们密切结合在一起。我每天上百次地提醒自己：我的精神生活和物质生活都依靠别人（包括活着的人和死去的人）的劳动，我必须尽力以同样的分量来报偿我所领受了的和至今还在领受的东西。我强烈地向往着简朴的生活，我认为阶级的区分是不合理的，它最后所凭借的是以暴力为根据。我也相信，简单淳朴的生活，无论在身体上还是在精神上，对每个人都是有益的。

我完全不相信人类会有那种在哲学意义上的自由。每一个人的行为，不仅受着外界的强迫，而且还要适应内心的必然。叔本华说：“人能够做他想做的，但不能要他所想要的。”这句话从我青年时代起，就对我是一个非常真实的启示；在自己和别人生活面临困难的时候，它总是使我得到安慰，并且永远是宽容的源泉。这种体会可以宽大为怀地减轻那种容易使人气馁的责任感，也可以防止我们过于严肃地对待自己和别人；它还导致一种特别给幽默以应有地位的人生观。

要追究一个人自己或一切生物生存的意义或目的，从客观的观点看来，我总觉得是愚蠢可笑的。可是每个人都有一定的理想，这种理想决定着他的努力和判断的方向。就在这个意义上，我从来不把安逸和快乐看作是生活目的本身——这种伦理基础，我叫他猪栏的理想。照亮我的道路，并且不断地给我新的勇气去愉快地正视生活的理想，是善、美和真。要是没有志同道合者之间的亲切感情，要不是全神贯注于客观世界——那个在科学与艺术工作领域永远达不到的对象，那么在我看来，生活就会是空虚的。人们所努力追求的庸俗的目标——财产、虚荣、奢侈的生活——我总觉得都是可鄙的。

我对社会正义和社会责任的强烈感觉，同我显然的对别人和社会直接接触的冷漠，两者总是形成古怪的对照。我实在是一个“孤独的旅客”，我未曾全心全意地属于我的国家、我的家庭、我的朋友，甚至我最接近的亲人；在所有这些关系面前，我总是感觉到有一定距离并且需要保持孤独——而这种感受正与年俱增。人们会清楚地发觉，同别人的相互了解和协调一致是有限度的，但这不足惋惜。这样的人无疑有点失去他的天真无邪和无忧无虑的心境；但另一方面，他却能够在很大程度上不为别人的意见、习惯和判断所左右，并且能够不受诱惑要去把他的内心平衡建立在这样一些不可靠的基础之上。

我的政治理想是民主主义。让每一个人都作为个人而受到尊重，而不让任何人成为崇拜的偶像。我自己受到了人们过分的赞扬和尊敬，这不是由于我自己的过错，也不是由于我自己的功劳，而实在是一种命运的嘲弄。其原因大概在于人们有一种愿望，想理解我以自己的微薄绵力通过不断的斗争所获得的少数几个观念，而这种愿望有很多人却未能实现。我完全明白，一个组织要实现它的目的，就必须有一个人去思考，去指挥，并且全面担负起责任来。但是被领导的人不应该受到强迫，他们必须有可能来选择自己的领袖。在我看来，强迫的专制制度很快就会腐化堕落。因为暴力所招引来的总是一些品德低劣的人，而且我相信，天才的暴君总是由无赖来继承，这是一条千古不易的规律。就是这个缘故，我总是强烈地反对今天我们在意大利和俄国所见到的那种制度。像欧洲今天所存在的情况，使得民主形式受到了怀疑，这不能归咎于民主原则本身，而是由于政府的不稳定和选举中与个人无关的特征。我相信美国在这方面已经找到了正确的道路。他们选出一个任期足够长的总统，他有充分的权力来真正履行他的职责。另一方面在德国的政治制度中，我所重视的是，它为救济患病或贫困的人做出了比较广泛的规定。在人类生活的壮丽行列中，我觉得真正可贵的，不是政治上的国家，而是有创造性的、有感情的个人，是人格；只有个人才能创造出高尚的和卓越的东西，而群众本身在思想上总是迟钝的，在感觉上也是迟钝的。

讲到这里，我想起了群众生活中最坏的一种表现，那就是使我所厌恶的军事制度。一个人能够洋洋得意地随着军乐队在四列纵队里行进，单凭这一点就足以使我对他轻视。他所以长了一个大脑，只是出于误会；单单一根脊髓就可以满足他的全部需要了。文明国家的这种罪恶渊薮应当尽快加以消灭。由命令而产生的勇敢行为，毫无意义的暴行，以及在爱国主义名义下一切可恶的胡闹，所有这些都使我深恶痛绝！在我看来，战争是多么卑鄙、下流！我宁愿被千刀万剐，也不愿参与这种可憎的勾当。尽管如此，我对人类的评价还是十分高的，我相信，要是人民的健康感情没有被那些通过学校和报纸而起作用的商业利益和政治利益加以有计划的破坏，那么战争这个妖魔早就该绝迹了。

我们所能有的最美好的经验是神秘的经验。它是坚守在真正艺术和真正科学发源地上的基本感情。谁要是体验不到它，谁要是不再有好奇心也不再有惊讶的感觉，他就无异于行尸走肉，他的眼睛是迷糊不清的。就是这种神秘的经验——虽然掺杂着恐怖——产生了宗教。我们认识到某种为我们所不能洞察的东西存在，感觉到那种只能以其最原始的形式为我们所感受到的最深奥的理性和最灿烂的美——正是这种认识和这种情感构成了真正的宗教感情；在这个意义上，而且也只是在这个意义上，我才是一个具有深挚宗教感情的人。我无法想象一个会对自己的创造物加以赏罚的上帝，也无法想象它会有像在我们自己身上所体验到的那样一种意志。我不能也不愿去想象一个在肉体死亡以后还会继续活着；让那些脆弱的灵魂，由于恐惧或者由于可笑的唯我论，满足于觉察现存世界的神奇的结构，窥见它的一鳞半爪，并且以诚挚的努力去领悟在自然界中显示出来的那个理性的一部分，即使只是其极小的一部分，我也就心满意足了。

【赏析】

爱因斯坦的一生是不断追求真理、埋头探索宇宙奥秘、致力科学研究的一生。他留下的科学遗产和他的人格力量将永远激励着后人去“找出那实际上是短暂而有风险的人生的意义”。《我的世界观》一文让我们不断地对日常生活进行反思和警惕，促使我们不断地追问生命的意义。

《我的世界观》谈及了亲情、感恩、孤独、自由、民主、战争、正义、宗教等方面，是一篇充满了真知灼见的文章，文章短小精练，层次分明，充满了理性的力量，字里行间饱含着巨大的思辨精神，名言警句俯拾皆是。文章还交织着多种复杂的情绪：悲悯与孤傲、热切与淡漠、谦卑与清高，许多相反的情感交织在这样一个伟人身上，让我们能够隐约感受到潜伏于天才身上的孤独和他对于庸众的复杂态度。西方文化孕育智者，中国文化孕育贤人，而爱因斯坦，是智者与贤人的统一体。在这里，“对社会正义与社会责任的强烈感觉”和对“生命永恒的神秘”的探究完美地结合在一起，使爱因斯坦的人生成了完美生活的典范。

第三章　小　说

夸父逐日

◎黄帝之后，神话进入一个英雄的时代。人们把自身发展过程中所积蓄的各类重大发明，以及对各种自然、社会障碍的克服，都加在一个个神话英雄身上，并把他们看作是本部族理想的象征。历史上相继出现了大量有关英雄的神话，这些神话的主人公通常是人的形象，比如夸父。

夸父与日逐走[1]，入日[2]；渴，欲得饮，饮于河、渭[3]；河、渭不足，北饮大泽[4]。未至，道渴而死。弃其杖，化为邓林[5]。

【注释】

［1］夸父：《山海经·海外北经》记载有一个“博父国”。前人考证，“博父”就是夸父，是一个善跑的巨人。逐走：追赶赛跑。

［2］入日：追赶到太阳落下的地方。

［3］河、渭：指黄河与渭水。

［4］大泽：神话里的大湖，传说在山西雁门山北，纵横千里。

［5］邓林：清代毕沅注释《山海经》说“邓林即桃林，邓桃音相近”。《列子·汤问》记载：“邓林弥广数千里焉。”即河南、湖北、安徽三省交界的大别山附近。

【赏析】

这是一篇表现华夏民族战天斗地、死而后已悲壮精神的著名神话。故事开门见山，突发奇笔，“夸父与日逐走”。这里没有交代夸父与太阳竞走的理由，但在《山海经·大荒北经》和《列子·汤问》中提到此事都有夸父“不量力，欲追日影”的记载。给人感觉他是异想天开，自寻烦恼。但在各国古代神话中，因太阳酷热给人类带来灾难而产生的人与太阳搏斗的各种传说，便会使人联想到夸父此举，实际上是早期人类与自然搏斗精神的抽象和概括。所以，他的异想天开就不是一种无聊，而是一首人类无畏与自信精神的壮丽赞歌。

“入日”说明他已经接近了太阳——他与太阳竞走的目的达到了。这是他以生命为代价而实现的伟大目标。然而，生命的结束并不意味着一个人全部生命的终结。“弃其杖，化为邓林。”他留下的这一片绿荫，不仅为后人提供了休憩的场所，更重要的是向人们展示了夸父顽强不屈、死而不朽的拼搏意志，激励人们为战胜自然，造福人类而永远拼搏。

盘古开天辟地

天地浑沌如鸡子[1]。盘古生在其中。万八千岁。天地开辟。阳清为天[2]。阴浊为地[3]。盘古在其中。一日九变[4]。神于天。圣于地。天日高一丈。地日厚一丈。盘古日长一丈。如此万八千岁。天数极高。地数极深。盘古极长。故天去地九万里。后乃有三皇。

【注释】

[1] 浑沌：同混沌，清浊不分，朦朦胧胧，混为一体。鸡子：鸡蛋。

[2] 阳清：阳，指上方，此处作动词用，上升。清彻地上升。

[3] 阴浊：阴，指下面，此处作动词用，下降。混浊地下降。

[4] 一日九变："九"是一个虚数。"一日九变"指一天之内多次发生变化。

【赏析】

《盘古开天辟地》源于《述异记》的记载，本文是作者根据古代神话传说改写的。宇宙是怎样起源的？天地是怎样形成的？大自然的一切是从哪里来的？古人思考着这些问题，用他们丰富的想象，创造了巨人盘古这个英雄形象。作者将古代有关盘古开天辟地的神话资料收集起来，加以综合整理，按照盘古开创世界的过程改写成了这篇结构清晰、条理清楚、情节丰富而生动的神话故事。

搜神记·董永

干宝

◎干宝（？—336），字令升，新蔡（今河南省新蔡县）人，东晋文学家、史学家。干宝自小博览群书，晋元帝时担任佐著作郎的史官职务，奉命领修国史。后经王导提拔为司徒右长史，升任散骑常侍。除精通史学，干宝还好易学，为撰写《搜神记》奠定基础。《搜神记》是一部志怪小说，在中国小说史上有着极其深远的影响，被称作中国志怪小说的鼻祖。其著述颇丰，主要有《周易注》《五气变化论》《论妖怪》《论山徙》《司徒仪》《周官礼注》《晋纪》《干子》《春秋序论》《百志诗》《搜神记》等。

汉董永，千乘人[1]。少偏孤[2]，与父居。肆力田亩，鹿车载自随[3]。父亡，无以葬，乃自卖为奴，以供丧事。主人知其贤，与钱一万，遣之[4]。

永行三年丧毕，欲还主人，供其奴职。道逢一妇人曰："愿为子妻。"遂与之俱[5]。主人谓永曰："以钱与君矣。"永曰："蒙君之惠，父丧收藏[6]。永虽小人[7]，必欲服勤致力，以报厚德。"主曰："妇人何能？"永曰："能织。"主曰："必尔者[8]，但令君妇为我织缣百匹[9]。"于是永妻为主人家织，十日而毕。女出门，谓永曰："我，天之织女也。缘君至孝[10]，天帝令我助君偿债耳。"语毕，凌空[11]而去，不知所在。

【注释】

[1] 千乘：汉代设置于乘郡，故城在今山东省高青县。

［2］偏孤：年幼时死了母亲。

［3］肆力：尽力，极力。田亩：种地。鹿车：古时候一种小车。这句是说鹿车载了董永父亲，董永跟随在车后面。

［4］遣之：发送他回家。

［5］俱：一起，指同居。

［6］藏：收葬。

［7］小人：贫穷无知的人。

［8］必尔者：必定要像你所说的那样。

［9］缣：细绢。

［10］缘：因为。

［11］凌空：升向空中。

【赏析】

董永，东汉人，因为卖身葬父被怀县县令举荐为孝廉，司徒蔡茂复议后禀报光武帝，董永遂成为传统文化“二十四孝”中的人物。

董永传说最早载于西汉刘向的《孝子传》。此后三国曹植的《灵芝篇》和东晋干宝的《搜神记》也都有相关记载。干宝的记载因主题突出（行孝）、情节完整（“鹿车载父”“卖身葬父”与天女适嫁“助君偿债”）而在中国农村地区广泛流传，成为两千多年来此一故事嬗变和文学移植的母本，对后世影响深远。

由于董永与仙女的故事是一则既有教化作用又有爱情色彩的民间传说，其教化内容同中国民众长治久安的大众心理需求相适应，爱情故事又契合了民众追求婚姻幸福的内在感情，所以它的神奇幻想同人间现实巧妙融合的艺术特色深受民众喜爱。该传说在长期口耳相传的过程中，因地、因时、因人而异，不断演变，在发展流变过程中有了向爱情故事演变的趋势，但主题和“母体”并没有大的变化。20 世纪以来的一百年间，董永故事一直成为拥有广大受众的俗文学（如说唱、戏曲）以及后起的影视文学创作追逐的题材，出现了电影黄梅戏《天仙配》等影响广远的作品。董永传说蕴含的历史、文学资料对我国各个历史时期社会、经济、政治、文化，特别是文学艺术等方面的研究都有一定的价值。董永传说的教化功能对当今建设社会主义精神文明和构建和谐社会的实践具有一定的现实意义。

三王墓

干宝

楚干将莫邪为楚王作剑[1]，三年乃成。王怒，欲杀之。剑有雌雄。其妻重身当产[2]。夫语妻曰：“吾为王作剑，三年乃成。王怒，往必杀我。汝若生子是男，大[3]，告之曰：‘出户望南山，松生石上，剑在其背。’”于是即将雌剑往见楚王。王大怒，使相之：“剑有二，一雄一雌，雌来，雄不来。”王怒，即杀之。

莫邪子名赤，比后壮，乃问其母曰：“吾父所在？”母曰：“汝父为楚王作剑，三年乃成。王怒，杀之。去时嘱我：'语汝子：出户望南山，松生石上，剑在其背。'"于是子出户南望，不见有山，但睹堂前松柱下石低之上[4]。即以斧破其背，得剑，日夜思欲报楚王。

王梦见一儿眉间广尺[5]，言欲报仇。王即购之千金。儿闻之亡去，入山行歌。客有逢者，谓："子年少，何哭之甚悲耶?"曰："吾干将莫邪子也，楚王杀吾父，吾欲报之。"客曰："闻王购子头千金。将子头与剑来，为子报之。"儿曰："幸甚!"即自刎，两手捧头及剑奉之，立僵。客曰："不负子也。"于是尸乃仆[6]。

客持头往见楚王，王大喜。客曰："此乃勇士头也，当于汤镬煮之[7]。"王如其言煮头，三日三夕不烂。头踔出汤中[8]，踬目大怒[9]。客曰："此儿头不烂，愿王自往临视之，是必烂也。"王即临之。客以剑拟王[10]，王头随堕汤中，客亦自拟己头，头复堕汤中。三首俱烂，不可识别。乃分其汤肉葬之，故通名"三王墓"。今在汝南北宜春县界[11]。

【注释】

[1] 干将：姓；莫邪（yé）：名。干将莫邪是古代传说中善铸剑的工匠。又传干将、莫邪系二人，为夫妇，善铸剑。

[2] 重（chóng）身：身中有身，亦即怀孕。

[3] 大：长大成人。

[4] 低：疑应作"砥"，基石。

[5] 眉间广尺：指两眉之间约有一尺宽的距离。

[6] 仆：向前倒下。

[7] 镬（huò）：形似鼎而无足，古代烹人的刑具。

[8] 踔（chuō）：跳跃。

[9] 踬目：疑应作"瞋目"，睁大眼睛瞪人。

[10] 拟：指向。

[11] 汝南：郡名；北宜春县：在今河南省汝南县西南，西汉时名宜春，东汉改名北宜春。

【赏析】

本文选自《搜神记》卷十一。《三王墓》是《搜神记》中一则精彩而又令人惊异的故事，写能工巧匠莫邪为楚王铸剑，反被楚王所杀，其子赤不顾生死为父报仇的悲壮故事，刻画了不畏强暴、舍身报仇的赤；侠义重信、视死如归的客；凶狠残暴而又贪婪愚蠢的楚王三个人物形象，个性鲜明生动。全篇构思精巧，情节跌宕起伏，具有很强的艺术感染力，表现了对暴君的憎恨和对侠义人士的歌颂。

诸葛亮舌战群儒

罗贯中

◎罗贯中，名本，字贯中，号湖海散人。他是元末明初著名小说家、戏曲家，是中国章回小说的鼻祖。

◎《三国演义》是中国第一部长篇章回体历史演义的小说。所谓“历史演义”，就是用通俗的语言，将争战兴废、朝代更替等历史题材，组织、敷衍成完整的故事。《三国演义》以描写战争为主，反映了蜀、魏、吴三个政治集团之间的政治和军事斗争。大概分为黄巾之乱、董卓之乱、群雄逐鹿、三国鼎立、三国归晋五大部分。本文节选自《三国演义》第四十三回。

却说鲁肃、孔明辞了玄德、刘琦，登舟望柴桑郡来。二人在舟中共议。鲁肃谓孔明曰：“先生见孙将军，切不可实言曹操兵多将广。”孔明曰：“不须子敬叮咛，亮自有对答之语。”及船到岸，肃请孔明于馆驿中暂歇，先自往见孙权。权正聚文武于堂上议事，闻鲁肃回，急召人问曰：“子敬往江夏，体探虚实若何？”肃曰：“已知其略，尚容徐禀。”权将曹操檄文示肃曰[1]：“操昨遣使赍文至此[2]，孤先发遣来使，现今会众商议未定。”肃接檄文观看。其略曰：

孤近承帝命，奉辞伐罪。旄麾南指[3]，刘琮束手；荆襄之民，望风归顺。今统雄兵百万，上将千员，欲与将军会猎于江夏[4]，共伐刘备，同分土地，永结盟好。幸勿观望[5]，速赐回音。

鲁肃看毕曰：“主公尊意若何？”权曰：“未有定论。”张昭曰：“曹操拥百万之众，借天子之名，以征四方，拒之不顺。且主公大势可以拒操者，长江也。今操既得荆州，长江之险，已与我共之矣，势不可敌。以愚之计，不如纳降，为万安之策。”众谋士皆曰：“子布之言，正合天意。”孙权沉吟不语。张昭又曰：“主公不必多疑。如降操，则东吴民安，江南六郡可保矣。”孙权低头不语。

须臾，权起更衣，鲁肃随于权后。权知肃意，乃执肃手而言曰：“卿欲如何？”肃曰：“恰才众人所言，深误将军。众人皆可降曹操，惟将军不可降曹操。”权曰：“何以言之？”肃曰：“如肃等降操，当以肃还乡党[6]，累官故不失州郡也[7]；将军降操，欲安所归乎[8]？位不过封侯，车不过一乘，骑不过一匹，从不过数人，岂得南面称孤哉[9]！众人之意，各自为己，不可听也。将军宜早定大计。”权叹曰：“诸人议论，大失孤望。子敬开说大计，正与吾见相同。此天以子敬赐我也！但操新得袁绍之众，近又得荆州之兵，恐势大难以抵敌。”肃曰：“肃至江夏，引诸葛瑾之弟诸葛亮在此，主公可问之，便知虚实。”权曰：“卧龙先生在此乎？”肃曰：“现在馆驿中安歇。”权曰：“今日天晚，且未相见。来日聚文武于帐下，先教见我江东英俊，然后升堂议事。”

肃领命而去。次日至馆驿中见孔明，又嘱曰：“今见我主，切不可言曹操兵多。”孔明笑曰：“亮自见机而变，决不有误。”肃乃引孔明至幕下。早见张昭、顾雍等一班文武二十余人，峨冠博带[10]，整衣端坐。孔明逐一相见，各问姓名。施礼已毕，坐于客位。张昭等见孔明丰神飘洒，器宇轩昂，料道此人必来游说。张昭先以言挑之曰：“昭乃江东微末之士，久闻先生高卧隆中，自比管、乐。此语果有之乎？”孔明曰：“此亮平生小可之比也[11]。”昭曰：“近闻刘豫州三顾先生于草庐之中，幸得先生，以为如鱼得水，思欲席卷荆襄。今一旦以属曹操[12]，未审是何主见[13]？”孔明自思张昭乃孙权手下第一个谋士，若不先难倒他，如何说得孙权，遂答曰：“吾观取汉上之地，易如反掌。我主刘豫州躬行仁义，不忍夺同宗之基业，故力辞之。刘琮孺子，听信佞言，暗自投降，致使曹操得以猖獗。今我主屯兵江夏，别有良图[14]，非等闲可知也。”昭曰：“若此，是先生言行相违也。

先生自比管、乐，管仲相桓公，霸诸侯，一国天下；乐毅扶持微弱之燕，下齐七十余城[15]：此二人者，真济世之才也。先生在草庐之中，但笑傲风月，抱膝危坐。今既从事刘豫州，当为生灵兴利除害，剿灭乱贼。且刘豫州未得先生之前，尚且纵横寰宇，割据城池；今得先生，人皆仰望。虽三尺童蒙，亦谓彪虎生翼，将见汉室复兴，曹氏即灭矣。朝廷旧臣，山林隐士，无不拭目而待：以为拂高天之云翳[16]，仰日月之光辉[17]，拯民于水火之中，措天下于衽席之上[18]，在此时也。何先生自归豫州，曹兵一出，弃甲抛戈，望风而窜[19]；上不能报刘表以安庶民，下不能辅孤子而据疆土；乃弃新野，走樊城，败当阳，奔夏口，无容身之地：是豫州既得先生之后，反不如其初也。管仲、乐毅，果如是乎？愚直之言，幸勿见怪！”孔明听罢，哑然而笑曰：“鹏飞万里，其志岂群鸟能识哉？譬如人染沉疴，当先用糜粥以饮之，和药以服之[20]；待其腑脏调和，形体渐安，然后用肉食以补之，猛药以治之：则病根尽去，人得全生也。若不待气脉和缓，便投以猛药厚味，欲求安保，诚为难矣。吾主刘豫州，向日军败于汝南[21]，寄迹刘表，兵不满千，将止关、张、赵云而已：此正如病势尪羸已极之时也[22]。新野山僻小县，人民稀少，粮食鲜薄，豫州不过暂借以容身，岂真将坐守于此耶？夫以甲兵不完，城郭不固，军不经练，粮不继日，然而博望烧屯，白河用水，使夏侯惇、曹仁辈心惊胆裂：窃谓管仲、乐毅之用兵，未必过此。至于刘琮降操，豫州实出不知[23]；且又不忍乘乱夺同宗之基业，此真大仁大义也。当阳之败，豫州见有数十万赴义之民，扶老携幼相随，不忍弃之，日行十里，不思进取江陵，甘与同败，此亦大仁大义也。寡不敌众，胜负乃其常事。昔高皇数败于项羽，而垓下一战成功，此非韩信之良谋乎？夫信久事高皇，未尝累胜。盖国家大计，社稷安危，是有主谋[24]。非比夸辩之徒[25]，虚誉欺人：坐议立谈，无人可及；临机应变，百无一能。——诚为天下笑耳！”这一篇言语，说得张昭并无一言回答。

座上忽一人抗声问曰：“今曹公兵屯百万，将列千员，龙骧虎视[26]，平吞江夏，公以为何如？”孔明视之，乃虞翻也。孔明曰：“曹操收袁绍蚁聚之兵[27]，劫刘表乌合之众，虽数百万不足惧也。”虞翻冷笑曰：“军败于当阳，计穷于夏口，区区求救于人[28]，而犹言‘不惧’，此真大言欺人也！”孔明曰：“刘豫州以数千仁义之师，安能敌百万残暴之众？退守夏口，所以待时也。今江东兵精粮足，且有长江之险，犹欲使其主屈膝降贼，不顾天下耻笑。由此论之，刘豫州真不惧操贼者矣！”虞翻不能对。

座间又一人问曰：“孔明欲效仪、秦之舌[29]，游说东吴耶？”孔明视之，乃步骘也。孔明曰：“步子山以苏秦、张仪为辩士，不知苏秦、张仪亦豪杰也。苏秦佩六国相印，张仪两次相秦，皆有匡扶人国之谋，非比畏强凌弱，惧刀避剑之人也。君等闻曹操虚发诈伪之词，便畏惧请降，敢笑苏秦、张仪乎？”步骘默然无语。

忽一人问曰：“孔明以曹操何如人也？”孔明视其人，乃薛综也。孔明答曰：“曹操乃汉贼也，又何必问？”综曰：“公言差矣。汉传世至今，天数将终。今曹公已有天下三分之二，人皆归心。刘豫州不识天时，强欲与争，正如以卵击石，安得不败乎？”孔明厉声曰：“薛敬文安得出此无父无君之言乎！夫人生天地间，以忠孝为立身之本。公既为汉臣，则见有不臣之人，当誓共戮之：臣之道也。今曹操祖宗叨食汉禄，不思报效，反怀篡逆之心，天下之所共愤；公乃以天数归之，真无父无君之人也！不足与语！请勿复言！”薛综满面羞惭，不能对答。

座上又一人应声问曰：“曹操虽挟天子以令诸侯，犹是相国曹参之后。刘豫州虽云中山靖王苗裔，却无可稽考，眼见只是织席贩屦之夫耳[30]，何足与曹操抗衡哉!”孔明视之，乃陆绩也。孔明笑曰：“公非袁术座间怀橘之陆郎乎[31]？请安坐，听吾一言：曹操既为曹相国之后，则世为汉臣矣；今乃专权肆横，欺凌君父，是不惟无君，亦且蔑祖，不惟汉室之乱臣，亦曹氏之贼子也。刘豫州堂堂帝胄，当今皇帝，按谱赐爵，何云‘无可稽考’？且高祖起身亭长，而终有天下；织席贩屦，又何足为辱乎？公小儿之见，不足与高士共语!”陆绩语塞。

座上一人忽曰：“孔明所言，皆强词夺理，均非正论，不必再言。且请问孔明治何经典?”孔明视之，乃严畯也。孔明曰：“寻章摘句，世之腐儒也，何能兴邦立事？且古耕莘伊尹[32]，钓渭子牙，张良、陈平之流，邓禹、耿弇之辈，皆有匡扶宇宙之才，未审其生平治何经典。岂亦效书生，区区于笔砚之间[33]，数黑论黄[34]，舞文弄墨而已乎?”严畯低头丧气而不能对。

忽又一人大声曰：“公好为大言，未必真有实学，恐适为儒者所笑耳。”孔明视其人，乃汝南程德枢也。孔明答曰：“儒有君子小人之别。君子之儒，忠君爱国，守正恶邪，务使泽及当时，名留后世。若夫小人之儒，惟务雕虫[35]，专工翰墨，青春作赋，皓首穷经[36]；笔下虽有千言，胸中实无一策。且如扬雄以文章名世，而屈身事莽，不免投阁而死，此所谓小人之儒也；虽日赋万言，亦何取哉!”程德枢不能对。众人见孔明对答如流，尽皆失色。

【注释】

［1］檄（xí）文：古代官方文书，用于晓谕、征召、声讨，本文特指声讨的文告。

［2］赍（jī）：怀抱着。

［3］旄（máo）麾（huī）：军旗。这里指军队。

［4］会猎：一同打猎。这里是会战的委婉说法。

［5］幸：希望。

［6］当：如果。还乡党：送回乡里。

［7］累（lěi）官：逐步升官。故：仍然。州郡：指州郡长官。

［8］欲安所归乎：想回到哪里去呢?

［9］南面称孤：称帝称王。古代帝王面南而坐，故有此说。

［10］峨冠博带：戴着高帽子，束着阔衣带。峨：高；博：阔。

［11］小可：平常，简单。

［12］一旦：一个早上，极言时间之短。

［13］审：知道。

［14］别有良图：另有很好的打算。

［15］下：使之降服的意思。

［16］云翳（yì）：阴暗的云。

［17］仰（yǎng）：依赖。

［18］措：安放。衽（rěn）席之上：比喻安全舒适的地方。衽、席同义。

［19］望风而窜：远远望见对方的气势很盛，就吓得逃跑了。形容十分怯敌。亦作“望风而逃”。

［20］和药：温和的药物。

［21］向日：当初。汝南：古代郡名，现在河南省上蔡县附近。

［22］尪（wāng）羸（léi）：指瘦弱或（身体）虚弱。

［23］实出不知：实在是出于不知道（才没有去制止）。

［24］主谋：主见。

［25］夸辩之徒：指说话做事不实事求是，爱虚夸强辩的人。夸：浮夸。辩：巧辩。

［26］龙骧（xiāng）虎视：像龙高昂着头，像老虎注视着猎物。形容人的气概威武。也比喻雄才大略。

［27］蚁聚之兵：像蚂蚁一样乱纷纷地聚集在一起的军队。比喻没有组织纪律、没有战斗力的军队或一群人。下文“乌合之众”意同此。

［28］区区：愚，傻乎乎的。

［29］仪、秦：指张仪、苏秦。两人在战国时以雄辩著名。

［30］织席贩屦（jù）之夫：《三国演义》第一回：“宴桃园豪杰三结义斩黄巾英雄首立功”；“玄德幼孤，事母至孝；家贫，贩屦织席为业。”陆绩以此嘲讽刘备出身低微。

［31］座间怀橘：陆绩六岁时，曾在袁术座间藏起三个待客的橘子，放在怀中，临走时不小心，却掉了出来。袁术问他时，他说是要带回家去孝敬母亲。这事被传为“美谈”。小说写诸葛亮先以此事来称问陆绩，暗含调侃揶揄他的语意。

［32］耕莘伊尹：在有莘地方（今河南省开封市县东。一说在今山东省曹县北）耕田的伊尹。伊尹：名挚，商汤臣。曾辅佐商汤伐夏桀。

［33］区区：自得的样子。

［34］数黑论黄：背后乱加评论，肆意诽谤别人。数：数落，批评。也作“数白道黑”“数黄道白”“数黄道黑”。

［35］雕虫：指辞赋的雕辞琢句，不切实用，有鄙薄的意思。

［36］皓（hào）首穷经：年老头白之时还在深入钻研经书和古籍。皓：白。首：头发。穷经：专心研究经书和古籍。

【赏析】

这是一场传为千古美谈的论辩。公元208年秋，曹操统帅80万大军南征，意欲荡平控制着江南的刘备、孙权等集团，统一天下。当时，他已先后镇压了黄巾军，迎汉献帝“挟天子以令诸侯”，取得了政治上的优势；又先后在北方战胜袁绍、袁术、吕布等，占据了河南、河北、山东等大片土地，基本上统一了北方，取得了军事优势。曹军南下，刘备首当其冲。而刘备寄寓荆州，兵微将寡，虽赖诸葛亮用计在一些战斗中取得了胜利，却终究无力阻止曹军南进，正节节后退，面临着灭顶之灾。孙权虽说占据着江东六郡，有一定的实力，但也难与曹操抗衡，是战是降，内部意见分歧，出现了以鲁肃为代表的主战派和以张昭为代表的主和派。孙权本人则既不愿降曹，又恐曹军人多势众，难以抵敌，正在犹豫观望。

《三国演义》第四十三回写诸葛亮只身随鲁肃过江，游说东吴群臣。时值刘备新败，退守夏口，曹操大军压境，东吴上下主降之风日盛。在此情势下，诸葛亮以其超人的胆识同东吴群儒展开舌战，并以其滔滔辩才使对手一个个皆成“口”下败将，并最终说服了孙权，使孙刘联盟共抗曹操的局面得以形成。

在这场舌战中，诸葛亮面对群儒的围攻，娴熟地运用多种论辩技巧，或斥论点，或批论据，或驳论证，见机而变，使群儒“尽皆失色”。

枕中记（节选）

沈既济

◎沈既济，唐代小说家，史学家。生卒年不详。德宗初年，曾为太常寺协律郎，官终礼部员外郎。他博通群籍，尤工史笔。《全唐文》录其文6篇。传奇作品有《枕中记》和《任氏传》。《枕中记》写卢生于梦中位极宰相，权势煊赫，梦醒觉悟，皈依宗教。作品表现了荣华富贵不过如黄粱一梦。《任氏传》叙狐精化为美女任氏，与贫士郑六相爱同居。她善良聪慧，遇暴不失节，殉情以至死。二者是中唐传奇中创作年代较早的名篇。与初唐作品相比，它们在反映社会现实方面有较大进步，写作技巧也有很大提高，标志着唐传奇创作进入全盛时期，对后世文学颇有影响。

其枕青甆[1]，而窍其两端，生俛首就之[2]，见其窍渐大，明朗。乃举身而入，遂至其家。数月，娶清河崔氏女，女容甚丽，生资愈厚。生大悦，由是衣装服驭，日益鲜盛。明年，举进士，登第，释褐秘校[3]，应制，转渭南尉，俄迁监察御史，转起居舍人知制诰，三载，出典同州[4]，迁陕牧，生性好土功[5]，自陕西凿河八十里，以济不通，邦人利之，刻石纪德，移节卞州，领河南道采访使，征为京兆尹。是岁，神武皇帝方事戎狄，恢宏土宇，会吐蕃悉抹逻及烛龙莽布支攻陷瓜沙，而节度使王君㚟新被杀[6]，河湟震动。帝思将帅之才，遂除生御史中丞、河西节度使[7]。大破戎虏，斩首七千级，开地九百里，筑三大城以遮要害，边人立石于居延山以颂之。归朝册勋，恩礼极盛，转吏部侍郎，迁户部尚书兼御史大夫，时望清重，群情翕习[8]。大为时宰所忌，以飞语中之，贬为端州刺史。三年，征为常侍，未几，同中书门下平章事[9]。与萧中令嵩、裴侍中庭同执大政十余年[10]，嘉谟密令[11]，一日三接，献替启沃[12]，号为贤相。同列害之，复诬与边将交结，所图不轨。制下狱[13]。府吏引从至其门而急收之。生惶骇不测，谓妻子曰：“吾家山东，有良田五顷[14]，足以御寒馁，何苦求禄？而今及此，思短褐、乘青驹，行邯郸道中，不可得也！”引刃自刎。其妻救之，获免。其罹者皆死，独生为中官保之[15]，减罪死，投驩州。数年，帝知冤，复追为中书令，封燕国公，恩旨殊异。生子：曰俭、曰传、曰位、曰倜、曰倚，皆有才器。俭进士登第，为考功员，传为侍御史，位为太常丞，倜为万年尉，倚最贤，年二十八，为左襄，其姻媾皆天下望族。有孙十余人。

【注释】

［1］甆：瓷。

［2］俛：俯。

［3］秘校：官名。

［4］出典：掌管。

［5］土功：水利设施建设。

［6］㚟：读音 chán。

［7］除：授，拜（官职）。

［8］翕（xì）：统一，协调。习：习习，和煦的样子。

［9］平章事：唐代的宰相称谓。

［10］中令：唐代的宰相称谓。侍中：唐代的宰相称谓。

［11］谟（mó）：策略，谋略。密：精到，细致。

［12］献替：成语“献可替否”的简称，出自《左传·昭公二十年》：“君所谓可而有否焉，臣献其否以成其可。君所谓否而有其可焉，臣献其可而去其否。”意思是劝善去弊，为君王出谋划策。启沃：以治国之道开导帝王。

［13］制：皇帝诏令。

［14］顷：土地面积单位，一百亩为一顷。

［15］中官：宦官。

【赏析】

《枕中记》结构谨严，前后以黄粱照应，以黄粱蒸始，以黄粱未熟终。同时整篇穿插一个高人吕翁点拨，一线贯穿，无滞碍之感。小说采用传奇体和史文结合的方式，其笔法和类似的唐代传奇《南柯太守传》迥异。《南柯太守传》纯用传奇写法，竭尽铺陈之能事，而《枕中记》则兼用史文与传奇写法，尤以史文为重。在描写卢生梦境时，作者完全采用古代史书传记的笔法，酷似《南史》风格，叙事简洁扼要，甚至在梦境快要结束时，适当地插入人物评略，颇切史家体裁。这样，作者也就含蓄地嘲讽了史书列传上达官政绩的虚幻性，以此方式揭露唐代官场的腐败和倾轧，因此《枕中记》又可视为一部讽刺小说。当从梦境返回现实时，写作风格立即转为传奇体的铺叙。由于采用了严肃的史传方式陈述梦境中卢生的一生，使得梦幻带有一定程度的真实，而回返现实生活里的方士异闻，反而变得浮妄，给读者造成了真实和虚幻的错乱感。如果说《南柯太守传》以其强烈的神怪情节，而可视为一部寓言故事，则《枕中记》已经脱离了六朝志怪框架，这是《枕中记》在唐人传奇里最突出的写作技巧。

霍小玉传（节选）

蒋防

◎蒋防，唐代文学家，字子徵（一作子微），又字如城，约792年生，唐义兴（宜兴古名）人。蒋防年少时，才思敏捷，聪明过人，能诗善文。蒋防善诗文，有文集1卷，赋集1卷，《全唐诗》录存其诗12首，《全唐文》收录其赋20篇及杂文6篇。其传奇《霍小玉传》尤为著名。该传奇写长安名妓霍小玉与进士李益相爱，后李益变心易志，小玉死后冤魂化为厉鬼，使李益终身不得安宁。该文最早载于《异闻集》，后收入《太平广记》，明代文学家胡应麟推崇为“唐人最精彩动人之传奇”。明戏剧家汤显祖取为剧材，成《紫钗记》，近人又著为《紫玉钗剧本》，流传于世。

先此一夕，玉梦黄衫丈夫抱生来，至席，使玉脱鞋。惊寤而告母。因自解曰：“鞋者，谐也。夫妇再合。脱者，解也。既合而解，亦当永诀。由此征之[1]，必遂相见，相见之后，当死矣。”凌晨，请母梳妆。母以其久病，心意惑乱，不甚信之。黾勉之间[2]，强为妆梳。妆梳才必，而生果至。

玉沈绵日久，转侧须人[3]。忽闻生来，欻然自起，更衣而出，恍若有神。遂与生相见，含怒凝视，不复有言。羸质娇姿，如不胜致[4]，时负掩袂，返顾李生。感物伤人，坐皆欷歔[5]。顷之，有酒肴数十盘，自外而来。一坐惊视，遽问其故，悉是豪士之所致也。因遂陈设，相就而坐。玉乃侧身转面，斜视生良久，遂举杯酒酬地曰[6]："我为女子，薄命如斯！君是丈夫，负心若此！韶颜稚齿，饮恨而终。慈母在堂，不能供养。绮罗弦管，从此永休。征痛黄泉[7]，皆君所致。李君李君，今当永诀！我死之后，必为厉鬼，使君妻妾，终日不安！"乃引左手握生臂，掷杯于地，长恸号哭数声而绝。母乃举尸，置于生怀[8]，令唤之，遂不复苏矣。生为之缟素，旦夕哭泣甚哀。将葬之夕，生忽见玉穗帷之中[9]，容貌妍丽，宛若平生。着石榴裙[10]，紫褂[11]，红绿帔子[12]。斜身倚帷，手引绣带，顾谓生曰："愧君相送，尚有馀情。幽冥之中，能不感叹。"言毕，遂不复见。明日，葬于长安御宿原[13]。生至墓所，尽哀而返。

【注释】

［1］此征：证明，征验。

［2］黾：勉强。

［3］转侧须人：转侧身体都需要别人帮助才行。

［4］如不胜致：就好像禁不住的样子。

［5］欷歔：也作唏嘘：哽咽，叹气。

［6］酬地：浇酒在地。

［7］征痛黄泉：造成死亡的痛苦。

［8］量：安置，安放。

［9］穗帷：灵帐。

［10］石榴裙：红裙。

［11］紫褂（kè）：唐时妇女穿的一种外袍。

［12］红绿帔（pèi）子：唐时妇女披于肩背的一种纱巾，多为薄质纱罗所制。长的叫披帛，短的叫帔子。

［13］御宿原：在长安城南，是古时埋葬死者的地方。

【赏析】

在唐代传奇小说中，成就最高的是以爱情为主题的作品；描写爱情的唐人小说中，感人至深的无疑是《霍小玉传》。胡应麟说它是"唐人最精彩动人之传奇"（《少室山房笔丛》）并非过誉，戏剧大师汤显祖曾把它改编成《紫箫记》，后来又改编为《紫钗记》。

《霍小玉传》写士族文人李益和长安妓女霍小玉相爱，后来李益做了官，遗弃小玉，另娶名门闺秀。小玉忧思成疾，含恨而死。死后化为厉鬼，作祟复仇。

这是一个具有深刻社会意义的悲剧，造成这一悲剧的根源，主要是根深蒂固的门阀制度。对于腐朽的豪门士族来说，婚姻只是他们扩大政治势力和增加财富的手段，决不会考虑青年男女的幸福。因此，李益一旦授官，他母亲就急急忙忙给他和出身"甲族"的卢小姐订了婚。卢家更精，姑爷的"门族清华"和登科得官，固然是联姻的前提，但绝不能因此而少收半点财礼，"聘财必以百万为约，不满此数，义在不行"。这种制度和社会风气决定了霍小玉悲剧的必然性。

在这篇小说中，作家满怀深情地塑造了霍小玉这一具有浓厚悲剧色彩的女性形象。她“出身贱庶”，母亲是被霍王玩弄的婢女，霍王死后，母女俩被赶出家门，沦为娼妓。她才貌出众，在风尘沦落之中，憧憬着爱情的幸福。但她的惨痛经历与卑贱地位，使她对社会和人生有比较清醒的认识。她深知李益所爱的并不是她那颗纯洁善良的心，而是她光彩照人的貌。她自知无法摆脱色衰见弃的命运，只想尽最大的努力，推迟这悲剧到来的时间；她不敢奢望和李益百头偕老，只要求在有限的时间里，分享一杯爱情的甘露。然而世情的冷酷，连最清醒的善良人也难以逆料。小玉那最低的要求，也终于化为泡影。情人一去，杳如黄鹤，望穿秋水，鸿雁不至。小玉痛责李益：“我为女子，薄命如斯！君是丈夫，负心如此！韶颜稚齿，饮恨而终。慈母在堂，不能供养。绮罗弦管，从此永休。征痛黄泉，皆君所致。李君李君，今当永诀！我死之后，必为厉鬼，使君妻妾，终日不安！”说罢，“长恸号哭数声而绝”。这字字血、声声泪的控诉，交织着对负心男子的谴责和对门阀制度的抗议，蕴含着无尽的辛酸，也喷射着复仇的火焰，千百年来，震撼过无数读者的心。

《世说新语》二则

刘义庆

◎《世说新语》原为8卷，今本作3卷，分德行、言语、政事、文学、方正、雅量、识鉴、赏誉等36门。主要记录晋代士大夫的言行轶事，较多地反映了当时士族的思想、生活和清谈放诞的作风。鲁迅曾指出：“汉末政治黑暗，一般名士议论政事，起初在社会上很有实力，后来遭执政者之嫉视，渐渐被害。如孔融、祢衡等都被曹操设法害死，所以到了晋代的名士，就不敢再议论政事，而一变为专谈玄理。清议而不谈政事，这就形成了所谓的清谈了。但这种清谈的名士，当时在社会上仍然很有势力，若不能玄谈的，好似不够名士的资格。而《世说》这部书，差不多就可以看作一部名士的教科书。”

◎刘义庆（403—444），字季伯，彭城（今江苏徐州）人，南朝宋文学家。南朝宋宗室，袭封临川王赠任荆州刺史等官职，在政8年，政绩颇佳。后任江州刺史，到任一年，因同情贬官王义康而触怒文帝，责调回京，改任南京州刺史、都督加开府仪同三司。不久，以病告退，元嘉二十一年（444年）死于建康（今南京）。刘义庆自幼才华出众，爱好文学。除《世说新语》外，还有志怪小说《幽明录》。

王子猷居山阴

王子猷居山阴[1]，夜大雪，眠觉[2]，开室命酌酒，四望皎然[3]。因起彷徨[4]，咏左思《招隐》诗[5]，忽忆戴安道[6]。时戴在剡[7]，即便夜乘小船就之[8]，经宿方至[9]，造门不前而返[10]。人问其故，王曰：“吾本乘兴而行，兴尽而返，何必见戴！”

【注释】

［1］王子猷（yóu）：即王徽之，王羲之之子，名徽之，字子猷。山阴：今浙江省绍兴市。

［2］眠觉：一觉醒来。

［3］皎然：明亮洁白的样子。

［4］彷徨：徘徊的样子。这里指逍遥流连。

［5］左思：西晋文学家。所作《招隐》诗旨在歌咏隐士清高的生活。

［6］戴安道：即戴逵，西晋人，博学多能，擅长音乐、书画和佛像雕刻，性高洁，终生隐居不仕。

［7］剡（shàn）县：即今浙江省嵊州市。

［8］就：到，这里指拜访。

［9］经宿：经过了一夜。方：才。

［10］造门：到了门口。造：到。前：上前。

【赏析】

本篇写王徽之访戴逵“乘兴而行，兴尽而返”的言行，表现了当时名士率性任情的风度和一种乐观、豁达的人生态度。这种放荡不羁的性情，是当时士族知识分子所崇尚的。

石崇要客燕集

石崇每要客燕集[1]，常令美人行酒[2]，客饮不尽者，使黄门交斩美人[3]。王丞相与大将军尝共诣崇[4]。丞相素不能饮[5]，辄自勉强，至于沉醉[6]。每至大将军，固不饮[7]，以观其变。已斩三人，颜色如故[8]，尚不肯饮。丞相让之[9]，大将军曰：“自杀伊家人[10]，何预卿事[11]！”

【注释】

［1］石崇：字季伦，西晋渤海南皮（今属河南）人。因伐吴有功，封安阳乡侯。惠帝时，出任荆州刺史，因劫掠官商而获巨富，以豪奢著名。要：通“邀”。燕集：设宴集会。燕：通“宴”。

［2］行酒：斟酒劝饮。

［3］黄门交：即黄门校，侍者之称。

［4］王丞相：王导，字茂弘，东晋元帝时任丞相。大将军：指王敦，字处仲，是王导从兄。元帝时任征南大将军。诣：到。

［5］素：平时。

［6］沉醉：大醉。

［7］固：坚持。

［8］颜色：面色。

［9］让：责备。

［10］伊家：他家。

［11］何预卿事：关您什么事。预：关涉。

【赏析】

《石崇要客燕集》原属《汰侈》第一则。本篇通过王敦不肯饮酒，石崇便残杀美人的情节，表现了石崇的残暴和王敦的冷酷，反映了当时统治阶级中门阀世族的残忍性格。

杜十娘怒沉百宝箱

冯梦龙

◎冯梦龙（1574—1646），字犹龙，又字子犹，号龙子犹、墨憨斋主人、顾曲散人、吴下词奴、姑苏词奴、前周柱史等，明代文学家、戏曲家。少有才气，放荡不羁。有兄冯梦桂，画家；有弟冯梦熊，诗人。时人称为“吴下三冯”，一门风流。

话中单表万历二十年间，日本国关白作乱，侵犯朝鲜。朝鲜国王上表告急，天朝发兵泛海往救。有户部官奏准：目今兵兴之际，粮饷未充，暂开纳粟入监之例。原来纳粟入监的，有几般便宜：好读书，好科举，好中，结末来又有个小小前程结果。以此宦家公子、富室子弟，到不愿做秀才，都去援例做太学生。自开了这例，两京太学生各添至千人之外。

内中有一人，姓李名甲，字干先，浙江绍兴府人氏。父亲李布政，所生三儿，惟甲居长。自幼读书在庠【xiáng】，未得登科，援例入于北雍。因在京坐监，与同乡柳遇春监生同游教坊司院内，与一个名姬相遇。那名姬姓杜名媺，排行第十，院中都称为杜十娘，生得：

浑身雅艳，遍体娇香；两弯眉画远山青，一对眼明秋水润。脸如莲萼，分明卓氏文君；唇似樱桃，何减白家樊素。可怜一片无瑕玉，误落风尘花柳中。

那杜十娘，自十三岁破瓜，今一十九岁，七年之内，不知历过了多少公子王孙。一个个情迷意荡，破家荡产而不惜。院中传出四句口号来，道是：

坐中若有杜十娘，斗筲【shāo】之量饮千觞；

院中若识杜老媺，千家粉面都如鬼。

却说李公子，风流年少，未逢美色，自遇了杜十娘，喜出望外，把花柳情怀，一担儿挑在他身上。那公子俊俏庞儿，温存性儿，又是撒漫的手儿，帮衬的勤儿，与十娘一双两好，情投意合。十娘因见鸨儿贪财无义，久有从良之志，又见李公子忠厚志诚，甚有心向他。奈李公子惧怕老爷，不敢应承。虽则如此，两下情好愈密，朝欢暮乐，终日相守，如夫妇一般，海誓山盟，各无他志。真个：

恩深似海恩无底，义重如山义更高。

再说杜妈妈，女儿被李公子占住，别的富家巨室，闻名上门，求一见而不可得。初时李公子撒漫用钱，大差大使，妈妈胁肩谄笑，奉承不暇。日往月来，不觉一年有余，李公子囊箧渐渐空虚，手不应心，妈妈也就怠慢了。老布政在家闻知儿子嫖院，几遍写字来唤他回去。他迷恋十娘颜色，终日延捱。后来闻知老爷在家发怒，越不敢回。

古人云：“以利相交者，利尽而疏。”那杜十娘与李公子真情相好，见他手头愈短，心头愈热。妈妈也几遍教女儿打发李甲出院，见女儿不统口，又几遍将言语触突李公子，要激怒他起身。公子性本温克，词气愈和。妈妈没奈何，日逐只将十娘叱骂道：“我们行户人家，吃客穿客，前门送旧，后门迎新，门庭闹如火，钱帛堆成垛。自从那李甲在此，混帐一年有余，莫说新客，连旧主顾都断了。分明接了个钟馗老，连小鬼也没得上门。弄得老娘一家人家，有气无烟，成什么模样!”

杜十娘被骂，耐性不住，便回答道：“那李公子不是空手上门的，也曾费过大钱来。”妈妈道：“彼一时，此一时，你只教他今日费些小钱儿，把与老娘办些柴米，养你两口也好。别人家养的女儿便是摇钱树，千生万活，偏我家晦气，养了个退财白虎。开了大门七件事，般般都在老身心上。到替你这小贱人白白养着穷汉，教我衣食从何处来？你对那穷汉说，有本事出几两银子与我，到得你跟了他去，我别讨个丫头过活却不好?”

十娘道：“妈妈，这话是真是假?”妈妈晓得李甲囊无一钱，衣衫都典尽了，料他没处设法，便应道：“老娘从不说谎，当真哩。”十娘道：“娘，你要他许多银子?”妈妈道：“若是别人，千把银子也讨了。可怜那穷汉出不起，只要他三百两，我自去讨一个粉头代替。只一件，须是三日内交付与我，左手交银，右手交人。若三日没有银时，老身也不管三七二十一，公子不公子，一顿孤拐，打那光棍出去。那时莫怪老身!”十娘道：“公子虽在客边乏钞，谅三百金还措办得来。只是三日忒近，限他十日便好。”妈妈想道：“这穷汉一双赤手，便限他一百日，他那里银子？没有银子，便铁皮包脸，料也无颜上门。那时重整家风，媺儿也没得话讲。”答应道：“看你面，便宽到十日。第十日没有银子，不干老娘之事。”十娘道：“若十日内无银，料他也无颜再见了。只怕有了三百两银子，妈妈又翻悔起来。”妈妈道：“老身年五十一岁了，又奉十斋，怎敢说谎？不信时与你拍掌为定。若翻悔时，做猪做狗。”

从来海水斗难量，可笑虔婆意不良；

料定穷儒囊底竭，故将财礼难娇娘。

是夜，十娘与公子在枕边，议及终身之事。公子道：“我非无此心。但教坊落籍，其费甚多，非千金不可。我囊空如洗，如之奈何!”十娘道：“妾已与妈妈议定只要三百金，但须十日内措办。郎君游资虽罄，然都中岂无亲友可以借贷？倘得如数，妾身遂为君之所有，省受虔婆之气。”公子道：“亲友中为我留恋行院，都不相顾。明日只做束装起身，各家告辞，就开口假贷路费，凑聚将来，或可满得此数。”起身梳洗，别了十娘出门。十娘道：“用心作速，专听佳音。”公子道：“不须分付。”

公子出了院门，来到三亲四友处，假说起身告别，众人到也欢喜。后来叙到路费欠缺，意欲借贷。常言道：“说着钱，便无缘。”亲友们就不招架。他们也见得是，道李公子是风流浪子，迷恋烟花，年许不归，父亲都为他气坏在家。他今日抖然要回，未知真假。倘或说骗盘缠到手，又去还脂粉钱，父亲知道，将好意翻成恶意，始终只是一怪，不如辞了干净。便回道：“目今正值空乏，不能相济，惭愧！惭愧!”人人如此，个个皆然，并没有个慷慨丈夫，肯统口许他一十二十两。

李公子一连奔走了三日，分毫无获，又不敢回决十娘，权且含糊答应。到第四日又没想头，就羞回院中。平日间有了杜家，连下处也没有了，今日就无处投宿。只得往同乡柳监生寓所借歇。柳遇春见公子愁容可掬，问其来历。公子将杜十娘愿嫁之情，备细说了。遇春摇首道：“未必，未必。那杜媺曲中第一名姬，要从良时，怕没有十斛明珠，千金聘礼。那鸨儿如何只要三百两？想鸨儿怪你无钱使用，白白占住他的女儿，设计打发你出门。那妇人与你相处已久，又碍却面皮，不好明言。明知你手内空虚，故意将三百两卖个人情，限你十日。若十日没有，你也不好上门。便上门时，他会说你笑你，落得一场亵渎，自然安身不牢，此乃烟花逐客之计。足下三思，休被其惑。据弟愚意，不如早早开交为上。”

公子听说，半晌无言，心中疑惑不定。遇春又道：“足下莫要错了主意。你若真个还乡，不多几两盘费，还有人搭救；若是要三百两时，莫说十日，就是十个月也难。如今的世情，那肯顾缓急二字的！那烟花也算定你没处告债，故意设法难你。”公子道：“仁兄所见良是。”口里虽如此说，心中割舍不下。依旧又往外边东央西告，只是夜里不进院门了。

公子在柳监生寓中，一连住了三日，共是六日了。杜十娘连日不见公子进院，十分着紧，就教小厮四儿街上去寻。四儿寻到大街，恰好遇见公子。四儿叫道：“李姐夫，娘在家里望你。”公子自觉无颜，回复道：“今日不得功夫，明日来罢。”四儿奉了十娘之命，一把扯住，死也不放，道：“娘叫咱寻你。是必同去走一遭。”李公子心上也牵挂着婊子，没奈何，只得随四儿进院。见了十娘，嘿嘿无言。十娘问道：“所谋之事如何？”公子眼中流下泪来。十娘道：“莫非人情淡薄，不能足三百之数么？”公子含泪而言，道出二句：“不信上山擒虎易，果然开口告人难。一连奔走六日，并无铢两，一双空手，羞见芳卿，故此这几日不敢进院。今日承命呼唤，忍耻而来。非某不用心，实是世情如此。”十娘道：“此言休使虔婆知道。郎君今夜且住，妾别有商议。”

十娘自备酒肴，与公子欢饮。睡至半夜，十娘对公子道：“郎君果不能办一钱耶？妾终身之事，当如何也？”公子只是流涕，不能答一语。渐渐五更天晓。十娘道：“妾所卧絮褥内藏有碎银一百五十两，此妾私蓄，郎君可持去。三百金，妾任其半，郎君亦谋其半，庶易为力。限只四日，万勿迟误！”

十娘起身将褥付公子，公子惊喜过望，唤童儿持褥而去。径到柳遇春寓中，又把夜来之情与遇春说了。将褥拆开看时，絮中都裹着零碎银子，取出兑时，果是一百五十两。遇春大惊道：“此妇真有心人也。既系真情，不可相负。吾当代为足下谋之。”公子道：“倘得玉成，决不有负。”当下柳遇春留李公子在寓，自出头各处去借贷。两日之内，凑足一百五十两交付公子道：“吾代为足下告债，非为足下，实怜杜十娘之情也。”李甲拿了三百两银子，喜从天降，笑逐颜开，欣欣然来见十娘，刚是第九日，还不足十日。十娘问道：“前日分毫难借，今日如何就有一百五十两？”公子将柳监生事情，又述了一遍。十娘以手加额道：“使吾二人得遂其愿者，柳君之力也！”两个欢天喜地，又在院中过了一晚。

次日，十娘早起，对李甲道：“此银一交，便当随郎君去矣。舟车之类，合当预备。妾昨日于姊妹中借得白银二十两，郎君可收下为行资也。”公子正愁路费无出，但不敢开口，得银甚喜。说犹未了，鸨儿恰来敲门叫道：“媺儿，今日是第十日了。”公子闻叫，启门相延道：“承妈妈厚意，正欲相请。”便将银三百两放在桌上。鸨儿不料公子有银，嘿然变色，似有悔意。十娘道：“儿在妈妈家中八年，所致金帛，不下数千金矣。今日从良美事，又妈妈亲口所订，三百金不欠分毫，又不曾过期。倘若妈妈失信不许，郎君持银去，儿即刻自尽。恐那时人财两失，悔之无及也。”鸨儿无词以对。腹内筹画了半晌，只得取天平兑准了银子，说道：“事已如此，料留你不住了。只是你要去时，即今就去。平时穿戴衣饰之类，毫厘休想！”说罢，将公子和十娘推出房门，讨锁来就落了锁。此时九月天气。十娘才下床，尚未梳洗，随身旧衣，就拜了妈妈两拜。李公子也作了一揖。一夫一妇，离了虔婆大门。

鲤鱼脱却金钩去，摆尾摇头再不来。

公子教十娘且住片时：“我去唤个小轿抬你，权往柳荣卿寓所去，再作道理。”十娘道："院中诸姊妹平昔相厚，理宜话别。况前日又承他借贷路费，不可不一谢也。"乃同公子到各姊妹处谢别。姊妹中惟谢月朗、徐素素与杜家相近，尤与十娘亲厚。十娘先到谢月朗家。月朗见十娘秃髻旧衫，惊问其故。十娘备述来因，又引李甲相见。十娘指月朗道："前日路资，是此位姐姐所贷，郎君可致谢。"李甲连连作揖。月朗便教十娘梳洗，一面去请徐素素来家相会。十娘梳洗已毕，谢、徐二美人各出所有，翠钿金钏，瑶簪宝珥，锦袖花裙，鸾带绣履，把杜十娘装扮得焕然一新，备酒作庆贺筵席。月朗让卧房与李甲、杜媺二人过宿。次日，又大排筵席，遍请院中姊妹。凡十娘相厚者，无不毕集，都与他夫妇把盏称喜。吹弹歌舞，各逞其长，务要尽欢，直饮至夜分。十娘向众姊妹一一称谢。众姊妹道："十姊为风流领袖，今从郎君去，我等相见无日。何日长行，姊妹们尚当奉送。"月朗道："候有定期，小妹当来相报。但阿姊千里间关，同郎君远去，囊箧萧条，曾无约束，此乃吾等之事。当相与共谋之，勿令姊有穷途之虑也。"众姊妹各唯唯而散。是晚，公子和十娘仍宿谢家。至五鼓，十娘对公子道："吾等此去，何处安身？郎君亦曾计议有定着否？"公子道："老父盛怒之下，若知娶妓而归，必然加以不堪，反致相累。展转寻思，尚未有万全之策。"十娘道："父子天性，岂能终绝？既然仓卒难犯，不若与郎君于苏、杭胜地，权作浮居。郎君先回，求亲友于尊大人面前劝解和顺，然后携妾于归，彼此安妥。"公子道："此言甚当。"次日，二人起身辞了谢月朗，暂往柳监生寓中，整顿行装。杜十娘见了柳遇春，倒身下拜，谢其周全之德："异日我夫妇必当重报。"遇春慌忙答礼道："十娘钟情所欢，不以贫窭【jù】易心，此乃女中豪杰。仆因风吹火，谅区区何足挂齿！"三人又饮了一日酒。次早，择了出行吉日，雇倩轿马停当。十娘又遣童儿寄信，别谢月朗。临行之际，只见肩舆纷纷而至，乃谢月朗与徐素素拉众姊妹来送行。月朗道："十姊从郎君千里间关，囊中消索，吾等甚不能忘情。今合具薄赆，十姊可检收；或长途空乏，亦可少助。"说罢，命从人挈一描金文具至前，封锁甚固，正不知什么东西在里面。十娘也不开看，也不推辞，但殷勤作谢而已。须臾，舆马齐集，仆夫催促起身。柳监生三杯别酒，和众美人送出崇文门外，各各垂泪而别。正是：

他日重逢难预必，此时分手最堪怜。

再说李公子同杜十娘行至潞河，舍陆从舟，却好有瓜洲差使船转回之便，讲定船钱，包了舱口。比及下船时，李公子囊中并无分文余剩。你道杜十娘把二十两银子与公子，如何就没了？公子在院中嫖得衣衫褴褛，银子到手，未免在解库中取赎几件穿着，又制办了铺盖，剩来只勾轿马之费。

公子正当愁闷，十娘道："郎君勿忧，众姊妹合赠，必有所济。"乃取钥开箱。公子在傍自觉惭愧，也不敢窥觑箱中虚实。只见十娘在箱里取出一个红绢袋来，掷于桌上道："郎君可开看之。"公子提在手中，觉得沉重，启而观之，皆是白银，计数整五十两。十娘仍将箱子下锁，亦不言箱中更有何物。但对公子道："承众姊妹高情，不惟途路不乏，即他日浮寓吴越间，亦可稍佐吾夫妻山水之费矣。"公子且惊且喜道："若不遇恩卿，我李甲流落他乡，死无葬身之地矣。此情此德，白头不敢忘也！"自此每谈及往事，公子必感激流涕，十娘亦曲意抚慰。一路无话。

不一日，行至瓜洲，大船停泊岸口，公子别雇了民船，安放行李。约明日侵晨，剪江而渡。其时仲冬中旬，月明如水，公子和十娘坐于舟首。公子道："自出都门，困守一舱之中，四顾有人，未得畅语。今日独据一舟，更无避忌。且已离塞北，初近江南，宜开怀畅饮，以舒向来抑郁之气，恩卿以为何如？”十娘道：“妾久疏谈笑，亦有此心，郎君言及，足见同志耳。”公子乃携酒具于船首，与十娘铺毡并坐，传杯交盏。饮至半酣，公子执卮对十娘道：“恩卿妙音，六院推首。某相遇之初，每闻绝调，辄不禁神魂之飞动。心事多违，彼此郁郁，鸾鸣凤奏，久矣不闻。今清江明月，深夜无人，肯为我一歌否？”十娘兴亦勃发，遂开喉顿嗓，取扇按拍，呜呜咽咽，歌出元人施君美《拜月亭》杂剧上“状元执盏与婵娟”一曲，名《小桃红》。真个：

声飞霄汉云皆驻，响入深泉鱼出游。

却说他舟有一少年，姓孙名富，字善赉，徽州新安人氏。家资巨万，积祖扬州种盐。年方二十，也是南雍中朋友。生性风流，惯向青楼买笑，红粉追欢，若嘲风弄月，到是个轻薄的头儿。事有偶然，其夜亦泊舟瓜洲渡口，独酌无聊。忽听得歌声嘹亮，凤吟鸾吹，不足喻其美。起立船头，伫听半晌，方知声出邻舟。正欲相访，音响倏已寂然。乃遣仆者潜窥踪迹，访于舟人。但晓得是李相公雇的船，并不知歌者来历。孙富想道：“此歌者必非良家，怎生得他一见？”展转寻思，通宵不寐。捱至五更，忽闻江风大作。及晓，彤云密布，狂雪飞舞。怎见得，有诗为证：

千山云树灭，万径人踪绝。

扁舟蓑笠翁，独钓寒江雪。

因这风雪阻渡，舟不得开。孙富命艄公移船，泊于李家舟之傍。孙富貂帽狐裘，推窗假作看雪。值十娘梳洗方毕，纤纤玉手揭起舟傍短帘，自泼盂中残水，粉容微露，却被孙富窥见了，果是国色天香。魂摇心荡，迎眸注目，等候再见一面，杳不可得。沉思久之，乃倚窗高吟高学士《梅花诗》二句，道：

雪满山中高士卧，月明林下美人来。

李甲听得邻舟吟诗，舒头出舱，看是何人。只因这一看，正中了孙富之计。孙富吟诗，正要引李公子出头，他好乘机攀话。当下慌忙举手，就问：“老兄尊姓何讳？”李公子叙了姓名乡贯，少不得也问那孙富。孙富也叙过了。又叙了些太学中的闲话，渐渐亲熟。孙富便道：“风雪阻舟，乃天遣与尊兄相会，实小弟之幸也。舟次无聊，欲同尊兄上岸，就酒肆中一酌，少领清诲，万望不拒。”公子道：“萍水相逢，何当厚扰？”孙富道：“说那里话！‘四海之内，皆兄弟也’。”喝教艄公打跳，童儿张伞，迎接公子过船，就于船头作揖。然后让公子先行，自己随后，各各登跳上涯。

行不数步，就有个酒楼。二人上楼，拣一副洁净座头，靠窗而坐。酒保列上酒肴。孙富举杯相劝，二人赏雪饮酒。先说些斯文中套话，渐渐引入花柳之事。二人都是过来之人，志同道合，说得入港，一发成相知了。

孙富屏去左右，低低问道：“昨夜尊舟清歌者，何人也？”李甲正要卖弄在行，遂实说道：“此乃北京名姬杜十娘也。”孙富道：“既系曲中姊妹，何以归兄？”公子遂将初遇杜十娘，如何相好，后来如何要嫁，如何借银讨他，始末根由，备细述了一遍。孙富道：“兄携丽人而归，固是快事，但不知尊府中能相容否？”公子道：“贱室不足虑。所虑者老父性严，尚费踌躇耳！”孙富将机就机，便问道：“既是尊大人未必相容，兄所携丽人，何处安顿？亦曾通知丽人，共作计较否？”公子攒眉而答道：“此事曾与小妾议之。”孙富欣然问道：“尊宠必有妙策。”公子道：“他意欲侨居苏杭，流连山水。使小弟先回，求亲友宛转于家君之前，俟家君回嗔作喜，然后图归。高明以为何如？”孙富沉吟半晌，故作愀然之色，道："小弟乍会之间，交浅言深，诚恐见怪。"公子道："正赖高明指教，何必谦逊？"孙富道："尊大人位居方面，必严帷薄之嫌，平时既怪兄游非礼之地，今日岂容兄娶不节之人？况且贤亲贵友，谁不迎合尊大人之意者？兄枉去求他，必然相拒。就有个不识时务的进言于尊大人之前，见尊大人意思不允，他就转口了。兄进不能和睦家庭，退无词以回复尊宠。即使留连山水，亦非长久之计。万一资斧困竭，岂不进退两难！"

公子自知手中只有五十金，此时费去大半，说到资斧困竭，进退两难，不觉点头道是。孙富又道："小弟还有句心腹之谈，兄肯俯听否？"公子道："承兄过爱，更求尽言。"孙富道："疏不间亲，还是莫说罢。"公子道："但说何妨？"孙富道："自古道：'妇人水性无常。'况烟花之辈，少真多假。他既系六院名姝，相识定满天下；或者南边原有旧约，借兄之力，挈带而来，以为他适之地。"公子道："这个恐未必然。"孙富道："既不然，江南子弟，最工轻薄。兄留丽人独居，难保无逾墙钻穴之事。若挈之同归，愈增尊大人之怒。为兄之计，未有善策。况父子天伦，必不可绝。若为妾而触父，因妓而弃家，海内必以兄为浮浪不经之人。异日妻不以为夫，弟不以为兄，同袍不以为友，兄何以立于天地之间？兄今日不可不熟思也！"

公子闻言，茫然自失，移席问计："据高明之见，何以教我？"孙富道："仆有一计，于兄甚便。只恐兄溺枕席之爱，未必能行，使仆空费词说耳！"公子道："兄诚有良策，使弟再睹家园之乐，乃弟之恩人也。又何惮而不言耶？"孙富道："兄飘零岁余，严亲怀怒，闺阁离心，设身以处兄之地，诚寝食不安之时也。然尊大人所以怒兄者，不过为迷花恋柳，挥金如土，异日必为弃家荡产之人，不堪承继家业耳！兄今日空手而归，正触其怒。兄倘能割衽席之爱，见机而作，仆愿以千金相赠。兄得千金，以报尊大人，只说在京授馆，并不曾浪费分毫，尊大人必然相信。从此家庭和睦，当无间言。须臾之间，转祸为福。兄请三思，仆非贪丽人之色，实为兄效忠于万一也！"

李甲原是没主意的人，本心惧怕老子，被孙富一席话，说透胸中之疑，起身作揖道："闻兄大教，顿开茅塞。但小妾千里相从，义难顿绝，容归与商之。得其心肯，当奉复耳。"孙富道："说话之间，宜放婉曲。彼既忠心为兄，必不忍使兄父子分离，定然玉成兄还乡之事矣。"二人饮了一回酒，风停雪止，天色已晚。孙富教家僮算还了酒钱，与公子携手下船。正是：

逢人且说三分话，未可全抛一片心。

却说杜十娘在舟中，摆设酒果，欲与公子小酌，竟日未回，挑灯以待。公子下船，十娘起迎。见公子颜色匆匆，似有不乐之意，乃满斟热酒劝之。公子摇首不饮，一言不发，竟自床上睡了。

十娘心中不悦，乃收拾杯盘，为公子解衣就枕，问道："今日有何见闻，而怀抱郁郁如此？"公子叹息而已，终不启口。问了三四次，公子已睡去了。十娘委决不下，坐于床头而不能寐。

到夜半，公子醒来，又叹一口气。十娘道："郎君有何难言之事，频频叹息？"公子拥被而起，欲言不语者几次，扑簌簌掉下泪来。十娘抱持公子于怀间，软言抚慰道："妾与郎君情好，已及二载，千辛万苦，历尽艰难，得有今日。然相从数千里，未曾哀戚。今将渡江，方图百年欢笑，如何反起悲伤？必有其故。夫妇之间，死生相共，有事尽可商量，万勿讳也。"

公子再四被逼不过，只得含泪而言道："仆天涯穷困，蒙恩卿不弃，委曲相从，诚乃莫大之德也。但反覆思之，老父位居方面，拘于礼法，况素性方严，恐添嗔怒，必加黜逐。你我流荡，将何底止？夫妇之欢难保，父子之伦又绝。日间蒙新安孙友邀饮，为我筹及此事，寸心如割！"

十娘大惊道："郎君意将如何？"公子道："仆事内之人，当局而迷。孙友为我画一计颇善，但恐恩卿不从耳！"十娘道："孙友者何人？计如果善，何不可从？"公子道："孙友名富，新安盐商，少年风流之士也。夜间闻子清歌，因而问及。仆告以来历，并谈及难归之故，渠意欲以千金聘汝。我得千金，可藉口以见吾父母；而恩卿亦得所天。但情不能舍，是以悲泣。"说罢，泪如雨下。

十娘放开两手，冷笑一声道："为郎君画此计者，此人乃大英雄也！郎君千金之资既得恢复，而妾归他姓，又不致为行李之累，发乎情，止乎礼，诚两便之策也。那千金在那里？"公子收泪道："未得恩卿之诺，金尚留彼处，未曾过手。"十娘道："明早快快应承了他，不可挫过机会。但千金重事，须得兑足交付郎君之手，妾始过舟，勿为贾竖子所欺。"

时已四鼓，十娘即起身挑灯梳洗道："今日之妆，乃迎新送旧，非比寻常。"于是脂粉香泽，用意修饰，花钿绣袄，极其华艳，香风拂拂，光彩照人。

装束方完，天色已晓。孙富差家僮到船头候信。十娘微窥公子，欣欣似有喜色，乃催公子快去回话，及早兑足银子。公子亲到孙富船中，回复依允。孙富道："兑银易事，须得丽人妆台为信。"公子又回复了十娘，十娘即指描金文具道："可便抬去。"孙富喜甚，即将白银一千两，送到公子船中。

十娘亲自检看，足色足数，分毫无爽。乃手把船舷，以手招孙富。孙富一见，魂不附体。十娘启朱唇，开皓齿道："方才箱子可暂发来，内有李郎路引一纸，可检还之也。"

孙富视十娘已为瓮中之鳖，即命家僮送那描金文具，安放船头之上。十娘取钥开锁，内皆抽替小箱。十娘叫公子抽第一层来看，只见翠羽明珰，瑶簪宝珥，充牣【rěn】于中，约值数百金。十娘遽投之江中。李甲与孙富及两船之人，无不惊诧。又命公子再抽一箱，乃玉箫金管；又抽一箱，尽古玉紫金玩器，约值数千金。十娘尽投之于大江中。岸上之人，观者如堵。齐声道："可惜，可惜！"正不知什么缘故。最后又抽一箱，箱中复有一匣。开匣视之，夜明之珠，约有盈把。其他祖母绿、猫儿眼，诸般异宝，目所未睹，莫能定其价之多少。众人齐声喝彩，喧声如雷。十娘又欲投之于江。李甲不觉大悔，抱持十娘恸哭，那孙富也来劝解。

十娘推开公子在一边，向孙富骂道："我与李郎备尝艰苦，不是容易到此。汝以奸淫之意，巧为谗说，一旦破人姻缘，断人恩爱，乃我之仇人。我死而有知，必当诉之神明，尚妄想枕席之欢乎！"又对李甲道："妾风尘数年，私有所积，本为终身之计。自遇郎君，山盟海誓，白首不渝。前出都之际，假托众姊妹相赠，箱中韫藏百宝，不下万金。将润色郎君之装，归见父母，或怜妾有心，收佐中馈，得终委托，生死无憾。谁知郎君相信不深，惑于浮议，中道见弃，负妾一片真心。今日当众目之前，开箱出视，使郎君知区区千金，未为难事。妾椟中有玉，恨郎眼内无珠。命之不辰，风尘困瘁，甫得脱离，又遭弃捐。今众人各有耳目，共作证明，妾不负郎君，郎君自负妾耳！"

于是众人聚观者，无不流涕，都唾骂李公子负心薄幸。公子又羞又苦，且悔且泣，方欲向十娘谢罪。十娘抱持宝匣，向江心一跳。众人急呼捞救。但见云暗江心，波涛滚滚，杳无踪影。可惜一个如花似玉的名姬，一旦葬于江鱼之腹！

三魂渺渺归水府，七魄悠悠入冥途。

当时旁观之人，皆咬牙切齿，争欲拳殴李甲和那孙富。慌得李、孙二人，手足无措，急叫开船，分途遁去。李甲在舟中。看了千金，转忆十娘，终日愧悔，郁成狂疾，终身不痊。孙富自那日受惊，得病卧床月余，终日见杜十娘在傍诟骂，奄奄而逝。人以为江中之报也。

却说柳遇春在京坐监完满，束装回乡，停舟瓜步。偶临江净脸，失坠铜盆于水，觅渔人打捞。及至捞起，乃是个小匣儿。遇春启匣观看，内皆明珠异宝，无价之珍。遇春厚赏渔人，留于床头把玩。是夜梦见江中一女子，凌波而来，视之，乃杜十娘也。近前万福，诉以李郎薄幸之事。又道："向承君家慷慨，以一百五十金相助，本意息肩之后，徐图报答。不意事无终始；然每怀盛情，悒悒未忘。早间曾以小匣托渔人奉致，聊表寸心，从此不复相见矣。"言讫，猛然惊醒，方知十娘已死，叹息累日。

后人评论此事，以为孙富谋夺美色，轻掷千金，固非良士；李甲不识杜十娘一片苦心，碌碌蠢才，无足道者。独谓十娘千古女侠，岂不能觅一佳侣，共跨秦楼之凤，乃错认李公子。明珠美玉，投于盲人，以致恩变为仇，万种恩情，化为流水，深可惜也！有诗叹云：

不会风流莫妄谈，单单情字费人参；
若将情字能参透，唤作风流也不惭。

【赏析】

《杜十娘怒沉百宝箱》是明代白话小说集《警世通言》卷32，冯梦龙代表作品中的名篇，是中国古代文学史上最为杰出的短篇小说之一。这篇小说在许多文学史上定义为反封建、反礼教的爱情小说，杜十娘的悲剧是黑暗的封建社会对她的欺压所造成的。这篇小说以其细腻的笔触塑造了一个执着追求美好愿望的女性形象，表现了杜十娘宁死不屈的坚韧性格，抨击了金钱重于情感的社会现实。

黛玉葬花（节选）

曹雪芹

◎《红楼梦》前八十回的作者是曹雪芹，后四十回一般认为是高鹗所续。曹雪芹（约1715—约1763），名沾，字梦阮，号雪芹、芹圃、芹溪。祖籍辽阳（今属辽宁）。先世原是汉族，后为满洲正白旗"包衣"。曾祖母孙氏做过康熙的保姆。祖父曹寅是康熙的伴读。从曾祖曹玺开始，三代四人，任江宁织造一职，前后达六十年之久。康熙六次南巡，其中四次以江宁织造署为行宫，由曹寅主持接驾。曹寅死后，由其子曹颙接任。曹颙死后，由其弟曹頫接任。雍正五年（1727），曹頫被革职抄家，曹家从此败落。曹雪芹随全家迁回北京，居北京西郊、东郊一带，过着"举家食粥"的清贫生活。乾隆二十七年（1762）秋，曹雪芹因子夭殇，感伤成疾，于除夕（1763年2月12日）逝世。

宝玉因不见林黛玉，便知他躲了别处去了，想了一想，索性迟两日，等他的气消一消再去也罢了。因低头看见许多凤仙石榴等各色落花，锦重重地落了一地，因叹道："这是他心里生了气，也不收拾这花儿来了。待我送了去，明儿再问着他。"说着，只见宝钗约着他们往外头去。宝玉道："我就来。"说毕，等他二人去远了，便把那花兜了起来，登山渡水，过树穿花，一直奔了那日同林黛玉葬桃花的去处来。

将已到了花冢，犹未转过山坡，只听山坡那边有呜咽之声，一行数落着，哭得好不伤感。宝玉心下想道："这不知是那房里的丫头，受了委曲，跑到这个地方来哭。"一面想，一面煞住脚步，听他哭道是：

花谢花飞花满天，红消香断有谁怜？
游丝软系飘春榭[1]，落絮轻沾扑绣帘[2]。
闺中女儿惜春暮，愁绪满怀无释处。
手把花锄出绣闺，忍踏落花来复去。
柳丝榆荚自芳菲[3]，不管桃飘与柳飞。
桃李明年能再发，明年闺中知有谁？
三月香巢已垒成，梁间燕子太无情！
明年花发虽可啄，却不道人去梁空巢亦倾。
一年三百六十日，风刀霜剑严相逼，
明媚鲜妍能几时，一朝飘泊难寻觅。
花开易见落难寻，阶前闷杀葬花人，
独倚花锄泪暗洒，洒上空枝见血痕[4]。
杜鹃无语正黄昏，荷锄归去掩重门。
青灯照壁人初睡，冷雨敲窗被未温。
怪侬底事倍伤神[5]，半为怜春半恼春。
怜春忽至恼忽去，至又无言去不闻。
昨宵庭外悲歌发，知是花魂与鸟魂？
花魂鸟魂总难留，鸟自无言花自羞。
愿侬胁下生双翼，随花飞到天尽头。
天尽头，何处有香丘[6]？
未若锦囊收艳骨[7]，一抔净土掩风流[8]。
质本洁来还洁去，强于污淖陷渠沟[9]。
尔今死去侬收葬，未卜侬身何日丧？
侬今葬花人笑痴，他年葬侬知是谁？
试看春残花渐落，便是红颜老死时。
一朝春尽红颜老，花落人亡两不知！

宝玉听了，不觉痴倒。

【注释】

[1] 榭：建筑在台上的房屋。

[2] 絮：柳絮。

[3] 榆荚：榆树的果实。榆树未生叶前先生荚，形似钱而小，连缀成串，也称榆钱。

芳菲：花草的芳香。

［4］“洒上”句：与两个传说有关：一是湘妃哭舜，泣血染竹枝成斑。所以黛玉号“潇湘妃子”；二是蜀帝魂化杜鹃鸟，啼血染花枝，花即杜鹃花。所以下句接言“杜鹃”。

［5］侬：“我”的俗语，吴地乐府民歌中多用。

［6］香丘：花坟。

［7］艳骨：此指落花。

［8］一抔（póu）：一捧。

［9］污淖（nào）：被肮脏的泥水所玷污。

【赏析】

本文节选自《红楼梦》第二十七回《滴翠亭杨妃戏彩蝶　埋香冢飞燕泣残红》。此回写黛玉见宝钗从宝玉房中出来，自觉无味，回家闷坐，二更方睡。芒种节，闺阁兴祭奠花神，众姑娘在园中玩耍。宝钗欲寻黛玉，看见宝玉进了潇湘馆，一怕宝玉不便，二怕猜忌，便抽身回来。宝钗路遇蝴蝶，追到滴翠亭，无意间听到了小红的秘密，情急之下，借呼黛玉而去。黛玉独自一人葬花，不由得感怀身世，哭唱《葬花辞》，恰为宝玉所闻。本篇所选黛玉葬花这一情节，作者采用了诗歌的形式来塑造林黛玉的艺术形象，表现其性格特征。这也反映出诗词曲赋在《红楼梦》中已成为小说内容的有机组成部分。

《红楼梦》原名《石头记》。全书以贾、史、王、薛四大家族为背景，以贾宝玉、林黛玉爱情悲剧为主要线索，着重描写贾家荣、宁二府由盛到衰的过程。全面地描写了封建社会末世的人情世态，反映了当时生活的各种矛盾。《红楼梦》规模宏大，结构谨严，形象鲜明，为我国古典小说的杰作之一。

聊斋志异・小翠[1]

蒲松龄

◎蒲松龄（1640—1715），字留仙，又字剑臣，别号柳泉居士，世称聊斋先生，自称异史氏。清代著名文学家、小说家。蒲松龄故居在今山东省淄博市淄川区洪山镇蒲家庄，出生于一个逐渐败落的中小地主兼商人家庭。早年即有文名，19 岁应童子试，连取县、府、道三个第一，名震一时，补博士弟子员。后屡应乡试不第，直至 71 岁才援例补为岁贡生。为生活所迫，他除了应同邑人宝应县知县孙蕙之请，为其做过两年幕宾外，主要是在本县西铺村毕际友家做塾师，舌耕笔耘，前后达 30 年，直至 70 岁方撤帐归家。1715 年正月病逝于家中，享年 76 岁。他能诗文，善俚曲，著有《聊斋文集》《聊斋诗集》《聊斋俚曲》等。他以毕生心血写成的文言短篇小说集《聊斋志异》，用狐仙鬼怪、鱼精花妖为题材，借以讽刺现实，寄托孤愤，是其文学成就的代表作。

王太常[2]，越人[3]。总角时[4]，昼卧榻上。忽阴晦，巨霆暴作[5]，一物大于猫，来伏身下，展转不离。移时晴霁，物即径出。视之非猫，始怖，隔房呼兄。兄闻，喜曰：“弟必大贵，此狐来避雷霆劫也。”后果少年登进士，以县令入为侍御[6]。生一子，名元丰，绝痴，十六岁不能知牝牡[7]，因而乡党无与为婚。王忧之。适有妇人率少女登门，自请为妇。视其女，嫣然展笑，真仙品也。喜问姓名。自言："虞氏，女小翠，年二八矣。"与议聘金。曰："是从我糠覈不得饱[8]，一旦置身广厦，役婢仆，厌膏粱[9]，彼意适，我愿慰矣，岂卖菜也而索直乎！"夫人大悦，优厚之。妇即命女拜王及夫人，嘱曰："此尔翁姑[10]，奉侍宜谨。我大忙，且去，三数日当复来。"王命仆马送之。妇言："里巷不远，无烦多事。"遂出门去。小翠殊不悲恋，便即奁中翻取花样[11]。夫人亦爱乐之。数日，妇不至，以居里问女，女亦憨然不能言其道路。遂治别院，使夫妇成礼。诸戚闻拾得贫家儿作新妇，共笑姗之[12]；见女皆惊，群议始息。

女又甚慧，能窥翁姑喜怒。王公夫妇，宠惜过于常情，然惕惕焉惟恐其憎子痴[13]：而女殊欢笑，不为嫌。第善谑[14]，刺布作圆[15]，蹋蹴为笑。着小皮靴，蹴去数十步，绐公子奔拾之[16]，公子及婢恒流汗相属。一日，王偶过，圆訇然来[17]，直中面目。女与婢俱敛迹去[18]，公子犹踊跃奔逐之。王怒，投之以石，始伏而啼。王以告夫人；夫人往责女，女俯首微笑，以手刓床[19]。既退，憨跳如故，以脂粉涂公子，作花面如鬼。夫人见之，怒甚，呼女诟骂。女倚几弄带，不惧，亦不言。夫人无奈之，因杖其子[20]。元丰大号，女始色变，屈膝乞宥[21]。夫人怒顿解，释杖去。女笑拉公子入室，代扑衣上尘，拭眼泪，摩挲杖痕，饵以枣栗。公子乃收涕以忻[22]。女阖庭户，复装公子作霸王，作沙漠人[23]；己乃艳服，束细腰，婆娑作帐下舞[24]；或髻插雉尾，拨琵琶，丁丁缕缕然[25]，喧笑一室，日以为常。王公以子痴，不忍过责妇；即微闻焉，亦若置之。

同巷有王给谏者[26]，相隔十余户，然素不相能[27]；时值三年大计吏[28]，忌公握河南道篆[29]，思中伤之。公知其谋，忧虑无所为计。一夕，早寝，女冠带，饰冢宰状[30]，剪素丝作浓髭[31]，又以青衣饰两婢为虞候[32]，窃跨厩马而出[33]，戏云："将谒王先生。"驰至给谏之门，即又鞭挞从人，大言曰："我谒侍御王[34]，宁谒给谏王耶[35]！"回辔而归[36]。比至家门，门者误以为真，奔白王公。公急起承迎，方知为子妇之戏。怒甚，谓夫人曰："人方蹈我之瑕[37]，反以闺阁之丑，登门而告之，余祸不远矣！"夫人怒，奔女室，诟让之[38]。女惟憨笑，并不一置词。挞之，不忍；出之[39]，则无家；夫妻懊怨，终夜不寝。时冢宰某公赫甚，其仪采服从[40]，与女伪装无少殊别，王给谏亦误为真。屡侦公门，中夜而客未出，疑冢宰与公有阴谋[41]。次日早朝，见而问曰："夜相公至君家耶[42]？"公疑其相讥，惭言唯唯，不甚响答。给谏愈疑，谋遂寝[43]，由此益交欢公。公探知其情，窃喜，而阴嘱夫人，劝女改行[44]，女笑应之。

逾岁，首相免[45]，适有以私函致公者，误投给谏。给谏大喜，先托善公者往假万金[46]，公拒之。给谏自诣公所。公觅巾袍[47]，并不可得；给谏伺久，怒公慢，愤将行。忽见公子衮衣旒冕[48]，有女子自门内推之以出，大骇；已而笑抚之，脱其服冕而去。公急出，则客去远。闻其故，惊颜如土，大哭曰："此祸水也[49]！指日赤吾族矣[50]！"与夫人操杖往。女已知之，阖扉任其诟厉。公怒，斧其门。女在内含笑而告之曰："翁无烦怒。有新妇在，刀锯斧钺，妇自受之，必不令贻害双亲。翁若此，是欲杀妇以灭口耶？"公乃止。给谏归，果抗疏揭王不轨[51]，衮冕作据。上惊验之，其旒冕乃粱秸心所制，袍则败布黄袱也[52]。上怒其诬。又召元丰至，见其憨状可掬，笑曰："此可以作天子耶？"乃下之法司。给谏又讼公家有妖人，法司严诘臧获[53]，并言无他，惟颠妇痴儿，日事戏笑，邻里亦无异词。案乃定，以给谏充云南军[54]。王由是奇女。又以母久不至，意其非人，使夫人探诘之，女但笑不言。再复穷问，则掩口曰："儿玉皇女，母不知耶？"

无何，公擢京卿[55]。五十余，每患无孙。女居三年，夜夜与公子异寝，似未尝有所私。夫人舁榻去[56]，嘱公子与妇同寝。过数日，公子告母曰："借榻去，悍不还！小翠夜夜以足股加腹上，喘气不得；又惯掐人股里。"婢妪无不粲然[57]。夫人呵拍令去。一日女浴于室，公子见之，欲与偕；女笑止之，谕使姑待。既出，乃更泻热汤于瓮，解其袍裤，与婢扶之入。公子觉蒸闷，大呼欲出。女不听，以衾蒙之。少时，无声，启视，已绝[58]。女坦笑不惊[59]，曳置床上，拭体干洁，加覆被焉。夫人闻之，哭而入，骂曰："狂婢何杀吾儿！"女辗然曰[60]："如此痴儿，不如勿有。"夫人益恚，以首触女；婢辈争曳劝之。方纷噪间，一婢告曰："公子呻矣！"辍涕抚之，则气息休休，而大汗浸淫[61]，沾浃裀褥[62]。食顷，汗已，忽开目四顾，遍视家人，似不相识，曰："我今回忆往昔，都如梦寐，何也？"夫人以其言语不痴，大异之。携参其父，屡试之，果不痴。大喜，如获异宝。至晚，还榻故处，更设衾枕以觇之。公子入室，尽遣婢去。早窥之，则榻虚设。自此痴颠皆不复作，而琴瑟静好，如形影焉。

年余，公为给谏之党奏劾免官，小有挂误[63]。旧有广西中丞所赠玉瓶[64]，价累千金，将出以贿当路。女爱而把玩之，失手堕碎，惭而自投[65]。公夫妇方以免官不快，闻之，怒，交口呵骂。女忿而出[66]，谓公子曰："我在汝家，所保全者不止一瓶，何遂不少存面目？实与君言：我非人也。以母遭雷霆之劫，深受而翁庇翼[67]；又以我两人有五年夙分，故以我来报曩恩、了夙愿耳。身受唾骂，擢发不足以数[68]，所以不即行者，五年之爱未盈。今何可以暂止乎！"盛气而出，追之已杳。公爽然自失[69]，而悔无及矣。

公子入室，睹其剩粉遗钩，恸哭欲死；寝食不甘，日就羸瘁。公大忧，急为胶续以解之[70]，而公子不乐。惟求良工画小翠像，日夜浇祷其下[71]，几二年。偶以故自他里归，明月已皎，村外有公家亭园，骑马墙外过，闻笑语声，停辔，使厩卒捉鞚[72]；登鞍一望，则二女郎游戏其中。云月昏蒙，不甚可辨，但闻一翠衣者曰："婢子当逐出门！"一红衣者曰："汝在吾家园亭，反逐阿谁？"翠衣人曰："婢子不羞！不能作妇，被人驱遣，犹冒认物产也？"红衣者曰："索胜老大婢无主顾者[73]！"听其音，酷类小翠，疾呼之。翠衣人去曰："姑不与若争，汝汉子来矣。"既而红衣人来，果小翠。喜极。女令登垣承接而下之，曰："二年不见，骨瘦一把矣！"公子握手泣下，具道相思。女言："妾亦知之，但无颜复见家人。今与大姊游戏，又相邂逅，足知前因不可逃也。"请与同归，不可；请止园中，许之。公子遣仆奔白夫人。夫人惊起，驾肩舆而往[74]，启钥入亭。女即趋下迎拜；夫人捉臂流涕，力白前过，几不自容，曰："若不少记榛梗[75]，请偕归慰我迟暮[76]。"女峻辞不可。夫人虑野亭荒寂，谋以多人服役。女曰："我诸人悉不愿见，惟前两婢朝夕相从，不能无眷注耳；外惟一老仆应门，余都无所复须。"夫人悉如其言。托公子养疴园中，日供食用而已。

女每劝公子别婚，公子不从。后年余，女眉目音声，渐与曩异，出像质之，迥若两人。大怪之，女曰："视妾今日，何如畴昔美[77]？"公子曰："今日美则美矣，然较畴昔则似不如。"女曰："意妾老矣！"公子曰："二十余岁，何得速老！"女笑而焚图，救之已烬。

一日，谓公子曰："昔在家时，阿翁谓妾抵死不作茧[78]，今亲老君孤，妾实不能产，恐误君宗嗣。请娶妇于家，旦晚侍奉公姑，君往来于两间，亦无所不便。"公子然之，纳币于钟太史之家[79]。吉期将近，女为新人制衣履，赍送母所。及新人入门，则言貌举止，与小翠无毫发之异。大奇之。往至园亭，则女亦不知所在。问婢，婢出红巾曰："娘子暂归宁，留此贻公子。"展巾，则结玉玦一枚[80]，心知其不返，遂携婢俱归。虽顷刻不忘小翠，幸而对新人如觌旧好焉[81]。始悟钟氏之姻，女预知之，故先化其貌，以慰他日之思云。

异史氏曰："一狐也，以无心之德，而犹思所报；而身受再造之福者[82]，顾失声于破甑[83]，何其鄙哉！月缺重圆[84]，从容而去，始知仙人之情，亦更深于流俗也！"

【注释】

［1］选自朱其铠主编《全本新注聊斋志异》卷七。

［2］太常：官名，汉为九卿之一。以后各代设太常寺，置卿和少卿各一人，掌管宫廷祭祀礼乐等事务。

［3］越：指今浙江地区。古越国建都会稽（绍兴），春秋末年越国灭吴，向北扩展，疆域有江苏南部、江西东部、浙江北部等地区。

［4］总角：古代男女未成年时将头发束起，扎成两个角，叫作总角。后来代指幼年。

［5］巨霆：迅雷。

［6］以县令入为侍御：从外任知县调入朝廷为御史。清代称御史为侍御。

［7］牝牡：雌雄，指男女性别。鸟兽雌性为"牝"，雄性为"牡"。

［8］糠覈（hé）：粗粝的饭食。覈：米麦的粗屑。

［9］厌：通"餍"，饱食。膏粱：肥脂与细粮。

［10］翁姑：公婆。

［11］奁（lián）：此指闺中盛放什物的箱匣。

［12］笑姗：嘲笑。

［13］惕惕焉：担心、忧虑。

［14］第：但。善谑（xuè）：善于戏耍玩笑。

［15］刺布作圆：缝布做球。刺：缝制。圆：球。

［16］绐（dài）：哄骗。

［17］訇（hōng）然：形容踢球的声音。

［18］敛迹：躲藏，藏身。

［19］刓（wán）：划刻。

［20］杖：棒打，动词。

［21］乞宥：求饶。宥：原谅。

［22］收涕以忻：止住眼泪而欣喜高兴。

［23］"复装公子作霸王，作沙漠人"及以下数句：这里是合写他们所扮演的两出戏。复装公子作霸王：指又扮演西楚霸王项羽；下文写小翠"乃艳服，束细腰，婆娑作帐下舞"，指扮演虞姬。串演的是楚汉相争时霸王和虞姬的故事。公子作沙漠人：指扮演发兵索取昭君的匈奴王；下文写小翠"髻插雉尾，拨琵琶，丁丁缕缕然"，指扮演王昭君。串演的是汉王昭君出塞和亲的故事。

［24］婆娑：舞蹈的姿态。

［25］丁丁缕缕然：形容弹奏琵琶所发出的连续不断的声响。丁丁：形容声音响亮。缕缕：形容声细而不绝。

［26］给谏：官名，给事中的别称。明代给事中分吏、户、礼、兵、刑、工六科，掌侍从规谏、稽察六部弊误等事。清代隶属都察院。

［27］素不相能：向来不相容。

［28］三年大计吏：明清时，每三年对官吏举行一次考绩。对外官的考绩称“大计”，对京官的考绩称“京察”。

［29］握河南道篆：做河南道监察御史。篆：官印。明代都察院下设十三道监察御史，给予印篆，分区负责考察各地区刑名吏治情况。《明史·职官志二》谓“督察院衙门分属河南道，独专诸内、外考察”。故王给谏嫉妒而欲中伤王侍御。

［30］冢宰：周代官员，为六卿之首。明代以内阁大学士为相，中叶后多兼吏部尚书，故又称吏部尚书为冢宰。

［31］素丝：白色生丝。浓髭（zī）：浓密的胡须。

［32］虞候：宋时贵官雇用的侍从。此指侍卫、随员。

［33］厩马：指家中的马匹。厩：马棚。

［34］侍御王：侍御王先生，指王太常。

［35］给谏王：给谏王先生，指王给谏。

［36］回辔：回马。

［37］蹈我之瑕：寻找我的过错。瑕：玉的斑点，比喻缺点或毛病。蹈：一作“盗”。

［38］诟让：责骂。让：责备。

［39］出：休弃。

［40］仪采服从：仪容、风采、服饰和扈从。

［41］阴谋：私下的策划。有别于今义。

［42］相公：指上文所说的“冢宰”。

［43］寝：停止、中止。

［44］改行（xíng）：改变其所作所为。

［45］首相：指上文所说的“冢宰”。

［46］善公者：与王公友善的人。

［47］觅巾袍：寻找官服，拟穿戴出见宾客。巾袍：犹言冠服。

［48］衮（gǔn）衣旒（liú）冕：此指穿戴帝王冠服。衮衣：皇帝所穿的衮龙袍。旒冕：前后悬垂玉串的皇冠。

［49］祸水：本指汉成帝宠爱赵飞燕的妹妹赵合德。披香博士淖方成唾曰：“此祸水也，灭火必矣。”见《飞燕外传》。照五行家的说法，汉朝得火德而兴，因而说赵合德祸害汉家，如同水之灭火。后因称败坏国家的女性为“祸水”。

［50］指日赤吾族矣：不久就将诛灭我们家族。指日：不日，为期不远。赤：屠杀，动词。

［51］抗疏：上疏直陈。不轨：越出常规，不守法度。

［52］粱秸心：高粱秆的心子。

［53］臧获：奴婢。《荀子·王霸》：“如是则虽臧获不肯与天子易势业。”

［54］充云南军：充军到云南。充军为古代刑罚。宋代把罪犯发配到军中或官作坊服劳役，明代则大都发配到边远驻军服役，都叫充军。

［55］擢：提升。京卿：清代对三品或四品京官的尊称，或称“京堂”。这里指从侍御擢升为太常寺卿。

［56］舁（yú）：抬。

［57］粲（càn）然：笑容灿烂的样子。

［58］绝：气绝。

［59］坦笑：坦然而笑。

［60］辴（chǎn）然：笑的样子。

［61］浸淫：渗渍。

［62］沾浃：湿透。裀：通“茵”，褥子、床垫。

［63］挂误：指官吏因公事受谴责或处罚。语出《战国策·韩策》。

［64］中丞：巡抚的别称。明清时巡抚兼带副都御史衔，相当于前代的御史中丞，故称。

［65］自投：自己去承认错误或过失，即自首。

［66］忿：愤怒。亦作“奋”，义同。

［67］而翁：你父亲。亦作“而公”。而：同“尔”。

［68］擢发不足以数：拔下头发来都数不完，形容所受的辱骂之多。擢：拔。有成语“擢发难数”，出自《史记·范雎蔡泽列传》。

［69］爽然：茫然。自失：内心空虚。意谓深为内疚。语出《史记·屈原贾生列传》。

［70］胶续：指续妻。旧时以琴瑟和谐比喻夫妇，因此俗称丧妻为断弦，再娶为续弦。《十洲记》谓海上凤麟洲，多仙人，以凤喙与麟角合煎作膏，名“续弦胶”，能续弓弩的断弦。后来因称男子再娶为“胶续”或“鸾胶再续”。

［71］浇祷：酹酒祈祷。

［72］厩卒：马夫。捉：抓住。鞚（kòng）：有嚼口的马络头。

［73］索胜：总还胜过。

［74］肩舆：即轿子。原为山行工具，后为代步工具。初为两个长竿，中置椅子以坐人，上无覆盖，很像四川现代的“滑竿”。后来椅子上下四周加遮盖物，状如车厢（舆），并有装饰，此为“轿舆”，唐宋后盛行。抬轿人数因轿子种类而异，少则两人，多则数人。清代的“八抬大轿”，即用八个人抬，是高级官员乘坐的。

［75］榛梗：草木丛生，阻塞不通。比喻隔阂、前嫌。

［76］迟暮：比喻晚年。迟：晚。

［77］畴昔：从前，往日。

［78］抵死：到老死，终究。不作茧：以蚕不作茧喻妇女不能生育。

［79］纳币：即下聘礼，又称纳征。古代婚姻六礼（纳采、问名、纳吉、纳征、请期、亲迎）之第四礼。

［80］玉玦：玉饰，形为环而有缺口，古时常用以赠人表示决绝。《荀子·大略》：“绝人以玦，反绝以环。”

［81］觌（dí）：见，相见。

［82］再造：犹言再生。

［83］失声于破甑（zèng）：东汉孟敏荷甑而行，甑堕地破裂，孟敏不顾而去，认为

“甑已破矣，视之何益”，见《后汉书·郭泰传》。这里反用其意，借以指责王太常毫无涵养，竟然惋惜已碎的玉瓶，诟骂对王家有再造之德的小翠。失声：不自禁而出声。甑：陶器，古代炊具。

[84] 月缺重圆：指小翠负气离开王家，后在园亭又与公子重新团圆。

【赏析】

一、关于小翠的人物形象

小翠是由狐幻化的年轻女子。她的形象中有狐的狡黠，有仙的灵明，也有青年人的活泼顽皮和女性的温柔多情。由于她不是人，更不是受过礼教约束的大家闺秀，因此，她的身上没有封建社会中多数女子所有的拘谨、矜持。她想笑就笑，想做什么就做什么。她将痴呆的丈夫当作玩伴，相与取乐；她多次触怒公婆，却不稍作收敛，反而抗言辩解；她为消除公公的祸端，设巧计让王给谏上当，使朝廷将王给谏充军云南；她以异类的本领，治愈了丈夫的痴病，使王家后继有人。更令人喜爱的是小翠心地善良，具有女性的柔情。她见公婆杖责丈夫，立即变色，屈膝乞宥；她见到久别的丈夫，为他“骨瘦一把”而伤怀，并且忆念曾朝夕相从的两婢；她虽然眷恋丈夫与尘世生活，但因自己不能产子，怕误了王家宗嗣，便劝丈夫再娶，自己则悄然隐退。美丽的小翠快乐、活泼、聪慧、善良、大度，蒲松龄以巧妙的构思，让人物做出了世俗女子不可能有的一系列举动，完成了一个亦狐亦仙亦人的少妇形象的塑造，并在这个形象中注入了作者对理想女性的看法。

二、艺术特点

第一，人狐合一。蒲松龄善于把狐的特点和人的特点巧妙自然地结合在一起，从而使得狐中有人，人中见狐，人狐难辨。小翠就是一个集人与狐于一身的独特又可爱的形象。她是狐女，有许多不同于人的神异之处。同时，在日常生活中，小翠又是那样富有人情味。元丰挨母亲的打，大哭大号，小翠不仅替他求饶，还替他拭泪，拍打身上的尘土，并且拿出枣和栗子哄他吃，直到公子破涕为笑。小翠有着人的思想感情，不过她的个性中依然隐含着“狐性”，她毕竟不是人，如她的善谑、她的狐媚，都极易使人联想到狐。

第二，对比。将小翠天真烂漫的个性与王府的陈规陋习形成鲜明对比。小翠进王家后，表现迥异于流俗。她贪玩，成天无拘无束地尽情嬉戏，有时穿一双小皮靴，把布球踢出几十步远，逗得傻丈夫汗流满面地来回跑着去捡。在遭到斥责时“俯首微笑，以手刓床”，事后依然“憨跳如故”。她的天真烂漫令人欣羡。传统道德对女子的要求是笑不露齿、温柔和顺，但作者以赞赏的笔调来写小翠的“越礼”行为，蕴含着对束缚人性的封建家长制的嘲弄与否定。小翠对王家的恩德可谓大矣，但是仅仅因为小翠失手打碎了一个玉瓶，王氏夫妇便怒不可遏，交口喝骂，使小翠愤而出走。这一对比不仅揭露了王侍御夫妇的卑劣，而且还展示了善良的人们为社会所不容的现实，暴露了封建家庭的罪恶。

第三，烘托。小翠高尚的形象是通过污浊的现实社会烘托出来的。小翠来到王家是为报恩。王侍御在官场争逐中处于劣势，灭顶之灾时时威胁着他，令他忧心忡忡。在小翠的帮助下，王侍御多次转危为安。作品的题材超越了家庭的局限，思想内容远远超出了因果报应的范围，“寓黠于欢，寓警于戏”，它反映了封建统治阶级内部的激烈斗争与官场上互相倾轧的世态，揭露了官场的黑暗与世道的险恶。

三、作者创作意图及其社会意义

蒲松龄创作《小翠》的目的，在文末“异史氏”的评论中说得很清楚，即拿狐仙与人相比，狐仙能报人的无心之德，而人虽受再造之福，却以狭隘自私之心不思图报，反而恶语相加。人与狐比，人不如狐，由此批评浇薄的人情世态，从而使小翠这一美丽的形象具有深刻而广泛的社会意义。

围城（节选）

钱钟书

◎钱钟书（1910—1998），字默存，号槐聚，江苏无锡人。1929 年考入清华大学外国语文系，毕业后在上海光华大学（今华东师范大学）教了两年英语。1935 年与杨绛结婚，同赴英国牛津大学留学。1938 年，清华大学破格聘他为教授。后在父亲要求下，到湖南蓝田国立师范学院担任英文系主任。1941 年暑假，他到上海小住，因太平洋战争爆发，困于上海，直到抗战胜利。在这沦陷的孤岛中，他迎来了一个文学创作的巅峰时期。1941 年出版散文集《写在人生边上》，1942 年写成中国古诗评论集《谈艺录》初稿，1946 年写成并发表了长篇小说《围城》，同年发表短篇小说《人·兽·鬼》。抗战及新中国成立以后，先后担任南京国立中央图书馆总纂、上海国立暨南大学外文系教授、清华大学外文系教授、北京大学文学研究所研究员、中国社会科学院副院长等职务，主要进行翻译和中国文学的研究，出版了《宋诗选注》《旧闻四篇》《七缀集》《管锥编》等学术著作。

上课一个多星期，鸿渐跟同住一廊的几个同事渐渐熟了。历史系的陆子潇曾作敦交睦邻的拜访，所以一天下午鸿渐去回看他。陆子潇这人刻意修饰，头发又油又光，深恐为帽子埋没，与之不共戴天，深冬也光着顶。鼻子短而阔，仿佛原有笔直下来的趋势，给人迎鼻孔打了一拳，阻止前进，这鼻子后退不迭，向两旁横溢。因为没结婚，他对自己年龄的态度，不免落在时代的后面；最初他还肯说外国算法的十足岁数，年复一年，他偷偷买了一本翻译的 *Life Begins at Forty*，对人家干脆不说年龄，不讲生肖，只说："小得很呢！还是小弟弟呢！"同时表现小弟弟该有的活泼和顽皮。他讲话时喜欢窃窃私语，仿佛句句是军国机密。当然军国机密他也知道的，他不是有亲戚在行政院、有朋友在外交部么？他亲戚曾经写给他一封信，这左角印"行政院"的大信封上大书着"陆子潇先生"，就仿佛行政院都要让他正位居中似的。他写给外交部那位朋友的信，信封虽然不大，而上面开的地址"外交部欧美司"六字，笔酣墨饱，字字端楷，文盲在黑夜里也该一目了然的。这一封来函、一封去信，轮流地在他桌上装点着。大前天早晨，该死的听差收拾房间，不小心打翻墨水瓶，把行政院淹得昏天黑地，陆子潇挽救不及，跳脚痛骂。那位亲戚国而忘家，没来过第二次信；那位朋友外难顾内，一封信也没回过。从此，陆子潇只能写信到行政院去，书桌上两封信都是去信了。今日正是去信外交部的日子，子潇等待鸿渐看见了桌上的信封，忙把这信搁在抽屉里，说："不相干。有一位朋友招我到外交部去，回他封信。"

鸿渐信以为真，不得不做出惜别慰留的神情道："啊哟！怎样陆先生要高就了！校长肯放你走么？"

子潇连摇头道："没有的事！做官没有意思，我回信去坚辞的。高校长待人很厚道，好几个电报把我催来，现在你们各位又来了，学校渐渐上轨道，我好意思拆他台么？"

鸿渐想起高松年和自己的谈话，叹气道："校长对你先生，当然是另眼相看了。像我们这种——”

子潇说话低得有气无声，仿佛思想在呼吸：“是呀。校长就是有这个毛病，说了话不作准的。我知道了你的事很不平。”机密得好像四壁全挂着偷听的耳朵。

鸿渐没想到自己的事人家早知道了，脸微红道：“我倒没有什么。不过高先生——我总算学个教训。”

“哪里的话！副教授当然委屈一点，可是你的待遇算副教授里最高的了。”

“什么？副教授里还分等么？”鸿渐大有约翰生博士不屑把臭虫和跳蚤分等的派头。

“分好几等呢。譬如你们同来、我们同系的顾尔谦就比你低两级。就像系主任罢，我们的系主任韩先生比赵先生高一级，赵先生又比外语系的刘东方高一级。这里面等次多得很，你先生初回国做事，所以搅不清了。”

鸿渐茅塞顿开，听说自己比顾尔谦高，气平了些，随口问道：“为什么你们的系主任薪水特别高呢？”

“因为他是博士，Ph. D。我没有到过美国，所以没听见过他毕业的那个大学，据说很有名，在纽约，叫什么克莱登大学。”

鸿渐吓得直跳起来，宛如自己的阴私给人揭破，几乎失声叫道：“什么大学？”

“克莱登大学。你知道克莱登大学？”

“我知道！哼，我也是——”鸿渐恨不能把舌头咬住，已经泄漏了三个字。

子潇听话中有因，像黄泥里的竹笋，尖端微露，便想盘问到底。鸿渐不肯说，他愈起疑心，只恨不能采取特务机关的有效刑罚来逼取口供。鸿渐回房，又气又笑。自从唐小姐把买文凭的事向他质问以后，他不肯再想起自己跟爱尔兰人那一番交涉，他牢记着要忘掉这事；每逢念头有扯到它的趋势，他赶快转移思路，然而身上已经一阵羞愧的微热。适才陆子潇的话倒仿佛一帖药，把心里的鬼胎打下一半。韩学愈撒他的谎，并非跟自己同谋，但有了他，似乎自己的欺骗减轻了罪名。当然新添上一种不快意，可是这种不快意是透风的，见得天日的，不比买文凭的事像谋杀灭迹的尸首，对自己都要遮掩得一丝不露。撒谎骗人该像韩学愈那样才行，要有勇气坚持到底。自己太不成了，撒了谎还要讲良心，真是大傻瓜。假如索性大胆老脸，至少高松年的欺负就可以避免。老实人吃的亏，骗子被揭破的耻辱，这两种相反的痛苦，自己居然一箭双雕地兼备了。鸿渐忽然想，近来连撒谎都不会了。因此恍然大悟，撒谎往往是高兴快乐的流露，也算得一种创造，好比小孩子游戏里的自骗自。一个人身心畅适，精力充溢，会不把顽强的事实放在眼里，觉得有本领跟现状开玩笑。真到忧患穷困的时候，人穷智短，谎话都讲不好的。

过一天，韩学愈特来拜访。通名之后，方鸿渐倒窘起来，同时快意地失望。理想中的韩学愈不知怎样的嚣张浮滑，不料是个沉默寡言的人。他想陆子潇也许记错，孙小姐准是过信流言。木讷朴实是韩学愈的看家本领。现代人有两个流行的信仰。第一：女子无貌便是德，所以漂亮女人准比不上丑女人那样有思想，有品节；第二：男子无口才，就表示有道德，所以哑巴是天下最诚朴的人。也许上够了演讲和宣传的当，现代人矫枉过正，以为只有不说话的人开口准说真话，害得新官上任，训话时个个都说：“为政不在多言”，恨不能只指嘴、指心、指天，三个手势了事。韩学愈虽非哑巴，天生有点口吃。因为要掩饰自己的口吃，他讲话少、慢、着力，仿佛每个字都有他全部人格作担保。不轻易开口的人总使旁人想他满腹深藏着智慧，正像密封牢锁的箱子，一般人总以为里面结结实实都是宝贝。高松年在昆明第一次见到这人，觉得他诚恳安详，像个君子，而且未老先秃，可见脑子里的学问多得冒上来，把头发都挤掉了。再一看他开的学历，除掉博士学位以外，还有一条："著作散见美国《史学杂志》《星期六文学评论》等大刊物中"，不由自主地另眼相看。好几个拿了介绍信来见的人，履历上写在外国"讲学"多次。高松年自己在欧洲一个小国里读过书，知道往往自以为讲学，听众以为他在学讲——讲不来外国话借此学学。可是在外国大刊物上发表作品，这非有真才实学不可。他问韩学愈道："先生的大作可以拿来看看吗？"韩学愈坦然说，杂志全搁在沦陷区老家里，不过这两种刊物中国各大学全该定阅的，就近应当一找就到，除非经过这番逃难，图书馆的旧杂志损失不全了。高松年想不到一个说谎者会这样泰然无事；各大学的书籍七零八落，未必找得着那期杂志，不过里面有韩学愈的文章看来是无可疑的。韩学愈也确向这些刊物投过稿，但高松年没知道他的作品发表在《星期六文学评论》的人事广告栏："中国青年，受高等教育，愿意帮助研究中国问题的人，取费低廉"和《史学杂志》的通信栏："韩学愈君征求二十年前本刊，愿出让者请通信某处接洽"。最后他听说韩太太是美国人，他简直改容相敬了，能娶外国老婆非精通西学不可，自己年轻时不是想娶个比国女人没有成功么？这人做得系主任。他当时也没想到这外国老婆是在中国娶的白俄。

跟韩学愈谈话仿佛看慢动电影，你想不到简捷的一句话需要那么多的筹备，动员那么复杂的身体机构。时间都给他的话胶着，只好拖泥带水地慢走。韩学愈容颜灰暗，在阴天可以与周围的天色和融无间，隐身不见，是头等的保护色。他只有一样显著的东西，喉咙里一个大核。他讲话时，这喉核忽升忽降，鸿渐看得自己喉咙都发痒。他不说话咽唾沫时，这核稍隐复现，令鸿渐联想起青蛙吞苍蝇的景象。鸿渐看他说话少而费力多，恨不能把那喉结瓶塞头似的拔出来，好让下面的话松动。韩学愈约鸿渐上他家去吃晚饭，鸿渐谢过他，韩学愈又危坐不说话了，鸿渐只好找话敷衍，便问："听说嫂夫人是在美国娶的？"

韩学愈点头，伸颈咽口唾沫，唾沫下去，一句话从喉核下浮上："你先生到过美国没有？"

"没有去过——"索性试探他一下——"可是，我一度想去，曾经跟一个 Dr. Mahoney 通信。"是不是自己神经过敏呢？韩学愈似乎脸色微红，像阴天忽透太阳。

"这人是个骗子。"韩学愈的声调并不激动，说话也不增多。

"我知道。什么克莱登大学！我险的上了他的当。"鸿渐一面想，这人肯说那爱尔兰人是"骗子"，一定知道瞒不了自己了。

"你没有上他的当罢！克莱登是好学校，他是这学校里一个开除的小职员，借着幌子向外国不知道的人骗钱，你真没有上当？唔，那最好。"

"真有克莱登这学校么？我以为全是那爱尔兰人捣的鬼。"鸿渐诧异得站起来。

"很认真严格的学校，虽然知道的人很少——普通学生不容易进。"

"我听陆先生说，你就是这学校毕业的。"

"是的。"

鸿渐满腹疑团，真想问个详细。可是初次见面，不好意思追究，倒见得自己不相信他。并且这人说话很经济，问不出什么来；最好有机会看看他的文凭，就知道他的克莱登跟自己的克莱登是一是二了。韩学愈回家路上，腿有点软，想陆子潇的报告准得很，这姓方的跟爱尔兰人有过交涉，幸亏他不像自己去过美国，就恨不知道他是否真的没买文凭，也许他在撒谎。

【赏析】

《围城》是钱钟书唯一的一部长篇小说，也是现代文学史上最有趣的小说之一。故事的中心人物是方鸿渐，他一踏上阔别四年的故土，就接二连三地陷入了“围城”。作者以他的故事为主线，用幽默调侃和极具讽刺意味的笔调，描述了20世纪30年代一群知识分子的众生相，刻画了这些“新儒林”人物猥琐狭隘的灵魂与灰色的人生。

从情节上来看，小说可以分为三个部分，一是方鸿渐留学归来与恋爱经历；二是从上海到湖南三闾大学任教半年的经历；三是不满三闾大学的钩心斗角、黑暗腐败，返回上海、结婚成家的经历。期间，恋爱的失败、赴湖南途中的艰险、三闾大学教授们的明争暗斗、结婚后夫妻之间的摩擦、争吵，处处使他备受打击。借助于这一系列的事件，作者描绘了大批新式知识分子可怜又可笑的形象。

本文节选的是方鸿渐在三闾大学任教的一个片段。作者以幽默夸张的笔调，大量生动精妙的比喻，刻画了狐假虎威、浅薄猥琐的陆子潇，外形木讷、内心狡猾龌龊的假洋博士韩学愈，字里行间讽刺极为辛辣，却不乏风趣幽默，读来令人忍俊不禁。

简·爱（节选）

夏洛蒂·勃朗特

◎夏洛蒂·勃朗特（1816—1855），英国著名女作家，作品有《简·爱》《谢利》《维莱特》《教师》。夏洛蒂的作品主要描写贫苦的小资产者的孤独、反抗和奋斗，属于被马克思称为以狄更斯为首的“出色的一派”。《简·爱》是她的处女作，也是代表作，至今仍受到广大读者的欢迎。二妹艾米莉·勃朗特创作了长篇小说《呼啸山庄》，三妹安妮·勃朗特创作了《阿格尼斯·格雷》。夏洛蒂的文笔华丽，以想象力的自由驰骋见长；艾米莉充满幻想和激情，甚至有“现代主义”的某些特点；而安妮·勃朗特则完全按生活的原貌再现生活，没有过分的夸张，绝不把生活浪漫化或情节戏剧化。勃朗特三姐妹是英国家喻户晓的女作家，她们是英国文学史三朵艳丽的奇葩。

（一）爱情对白

“简，你听见林子里那只夜莺在唱歌么？听！”

我一边听，一边很厉害地啜泣起来，因为我再也控制不住我心中的感受了。我不得不听其自然，痛苦难言得从头到脚都打起哆嗦来。等我说得出话来时，也只能表示我强烈的愿望——但愿我从未出生，从未来到过桑菲尔德。

“因为你离开它感到难过？”

我心中的悲伤和爱所激起的感情爆发，正在渐占上风，正在竭力要左右局势，要求能压倒一切，战胜一切，要求存在、扩张，最后成为主宰，是的，——还要求公开说出来。

“我离开桑菲尔德感到伤心。我爱桑菲尔德。——我爱它，因为我在这儿过了一段愉快而充实的生活，——至少有一段时间，我没有遭践踏，我没有被吓呆，没有被限制在头脑较低下的人中间，也没有被排斥在与聪明、能干、高尚的心灵交往的机会之外。我能跟我敬重的人面对面地交谈，跟我所喜爱的，——一个独特、活跃、宽广的人面对面地交谈。我认识了你，罗切斯特先生，一旦感到我非得永远跟你生生拆开，真叫我感到既害怕，又痛苦。我看出了非分手不可，但这就像是看到了非死不可一样。”

“你从哪儿看出了非这样不可呢？”他突如其来地问。

“哪儿？是你，先生，让我明明白白看出来的。”

“在什么上面？”

“在英格拉姆小姐身上，在一位高贵而美丽的女人——你的新娘身上。”

“我的新娘！什么新娘？我没有新娘！”

“可是你就会有的。”

“对，——我就会有的！——我就会有的！”他咬牙切齿地说。

“既然这样，我就非走不可了，你自己亲口说过的。”

“不，你非留下不可！我发誓非得这样，——这个誓言是算数的。”

“我跟你说，我非走不可！”我有点发了火了似的反驳说，“你以为我会留下来，做一个对你来说无足轻重的人吗？你以为我是个机器人？——是一架没有感情的机器？能受得了别人把我仅有的一小口面包从我嘴里抢走，把仅有的一滴活命水从我的杯子里泼掉吗？你以为，就因为我贫穷，低微，不美，矮小，我就既没有灵魂，也没有心吗？——你想错了！我跟你一样有灵魂，——也完全一样有一颗心！要是上帝赋予我一点美貌、大量财富的话，我也会让你难以离开我，就像我现在难以离开你一样。我现在不是凭习俗、常规，甚至也不是凭着血肉之躯跟你讲话，——这是我的心灵在跟你的心灵说话，就仿佛我们都已经离开了人世，两人一同站立在上帝的跟前，彼此平等，——就像我们本来就是的那样！”

“像我们本来就是的那样！”罗切斯特先生重复了一句，——“就这样，”他补充说，将我一把抱住，紧紧搂在怀里，嘴唇紧贴着我的嘴唇：“就这样，简！”

“对，就这样，先生，”我回答说， “可又并不是这样，因为你是个已结了婚的人，——或者等于是已结了婚的人，娶了个比不上你的人，——一个你并无好感的人，——我并不相信你真正爱她，因为我曾亲自耳闻目睹过你对她嗤之以鼻。换了我是会对这样的婚姻不屑一顾的，所以我比你还好一些，——让我走！”

“去哪儿，简？去爱尔兰么？”

“对，——去爱尔兰。我已经说出了我的心里话，现在去哪儿都行。”

“简，安静点，别这么死命挣扎了，就像一只疯狂发野的鸟儿在不顾死活地扯断它自己的羽毛似的。”

“我不是只鸟儿，也没有落进罗网。我是个自由自在的人，有我的独立意志，我现在就运用它离开你。”

我又拼命一挣，终于挣脱出来，昂首直立在他的面前。

“那你也运用你的意志来决定你的命运吧。”他说，“我向你献上我的手、我的心，和分享我全部家产的权利。”

“你是在演一出滑稽戏，我看了只会发笑。”

“我是请求你一生跟我在一起，——成为第二个我和我最好的终生伴侣。”

“对这样的终身大事你已经做出了你的选择，你就应当信守它。”

“简，求你安静一会儿，你太激动了。我也要安静一下。”

一阵微风掠过月桂树小径，轻轻地拂过那棵七叶树的树枝。它飘忽地吹过去，——吹过去，吹向渺茫的远处，——消失了。只剩下夜莺的婉转声是此时唯一的声响。听着它，我又哭了起来。罗切斯特默默地坐着，温柔而严肃地看着我。他有很长的一会儿不说话，最后终于说：

“到我身边来，简，让我们彼此好好解释，互相理解一下吧。

“我永远不再到你的身边去了，我已经被生生拆开，再也回不来了。”

“可是，简，我是唤你来做我的妻子，我打算娶的只是你。”

我不做声。我想他准是在作弄我。

“来吧，简，——过来。”

“你的新娘拦在我们中间。”

他站起来，一步跨到我跟前。

“我的新娘是在这儿，”他说着，再次把我拉向他怀里，“因为比得上我、像我的人是在这儿。简，你肯嫁给我吗？”

（二）简·爱返回庄园寻找她心中的爱人罗切斯特

我把托盘从她手里接过来，她指给我看起居室的门在哪儿。托盘端在我手里晃动着，杯子里的水都溢了出来，我一颗心在肋骨底下跳动得又响又急。玛丽替我打开了门，然后在我身后把门关上了。

这间起居室看上去挺阴暗，壁炉里微弱地燃烧着一点没有拨弄好的火。俯向着它：把头靠在高高的老式炉架上的，就是这间屋子里的瞎了眼睛的主人。他那条老狗派洛特躺在一边，小心不挡着路，并且蜷缩着似乎惟恐被无意间踩着了。我一进去，派洛特就竖起了耳朵，接着它又是呜咽又是吠叫，一跃而起，朝我直蹦过来，差点儿把手里端着的托盘都撞翻了。我把托盘在桌上放下，拍拍它，轻声地说：“躺下！”罗切斯特先生机械地掉过脸来看看这阵乱子是怎么回事，但因为什么也看不见，就又转过脸去，叹了口气。

“把水给我吧，玛丽。”他说。

我端着泼得只剩半杯的水向他走过去，依然兴奋不宁的派洛特紧跟着我。

“怎么回事了？”他问。

“躺下，派洛特！”我又说了一遍。他刚把水端近嘴边，就停了下来，似乎在听。他把水喝了，放下了杯子。“是你吧，玛丽，是么？”

“玛丽在厨房里。”我答道。

他的手很快地一动，往前伸了出来，但因为看不见我站在哪儿，他并没有摸到我。“这是谁？这是谁？”他问着，样子就像是竭力想用他那双看不见的眼睛来看清楚似的，——多徒劳而痛苦的尝试啊！“回答我，——再说一遍！”他不容违抗似的大声命令道。

“你还想喝点水么，先生？刚才杯子里的让我泼掉了一半。”我说。

“到底是谁？是什么？是谁在说话？”

“派洛特认出了我，约翰和玛丽都知道我来了。我今晚刚到。”我回答道。

“天啊！——我产生了什么样的幻觉？我让多甜蜜的疯狂迷住了啊！”“没什么幻觉，——也不是疯狂，先生，你的头脑太坚强了，不会有幻觉，你身体也很健康，决不会发疯。”

“说话的人到底在哪儿呀？难道只是个声音么？唉！我看不见，可我一定得摸到，要不我的心就会停住不跳，我的脑子也要爆炸了。不管你是什么，——你是谁，——让我摸到，不然我活不下去了！”

他摸索着。我抓住他那只茫然摸索的手，用双手牢牢地握住了它。

“正是她的指头！”他喊了起来，“她又小又细的指头！既然这样，那一定还有她的全身。”

那只壮健的手挣脱了我的束缚，我的胳臂给抓住了，我的肩膀，——脖子，——腰，——我被他全身搂住，紧紧贴在他的身上。

“这真是简么？这到底是什么？是她的身形，——是她的个子……”

“还有她的声音。”我加上说。“她整个儿都在这儿，连她的一颗心。上帝保佑你，先生！我真高兴重新又靠你这么近。”

“简·爱！……简·爱！”他只反复地这样说着。

“我亲爱的主人，”我回答他，“我是简·爱，我终于找到了你，我回到你身边来了。”

“是真的简？——有血有肉的简？我那活生生的简？”

“你摸到了我，先生，——你抱着我，而且够紧的，我可不是冷冰冰像个尸体，也不是虚无缥缈得像空气，对么？”

“我活生生的心肝宝贝！这倒真是她的肢体，是她的面容，可是在我受了那么多苦以后，不可能有这么大的幸福。这是梦，是我夜里做过的那种梦，梦里我把她再一次紧紧搂在我的胸前，就像我现在这样，并且吻着她，就像这样，——心里感觉到她是爱我的，相信她决不会撇下我。”

“我永远不会了，先生，从今天起。”

“永远不会，幻象是这么说的吗？可我总是醒了过来，发觉那不过是一场骗人的空欢喜，我又凄凉，又孤单，——我的生活一片黑暗、寂寞，毫无指望，——我的灵魂干渴，却不让喝水，我的心饥饿，却不给吃的。温柔亲切的梦啊，你此刻偎依在我怀里，可你也会飞走的，就像你的姊妹们在你之前全都飞走了一样。不过趁你还没走，吻我吧，——拥抱我吧，简。”

“哪，先生——哪！”

我把嘴唇紧贴在他一度熠熠有神而今暗淡无光的眼睛上，——我撩开他额上的头发，也吻了那儿。他仿佛突然振起了精神来，一下子对眼前一切的真实不假确信无疑了。

【赏析】

《简·爱》是英国女作家夏洛蒂·勃朗特的代表作，也是英国文学史上的一部传世之作。它成功地塑造了一个对爱情、生活、社会都采取独立自主、积极进取，敢于斗争、敢于争取自由平等地位的女性形象。

简·爱不是一个漂亮的女孩子，她因为外表的不美而遭到别人的不公正的待遇。童年时住在舅妈家里，因为长得不漂亮而得不到大家的喜爱。她从不因为自己外表不美而自怨自艾，相反她的心胸开阔，意志坚强，敢于追求属于自己的真爱。而作者特意刻画简·爱平凡普通的外貌，更注重的是她的人格美。这是对传统的反叛。罗切斯特先生是一个正直、善恶分明而又带有幽默感的人，他与简·爱真心相爱了。然而在他们的婚礼上，梅森先生揭露了罗切斯特先生是个有妻之夫的秘密后，简彻底失望了，她怀着万分悲痛的心情离开了他。然而他们最终又走到了一起。

本文节选的第一部分是罗切斯特大胆向简表白爱情的场景对话，并劝解简不要离开桑菲尔德庄园。虽然简爱着罗切斯特，可是为了自己的尊严，为了人格的“彼此平等”，简还是决意离开这里。选文对话简洁真切，情感真挚，语气急促，看到了罗切斯特的痛苦煎熬与简的痛苦决绝的告别。节选的第二部分是简多年后再次回到桑菲尔德庄园的情景，庄园被烧毁了，罗切斯特成了盲人。简与罗切斯特的再次对话，再次证明了简是一个自尊自爱、自强自立、敢于抗争、敢于追求的新女性形象，她为自己诚实的本性、自由意志和独立人格付出了巨大的代价，甚至一生。

警察与赞美诗

欧·亨利

◎欧·亨利（1862—1910），20世纪初美国杰出的短篇小说大师，与法国的莫泊桑、俄罗斯的契诃夫一起被誉为世界三大短篇小说之王。他的作品曾被誉为“美国生活的幽默百科全书”。其作品善于从社会生活的侧面选取极富表现力的生活场景，以奇特的构思、调侃的口吻表现他那个时代的风貌。《警察与赞美诗》是欧·亨利的经典作品之一，为多种教材所收录。小说构思奇特，情节曲折多变，幽默风趣。

索比急躁不安地躺在麦迪逊广场的长凳上，辗转反侧。每当雁群在夜空中引颈高歌，缺少海豹皮衣的女人对丈夫加倍的温存亲热，索比在街心公园的长凳上焦躁不安、翻来复去的时候，人们就明白，冬天已近在咫尺了。

一片枯叶落在索比的大腿上，那是杰克·弗洛斯特的卡片。杰克对麦迪逊广场的常住居民非常客气，每年来临之先，总要打一声招呼。在十字街头，他把名片交给“户外大厦”的信使“北风”，好让住户们有个准备。

索比意识到，该是自己下决心的时候了，马上组织单人财务委员会，以便抵御即将临近的严寒，因此，他急躁不安地在长凳上辗转反侧。

索比越冬的抱负并不算最高，他不想在地中海巡游，也不想到南方去晒令人昏睡的太阳，更没想过到维苏威海湾漂泊。他梦寐以求的只要在岛上待三个月就足够了。整整三个月，有饭吃，有床睡，还有志趣相投的伙伴，而且不受“北风”和警察的侵扰。对索比而言，这就是日思夜想的最大愿望。

多年来，好客的布莱克韦尔岛的监狱一直是索比冬天的寓所。正像福气比他好的纽约人每年冬天买票去棕榈滩和里维埃拉一样，索比也要为一年一度逃奔岛上做些必要的安排。现在又到时候了。昨天晚上，他睡在古老广场上喷水池旁的长凳上，用三张星期日的报纸分别垫在上衣里、包着脚踝、盖住大腿，也没能抵挡住严寒的袭击。因此，在他的脑袋里，岛子的影像又即时而鲜明地浮现出来。他诅咒那些以慈善名义对城镇穷苦人所设的布施。在索比眼里，法律比救济更为宽厚。他可以去的地方不少，有市政办的、救济机关办的各式各样的组织，他都可以去混吃、混住，勉强度日，但接受施舍，对索比这样一位灵魂高傲的人来讲，是一种不可忍受的折磨。从慈善机构的手里接受任何一点好处，钱固然不必付，但你必须遭受精神上的屈辱来作为回报。正如恺撒对待布鲁图一样，凡事有利必有弊，要睡上慈善机构的床，先得让人押去洗个澡；要吃施舍的一片面包，得先交待清楚个人的来历和隐私。因此，倒不如当个法律的座上宾还好得多。虽然法律铁面无私、照章办事，但至少不会过分地干涉正人君子的私事。

一旦决定了去岛上，索比便立即着手将它变为现实。要兑现自己的意愿，有许多简捷的途径，其中最舒服的莫过于去某家豪华餐厅大吃一台，然后呢，承认自己身无分文，无力支付，这样便安安静静、毫不声张地被交给警察。其余的一切就该由识相的治安推事来应付了。

索比离开长凳，踱出广场，跨过百老汇大街和第五大街的交汇处那片沥青铺就的平坦路面。他转向百老汇大街，在一家灯火辉煌的咖啡馆前停下脚步，在这里，每天晚上聚积着葡萄、蚕丝和原生质的最佳制品（作者诙谐的说法，指美酒、华丽衣物和上流人物）。

索比对自己的马甲从最下一颗纽扣之上还颇有信心，他修过面，上衣也还够气派，他那整洁的黑领结是感恩节时一位教会的女士送给他的。只要他到餐桌之前不被人猜疑，成功就属于他了。他露在桌面的上半身绝不会让侍者生疑。索比想到，一只烤野鸭很对劲——再来一瓶夏布利酒，然后是卡门贝干酪，一小杯清咖啡和一只雪茄烟。一美元一只的雪茄就足够了。全部加起来的价钱不宜太高，以免遭到咖啡馆太过厉害的报复；然而，吃下这一餐会使他走向冬季避难所的旅途上心满意足、无忧无虑。

可是，索比的脚刚踏进门，领班侍者的眼睛便落在了他那旧裤子和破皮鞋上。强壮迅急的手掌推了他个转身，悄无声息地被押了出来，推上了人行道，拯救了那只险遭毒手的野鸭的可怜命运。

索比离开了百老汇大街。看起来，靠大吃一通走向垂涎三尺的岛上，这办法是行不通了。要进监狱，还得另打主意。

在第六大街的拐角处，灯火通明、陈设精巧的大玻璃橱窗内的商品尤其诱人注目。索比捡起一块鹅卵石，向玻璃窗砸去。人们从转弯处奔来，领头的就是一位巡警。索比一动不动地站在原地，两手插在裤袋里，对着黄铜纽扣微笑（指警察，因警察上衣的纽扣是黄铜制的）。

“肇事的家伙跑哪儿去了？”警官气急败坏地问道。

“你不以为这事与我有关吗？”索比说，多少带点嘲讽语气，但很友好，如同他正交着桃花运呢。

警察根本没把索比看成作案对象。毁坏窗子的人绝对不会留在现场与法律的宠臣攀谈，早就溜之大吉啦。警察看到半条街外有个人正跑去赶一辆车，便挥舞着警棍追了上去。索比心里十分憎恶，只得拖着脚步，重新开始游荡。他再一次失算了。

对面街上，有一家不太招眼的餐厅，它可以填饱肚子，又花不了多少钱。它的碗具粗糙，空气混浊，汤菜淡如水，餐巾薄如绢。索比穿着那令人诅咒的鞋子和暴露身份的裤子跨进餐厅，上帝保佑，还没遭到白眼。他走到桌前坐下，吃了牛排、煎饼、炸面饼圈和馅饼；然后，他向侍者坦露真相：他和钱老爷从无交往。

“现在，快去叫警察。”索比说，“别让大爷久等。”

“用不着找警察，”侍者说，声音滑腻得如同奶油蛋糕，眼睛红得好似曼哈顿开胃酒中的樱桃。“喂，阿康！”

两个侍者干净利落地把他推倒在又冷又硬的人行道上，左耳着地。索比艰难地一点一点地从地上爬起来，好似木匠打开折尺一样，接着拍掉衣服上的尘土。被捕的愿望仅仅是美梦一个，那个岛子是太遥远了。相隔两个门面的药店前，站着一名警察，他笑了笑，便沿街走去。

索比走过五个街口之后，设法被捕的气又回来了。这一次出现的机会极为难得，他满以为十拿九稳，万无一失呢。一位衣着简朴但讨人喜欢的年轻女人站在橱窗前，兴趣十足地瞪着陈列的修面杯和墨水瓶架入了迷。而两码之外，一位彪形大汉警察正靠在水龙头上，神情严肃。

索比的计划是装扮成一个下流、讨厌的“捣蛋鬼”。他的对象文雅娴静，又有一位忠于职守的警察近在眼前，这使他足以相信，警察的双手抓住他的手膀的滋味该是多么愉快啊，在岛上的小安乐窝里度过这个冬季就有了保证。

索比扶正了教会的女士送给他的领结，拉出缩进去的衬衣袖口，把帽子往后一掀，歪得几乎要落下来，侧身向那女人挨将过去。他对她送秋波，清嗓子，哼哼哈哈，嬉皮笑脸，把小流氓所干的一切卑鄙无耻的勾当表演得维妙维肖。他斜眼望去，看见那个警察正死死盯住他。年轻女人移开了几步，又沉醉于观赏那修面杯。索比跟过去，大胆地走近她，举了举帽子，说：“啊哈，比德莉亚，你不想去我的院子里玩玩吗?”

警察仍旧死死盯住。受人轻薄的年轻女人只需将手一招，就等于已经上路去岛上的安乐窝了。在想象中，他已经感觉到警察分局的舒适和温暖了。年轻女人转身面对着他，伸出一只手，捉住了索比的上衣袖口。

“当然罗，迈克，”她兴高采烈地说，“如果你肯破费给我买一杯啤酒的话。要不是那个警察老瞅住我，早就同你搭腔了。”

年轻女人像常青藤攀附着他这棵大橡树一样。索比从警察身边走过，心中懊丧不已。看来命中注定，他该自由。

一到拐弯处，他甩掉女伴，撒腿就跑。他一口气跑到老远的一个地方。这儿，整夜都是最明亮的灯光，最轻松的心情，最轻率的誓言和最轻快的歌剧。淑女们披着皮裘，绅士们身着大衣，在这凛冽的严寒中欢天喜地地走来走去。索比突然感到一阵恐惧，也许是某种可怕的魔法制住了他，使他免除了被捕。这念头令他心惊肉跳。但是，当他看见一个警察在灯火通明的剧院门前大模大样地巡逻时，他立刻捞到了“扰乱治安”这根救命稻草。

索比在人行道上扯开那破锣似的嗓子，像醉鬼一样胡闹。

他又跳，又吼，又叫，使尽各种伎俩来搅扰这苍穹。

警察旋转着他的警棍，扭身用背对着索比，向一位市民解释说：“这是个耶鲁小子在庆祝胜利，他们同哈特福德学院赛球，请人家吃了个大鹅蛋。声音是有点儿大，但不碍事。我们上峰有指示，让他们闹去吧。”

索比怏怏不乐地停止了白费力气的闹嚷。难道就永远没有警察对他下手吗？在他的幻梦中，那岛屿似乎成了可望而不可即的阿卡狄亚了。他扣好单薄的上衣，以便抵挡刺骨的寒风。

索比看到雪茄烟店里有一位衣冠楚楚的人正对着火头点烟。那人进店时，把绸伞靠在门边。索比跨进店门，拿起绸伞，漫不经心地退了出来。点烟人匆匆追了出来。

“我的伞。”他厉声道。

“呵，是吗?”索比冷笑着说，“在小偷小摸之上，再加上一条侮辱罪吧。”

“好哇，那你为什么不叫警察呢?没错，我拿了。你的伞！为什么不叫巡警呢?拐角那儿就站着一个哩。”

绸伞的主人放慢了脚步，索比也跟着慢了下来。他有一种预感，命运会再一次同他作对。那位警察好奇地瞧着他们俩。

“当然罗，”绸伞主人说，“那是，噢，你知道有时会出现这类误会……我……要是这伞是你的，我希望你别见怪……我是今天早上在餐厅捡的……要是你认出是你的，那么……我希望你别……”

“当然是我的。”索比恶狠狠地说。

绸伞的前主人悻悻地退了开去。那位警察慌忙不迭地跑去搀扶一个身披晚礼服斗篷、头发金黄的高个子女人穿过横街，以免两条街之外驶来的街车会碰着她。

索比往东走，穿过一条因翻修弄得高低不平的街道。他怒气冲天地把绸伞猛地掷进一个坑里。他咕咕哝哝地抱怨那些头戴钢盔、手执警棍的家伙。因为他一心只想落入法网，而他们则偏偏把他当成永不出错的国王。

最后，索比来到了通往东区的一条街上，这儿的灯光暗淡，嘈杂声也若有若尢。他顺着街道向麦迪逊广场走去，即使他的家仅仅是公园里的一条长凳，但回家的本能还是把他带到了那儿。

可是，在一个异常幽静的转角处，索比停住了。这儿有一座古老的教堂，样子古雅，显得零乱，是带山墙的建筑。柔和的灯光透过淡紫色的玻璃窗映射出来，毫无疑问，是风琴师在练熟星期天的赞美诗。悦耳的乐声飘进索比的耳朵，吸引了他，把他粘在了螺旋形的铁栏杆上。

月亮挂在高高的夜空，光辉、静穆；行人和车辆寥寥无几；屋檐下的燕雀在睡梦中几声啁啾——这会儿有如乡村中教堂墓地的气氛。风琴师弹奏的赞美诗拨动了伏在铁栏杆上的索比的心弦，因为当他生活中拥有母爱、玫瑰、抱负、朋友以及纯洁无邪的思想和洁白的衣领时，他是非常熟悉赞美诗的。

索比的敏感心情同老教堂的潜移默化交融在一起，使他的灵魂猛然间出现了奇妙的变化。他立刻惊恐地醒悟到自己已经坠入了深渊，堕落的岁月，可耻的欲念，悲观失望，才穷智竭，动机卑鄙——这一切构成了他的全部生活。

顷刻间，这种新的思想境界令他激动万分。一股迅急而强烈的冲动鼓舞着他去迎战坎坷的人生。他要把自己拖出泥淖，他要征服那一度驾驭自己的恶魔。时间尚不晚，他还算年轻，他要再现当年的雄心壮志，并坚定不移地去实现它。管风琴庄重而甜美的音调已经在他的内心深处引起了一场革命。明天，他要去繁华的商业区找事干。有个皮货进口商一度让他当司机，明天找到他，接下这份差事。他愿意做个煊赫一时的人物。他要……

索比感到有只手按在他的胳膊上。他霍地扭过头来，只见一位警察的宽脸盘。

“你在这儿干什么呀?”警察问道。

“没干什么。”索比说。

“那就跟我来。”警察说。

第二天早晨，警察局法庭的法官宣判道：“布莱克韦尔岛，三个月。”

【赏析】

《警察与赞美诗》通过索比这个小人物的病态心理和离奇遭遇的描写，真实地反映了美国社会贫富尖锐对立的现实，展示了美国社会中种种病态风习，酣畅淋漓地嘲讽了美国的司法制度以及警察的失职无能和腐败虚伪，也婉转地表达出作者希图以宗教来改良社会，拯救人性的意愿。

小说构思奇特巧妙，情节曲折多变。主人公流浪汉索比拟订的“过冬计划”居然是准备违背良心，通过犯罪去当“法律的座上宾”，到监狱中待上三个月。监狱从来都是人们避之唯恐不及的地方，然而头脑正常的索比却一心想要自投罗网，这实在是一件咄咄怪事！这悖情悖理的“过冬计划”系起了全篇反常情节的纽带，为人物性格的发展提供了合理依据，是小说不可或缺的动人悬念。小说随后以索比的多次肇事活动为线索，叙述了一个个荒唐离奇的小故事，巧妙地组织了一个个令人发笑的喜剧场面。正是在这些场面中，白骗吃喝、调戏妇女、扰乱治安、顺手牵羊等现象，以及店员和警察的势利、妓女的鄙俗而故作优雅、“绅士”的衣冠楚楚而行为不检等风习得到了无情的展示和揭露，索比的故意犯法也总是一再被宽纵。情节跌宕起伏，引人入胜。当索比被教堂的赞美诗感动，幡然悔悟，决定更弦易辙，“做一个好样儿的人”，重新点燃希望之火时，情节突转，警察突然出现，索比莫名其妙地被判三个月监禁，故事戛然而止。情节波折既出人意料，又合乎情理；既有引人入胜之妙，又寓有发人深省之意。小说的主题正是在一个个奇巧的波折中得到了充分的表现。这种出人意料的结局也打上了作者的鲜明个性印记，成为饮誉文坛的“欧·亨利手法”。

第四章　戏　剧

窦娥冤

关汉卿

◎关汉卿（约1220—1300），元代杂剧作家。中国古代戏曲创作的代表人物。号已斋（一作一斋）、已斋叟。汉族，解州人（今山西省运城）。关于他的籍贯，还有祁州（今河北省安国市）、大都（今北京市）等说，大约生于金代末年（约公元1220年前后），卒于元成宗大德初年（约公元1300年前后）。与马致远、郑光祖、白朴并称为“元曲四大家”，关汉卿位于“元曲四大家”之首。

楔子[1]

（卜儿蔡婆上[2]，诗云）花有重开日，人无再少年；不须长富贵，安乐是神仙[3]。老身蔡婆婆是也。楚州人氏[4]，嫡亲三口儿家属。不幸夫主亡逝已过，止有一个孩儿，年长八岁；俺娘儿两个，过其日月，家中颇有些钱财。这里一个窦秀才，从去年问我借了二十两银子，如今本利该银四十两。我数次索取，那窦秀才只说贫难，没得还我。他有一个女儿，今年七岁，生得可喜，长得可爱，我有心看上他，与我家做个媳妇，就准了这四十两银子，岂不两得其便。他说今日好日辰，亲送女儿到我家来。老身且不索钱去，专在家中等候。这早晚窦秀才敢待来也。

（冲末扮窦天章引正旦扮端云上[5]，诗云）读尽缥缃万卷书[6]，可怜贫杀马相如[7]；汉庭一日承恩召，不说当垆说子虚。小生姓窦，名天章，祖贯长安京兆人也[8]。幼习儒业，饱有文章；争奈时运不通，功名未遂。不幸浑家亡化已过[9]，撇下这个女孩儿，小字端云，从三岁上亡了他母亲，如今孩儿七岁了也。小生一贫如洗，流落在这楚州居住。此间一个蔡婆婆，他家广有钱物；小生因无盘缠，曾借了他二十两银子，到今本利该对还他四十两。他数次问小生索取，教我把甚么还他？谁想蔡婆婆常常着人来说，要小生女孩儿做他儿媳妇。况如今春榜动[10]，选场开[11]，正待上朝取应[12]，又苦盘缠缺少。小生出于无奈，只得将女孩儿端云送与蔡婆婆做儿媳妇去。

（做叹科，云）嗨！这个那里是做媳妇？分明是卖与他一般。就准了他那先借的四十两银子，分外但得些少东西，勾小生应举之费，便也过望了。说话之间，早来到他家门首。婆婆在家么？

（卜儿上，云）秀才，请家里坐，老身等候多时也。

（做相见科。窦天章云）小生今日一径的将女孩儿送来与婆婆[13]，怎敢说做媳妇，只与婆婆早晚使用。小生目下就要上朝进取功名去，留下女孩儿在此，只望婆婆看觑则个[14]。

（卜儿云）这等，你是我亲家了。你本利少我四十两银子，兀的是借钱的文书[15]，还了你；再送与你十两银子做盘缠，亲家，你休嫌轻少。

（窦天章做谢科，云）多谢了婆婆。先少你许多银子，都不要我还了，今又送我盘缠，此恩异日必当重报。婆婆，女孩儿早晚呆痴，看小生薄面，看觑女孩儿咱[16]。

（卜儿云）亲家，这不消你嘱付，令爱到我家，就做亲女儿一般看承他，你只管放心的去。

（窦天章云）婆婆，端云孩儿该打呵，看小生面则骂几句；当骂呵，则处分几句。孩儿，你也不比在我跟前，我是你亲爷，将就的你；你如今在这里，早晚若顽劣呵，你只讨那打骂吃。儿咏[17]！我也是出于无奈。

（做悲科，唱）

【仙吕赏花时】我也只为无计营生四壁贫，因此上割舍得亲儿在两处分。从今日远践洛阳尘，又不知归期定准，则落的无语闇消魂[18]。

（下）（卜儿云）窦秀才留下他这女孩儿与我做媳妇儿，他一径上朝应举去了。

（正旦做悲科，云）爹爹，你直下的撇了我孩儿去也！

（卜儿云）媳妇儿，你在我家，我是亲婆，你是亲媳妇，只当自家骨肉一般。你不要啼哭，跟着老身前后执料去来[19]。

（同下）

第三折

（外扮监斩官上[21]，云）下官监斩官是也。今日处决犯人，着做公的把住巷口[22]，休放往来人闲走。

（净扮公人，鼓三通、锣三下科。刽子磨旗[23]、提刀，押正旦带枷上。刽子云）行动些[24]，行动些，监斩官去法场上多时了。

（正旦唱）

【正宫端正好】没来由犯王法，不提防遭刑宪，叫声屈动地惊天。顷刻间游魂先赴森罗殿，怎不将天地也生埋怨。

【滚绣球】有日月朝暮悬，有鬼神掌着生死权。天地也，只合把清浊分辨，可怎生糊突了盗跖颜渊[25]？为善的受贫穷更命短，造恶的享富贵又寿延。天地也，做得个怕硬欺软，却厚来也这般顺水推船。地也，你不分好歹何为地？天也，你错勘贤愚枉做天！哎，只落得两泪涟涟。

（刽子云）快行动些，误了时辰也。

（正旦唱）

【倘秀才】则被这枷纽的我左侧右偏，人拥的我前合后偃，我窦娥向哥哥行有句言[26]。

（刽子云）你有甚么话说？

（正旦唱）前街里去心怀恨，后街里去死无冤，休推辞路远。

（刽子云）你如今到法场上面，有甚么亲眷要见的，可教他过来，见你一面也好。

（正旦唱）

【叨叨令】可怜我孤身只影无亲眷，则落的吞声忍气空嗟怨。

（刽子云）难道你爷娘家也没的？

（正旦云）止有个爹爹，十三年前上朝取应去了，至今杳无音信。（唱）早已是十年多不睹爹爹面[27]。

（刽子云）你适才要我往后街里去，是甚么主意。

（正旦唱）怕则怕前街里被我婆婆见。

（刽子云）你的性命也顾不得，怕他见怎的？

（正旦云）俺婆婆若见我披枷带锁赴法场餐刀去呵，（唱）枉将他气杀也么哥[28]，枉将他气杀也么哥。告哥哥，临危好与人行方便。

（卜儿哭上科，云）天那，兀的不是我媳妇儿！

（刽子云）婆子靠后。

（正旦云）既是俺婆婆来了，叫他来，待我嘱付他几句话咱。

（刽子云）那婆子，近前来，你媳妇要嘱付你话哩。

（卜儿云）孩儿，痛杀我也！

（正旦云）婆婆，那张驴儿把毒药放在羊肚儿汤里，实指望药死了你，要霸占我为妻。不想婆婆让与他老子吃，倒把他老子药死了。我怕连累婆婆，屈招了药死公公，今日赴法场典刑。婆婆，此后遇着冬时年节，月一十五，有瀽不了的浆水饭[29]，瀽半碗儿与我吃；烧不了的纸钱，与窦娥烧一陌儿[30]。则是看你死的孩儿面上。（唱）

【快活三】念窦娥葫芦提当罪愆[31]，念窦娥身首不完全，念窦娥从前已往干家缘[32]；婆婆也，你只看窦娥少爷无娘面。

【鲍老儿】念窦娥伏侍婆婆这几年，遇时节将碗凉浆奠；你去那受刑法尸骸上烈些纸钱[33]，只当把你亡化的孩儿荐[34]。

（卜儿哭科，云）孩儿放心，这个老身都记得。天那，兀的不痛杀我也！

（正旦唱）婆婆也，再也不要啼啼哭哭，烦烦恼恼，怨气冲天。这都是我做窦娥的没时没运，不明不暗，负屈衔冤。

（刽子做喝科，云）兀那婆子靠后，时辰到了也。

（正旦跪科）（刽子开枷科）（正旦云）窦娥告监斩大人，有一事肯依窦娥，便死而无怨。

（监斩官云）你有甚么事？你说。

（正旦云）要一领净席，等我窦娥站立；又要丈二白练，挂在旗枪上。若是我窦娥委实冤枉，刀过处头落，一腔热血休半点儿沾在地下，都飞在白练上者。

（监斩官云）这个就依你，打甚么不紧[35]（刽子做取席站科，又取白练挂旗上科）（正旦唱）

【耍孩儿】不是我窦娥罚下这等无头愿，委实的冤情不浅；若没些儿灵圣与世人传，也不见得湛湛青天。我不要半星热血红尘洒，都只在八尺旗枪素练悬。等他四下里皆瞧见，这就是咱苌弘化碧，望帝啼鹃[36]。

（刽子云）你还有甚的说话？此时不对监斩大人说，几时说那？

（正旦再跪科，云）大人，如今是三伏天道，若窦娥委实冤枉，身死之后，天降三尺瑞雪，遮掩了窦娥尸首。

（监斩官云）这等三伏天道，你便有冲天的怨气，也召不得一片雪来，可不胡说！

（正旦唱）

【二煞】你道是暑气暄，不是那下雪天；岂不闻飞霜六月因邹衍[37]？若果有一腔怨气喷如火，定要感的六出冰花滚似绵，免着我尸骸现。要什么素车白马，断送出古陌荒阡！

（正旦再跪科，云）大人，我窦娥死的委实冤枉，从今以后，着这楚州亢旱三年。

（监斩官云）打嘴！那有这等说话！（正旦唱）

【一煞】你道是天公不可期，人心不可怜，不知皇天也肯从人愿。做甚么三年不见甘霖降，也只为东海曾经孝妇冤[38]；如今轮到你山阳县。这都是官吏每无心正法，使百姓有口难言。

（刽子做磨旗科，云）怎么这一会儿天色阴了也？

（内做风科，刽子云）好冷风也！

（正旦唱）

【煞尾】浮云为我阴，悲风为我旋，三桩儿誓愿明题遍。

（做哭科，云）婆婆也，直等待雪飞六月，亢旱三年呵，（唱）那其间才把你个屈死的冤魂这窦娥显。

（刽子做开刀，正旦倒科）（监斩官惊云）呀，真个下雪了，有这等异事！

（刽子云）我也道平日杀人，满地都是鲜血，这个窦娥的血都飞在那丈二白练上，并无半点落地，委实奇怪。

（监斩官云）这死罪必有冤枉，早两桩儿应验了，不知亢旱三年的说话，准也不准？且看后来如何。左右，也不必等待雪晴，便与我抬他尸首，还了那蔡婆婆去罢。

（众应科，抬尸下）

第四折

（窦天章冠带引丑张千[39]、祗从上[40]，诗云）独立空堂思黯然，高峰月出满林烟；非关有事人难睡，自是惊魂夜不眠。老夫窦天章是也。自离了我那端云孩儿，可早十六年光景。老夫自到京师，一举及第，官拜参知政事[41]。只因老夫廉能清正，节操坚刚，谢圣恩可怜，加老夫两淮提刑肃政廉访使之职[42]，随处审囚刷卷，体察滥官污吏，容老夫先斩后奏。老夫一喜一悲：喜呵，老夫身居台省[43]，职掌刑名[44]，势剑金牌[45]，威权万里；悲呵，有端云孩儿，七岁上与了蔡婆婆为儿媳妇，老夫自得官之后，使人往楚州问蔡婆婆家，他邻里街坊道，自当年蔡婆婆不知搬在那里去了，至今音信皆无。老夫为端云孩儿，啼哭的眼目昏花，忧愁的须发斑白。今日来到这淮南地面，不知这楚州为何三年不雨？老夫今在这州厅安歇。张千，说与那州中大小属官，今日免参，明日早见。

（张千向古门云）一应大小属官，今日免参，明日早见。

（窦天章云）张千，说与那六房吏典[46]，但有合刷照文卷，都将来，待老夫灯下看几宗波。

（张千送文卷科。窦天章云）张千，你与我掌上灯，你每都辛苦了，自去歇息罢。我唤你便来，不唤你休来。

（张千点灯同祗从下。窦天章云）我将这文卷看几宗咱。"一起犯人窦娥，将毒药致死公公。”我才看头一宗文卷，就与老夫同姓；这药死公公的罪名，犯在十恶不赦，俺同姓之人也有不畏法度的。这是问结了的文书[47]，不看他罢，我将这文卷压在底下，别看一宗咱。

（做打呵欠科，云）不觉的一阵昏沉上来，皆因老夫年纪高大，鞍马劳困之故。待我搭伏定书案[48]，歇息些儿咱。

（做睡科。魂旦上[49]，唱）

【双调新水令】我每日哭啼啼守住望乡台，急煎煎把仇人等待，慢腾腾昏地里走，足律律旋风中来[50]。则被这雾锁云埋，撺掇的鬼魂快[51]。

（魂旦望科，云）门神户尉不放我进去[52]。我是廉访使窦天章女孩儿，因我屈死，父亲不知，特来托一梦与他咱。（唱）

【沉醉东风】我是那提刑的女孩，须不比现世的妖怪，怎不容我到灯影前，却拦截在门桯外[53]？

（做叫科，云）我那爷爷呵！（唱）枉自有势剑金牌，把俺这屈死三年的腐骨骸，怎脱离无边苦海？

（做入见哭科，窦天章亦哭科，云）端云孩儿，你在那里来？

（魂旦虚下）

（窦天章做醒科，云）好是奇怪也！老夫才合眼去，梦见端云孩儿，恰便似来我跟前一般；如今在那里？我且再看这文卷咱。

（魂旦上做弄灯科）

（窦天章云）奇怪，我正要看文卷，怎生这灯忽明忽灭的？张千也睡着了，我自己剔灯咱。

（做剔灯，魂旦翻文卷科。窦天章云）我剔的这灯明了也，再看几宗文卷。“一起犯人窦娥，药死公公。”

（做疑怪科，云）这一宗文卷，我为头看过[54]，压在文卷底下，怎生又在这上头？这几时问结了的，还压在底下，我别看一宗文卷波。

（魂旦再弄灯科。窦天章云）怎么这灯又是半明半暗的？我再剔这灯咱。

（做剔灯。魂旦再翻文卷科。窦天章云）我剔的这灯明了，我另拿一宗文卷看咱。“一起犯人窦娥，药死公公。”呸！好是奇怪！我才将这文书分明压在底下，刚剔了这灯，怎生又翻在面上？莫不是楚州后厅里有鬼么？便无鬼呵，这桩事必有冤枉。将这文卷再压在底下，待我另看一宗，如何？

（魂旦又弄灯科。窦天章云）怎生这灯又不明了？敢有鬼弄这灯？我再剔一剔去。

（做剔灯科。魂旦上，做撞见科。窦天章举剑击桌科，云）呸！我说有鬼！兀那鬼魂，老夫是朝廷钦差带牌走马肃政廉访使[55]，你向前来，一剑挥之两段。张千，亏你也睡的着，快起来，有鬼有鬼。兀的不吓杀老夫也！

（魂旦唱）

【乔牌儿】则见他疑心儿胡乱猜，听了我这哭声儿转惊骇。哎，你个窦天章直恁的威风大，且受我窦娥这一拜。

（窦天章云）兀那鬼魂，你道窦天章是你父亲，“受你孩儿窦娥拜”，你敢错认了也？我的女儿叫做端云，七岁上与了蔡婆婆为儿媳妇。你是窦娥，名字差了，怎生是我女孩儿？

（魂旦云）父亲，你将我与了蔡婆婆家，改名做窦娥了也。

（窦天章云）你便是端云孩儿？我不问你别的，这药死公公是你不是？

（魂旦云）是你孩儿来。

（窦天章云）噤声[56]！你这小妮子，老夫为你啼哭的眼也花了，忧愁的头也白了，你铲地犯下十恶大罪，受了典刑！我今日官居台省，职掌刑名，来此两淮审囚刷卷，体察滥官污吏；你是我亲生之女，老夫将你治不的，怎治他人？我当初将你嫁与他家呵，要你三从四德：三从者，在家从父，出嫁从夫，夫死从子；四德者，事公姑，敬夫主，和妯娌，睦街坊。今三从四德全无，铲地犯了十恶大罪。我窦家三辈无犯法之男，五世无再婚之女；到今日被你辱没祖宗世德，又连累我的清名。你快与我细吐真情，不要虚言支对。若说的有半厘差错，牒发你城隍祠内[57]，着你永世不得人身，罚在阴山，永为饿鬼心[58]。

（魂旦云）父亲停嗔息怒，暂罢狼虎之威，听你孩儿慢慢的说一遍咱。我三岁上亡了母亲，七岁上离了父亲，你将我送与蔡婆婆做儿媳妇。至十七岁与夫配合，才得两年，不幸儿夫亡化，和俺婆婆守寡。这山阳县南门外有个赛卢医，他少俺婆婆二十两银子。俺婆婆去取讨，被他赚到郊外，要将婆婆勒死；不想撞见张驴儿父子两个，救了俺婆婆性命。那张驴儿知道我家有个守寡的媳妇，便道："你婆儿媳妇既无丈夫，不若招我父子两个。"俺婆婆初也不肯，那张驴儿道："你若不肯，我依旧勒死你。"俺婆婆惧怕，不得已含糊许了。只得将他父子两个领到家中，养他过世。有张驴儿数次调戏你女孩儿，我坚执不从。那一日俺婆婆身子不快，想羊肚儿汤吃，你孩儿安排了汤。适值张驴儿父子两个问病，道："将汤来我尝一尝。"说："汤便好，只少些盐醋。"赚的我去取盐醋，他就暗地里下了毒药。实指望药杀俺婆婆，要强逼我成亲。不想俺婆婆偶然发呕，不要汤吃，却让与老张吃，随即七窍流血药死了。张驴儿便道："窦娥药死了俺老子，你要官休？要私休？"我便道："怎生是官休？怎生是私休？"他道："要官休，告到官司，你与俺老子偿命；若私休，你便与我做老婆。"你孩儿便道："好马不鞴双鞍[59]，烈女不更二夫；我至死不与你做媳妇，我情愿和你见官去。"他将你孩儿拖到官中，受尽三推六问，吊拷绷扒[60]，便打死孩儿，也不肯认。怎当州官见你孩儿不认，便要拷打俺婆婆；我怕婆婆年老，受刑不起，只得屈认了。因此押赴法场，将我典刑。你孩儿对天发下三桩誓愿：第一桩，要丈二白练挂在旗枪上，若系冤枉，刀过头落，一腔热血休滴在地下，都飞在白练上；第二桩，现今三伏天道，下三尺瑞雪，遮掩你孩儿尸首；第三桩，着他楚州大旱三年。果然血飞上白练，六月下雪，三年不雨，都是为你孩儿来。（诗云）不告官司只告天，心中怨气口难言；防他老母遭刑宪，情愿无辞认罪愆。三尺琼花骸骨掩，一腔鲜血练旗悬，岂独霜飞邹衍屈，今朝方表窦娥冤。

（唱）

【雁儿落】你看这文卷曾道来不道来，则我这冤枉要忍耐如何耐？我不肯顺他人，倒着我赴法场；我不肯辱祖上，倒把我残生坏。

【得胜令】呀，今日个搭伏定摄魂台[61]，一灵儿怨哀哀。父亲也，你现掌着刑名事，亲蒙圣主差，端详这文册，那厮乱纲常当合败，便万剐了乔才[62]，还道报冤仇不畅怀。

（窦天章做泣科，云）哎！我那屈死的儿，则被你痛杀我也！我且问你：这楚州三年不雨，可真个是为你来？

（魂旦云）是为你孩儿来。

（窦天章云）有这等事！到来朝我与你做主。（诗云）白头亲苦痛哀哉，屈杀了你个青春女孩，只恐怕天明了，你且回去，到来日我将文卷改正明白。

（魂旦暂下）

（窦天章云）呀，天色明了也。张千，我昨日看几宗文卷，中间有一鬼魂来诉冤枉。我唤你好几次，你再也不应，直恁的好睡那！

（张千云）我小人两个鼻子孔一夜不曾闭，并不听见女鬼诉什么冤状，也不曾听见相公呼唤。

（窦天章做叱科，云）退！今早升厅坐衙，张千，喝撺厢者。

（张千做么喝科，云）在衙人马平安，抬书案。

（禀云）州官见。

（外扮州官入参科）

（张千云）该房吏典见。

（丑扮吏入参见科）

（窦天章问云）你这楚州一郡，三年不雨，是为着何来？

（州官云）这个是天道亢旱，楚州百姓之灾，小官等不知其罪。

（窦天章做怒云）你等不知罪么！那山阳县有用毒药谋死公公犯妇窦娥，他问斩之时曾发愿道："若是果有冤枉，着你楚州三年不雨，寸草不生。"可有这件事来？

（州官云）这罪是前升任桃州守问成的，现有文卷。

（窦天章云）这等糊突的官，也着他升去！你是继他任的，三年之中，可曾祭这冤妇么？

（州官云）此犯系十恶大罪，元不曾有祠，所以不曾祭得。

（窦天章云）昔日汉朝有一孝妇守寡，其姑自缢身死[63]，其姑女告孝妇杀姑，东海太守将孝妇斩了。只为一妇含冤，致令三年不雨。后于公治狱，仿佛见孝妇抱卷哭于厅前。于公将文卷改正，亲祭孝妇之墓，天乃大雨。今日你楚州大旱，岂不正与此事相类？张千，分付该房佥牌下山阳县[64]，着拘张驴儿、赛卢医、蔡婆婆一起人犯，火速解审，毋得违误片刻者。

（张千云）理会得。（下）

（丑扮解子押张驴儿[65]、蔡婆婆同张千上，禀云）山阳县解到审犯听点。

（窦天章云）张驴儿。

（张驴儿云）有。

（窦天章云）蔡婆婆。

（蔡婆婆云）有。

（窦天章云）怎么赛卢医是紧要人犯不到？

（解子云）赛卢医三年前在逃，一面着广捕批缉拿去了[66]，待获日解审。

（窦天章云）张驴儿，那蔡婆婆是你的后母么？

（张驴儿云）母亲好冒认的？委实是。

（窦天章云）这药死你父亲的毒药，卷上不见有合药的人，是那个的毒药？

（张驴儿云）是窦娥自合就的毒药。

（窦天章云）这毒药必有一个卖药的医铺。想窦娥是个少年寡妇，那里讨这药来；张驴儿，敢是你合的毒药么？

（张驴儿云）若是小人合的毒药，不药别人，倒药死自家老子？

（窦天章云）我那屈死的儿哧，这一节是紧要公案，你不自来折辩，怎得一个明白？你如今冤魂却在那里？

（魂旦上，云）张驴儿，这药不是你合的，是那个合的？

（张驴儿做怕科，云）有鬼有鬼，撮盐入水，太上老君，急急如律令，敕[67]！

（魂旦云）张驴儿，你当日下毒药在羊肚儿汤里，本意药死俺婆婆，要逼勒我做浑家。不想俺婆婆不吃，让与你父亲吃，被药死了。你今日还敢赖哩！（唱）

【川拔棹】猛见了你这吃敲材[68]，我只问你这毒药从何处来？你本意待暗里栽排[69]，要逼勒我和谐，倒把你亲爷毒害，怎教咱替你耽罪责！

（魂旦做打张驴儿科）

（张驴儿做避科，云）太上老君，急急如律令，敕！大人说这毒药必有个卖药的医铺，若寻得这卖药的人来和小人折对[70]，死也无词。

（丑扮解子解赛卢医上，云）山阳县续解到犯人一名赛卢医。

（张千喝云）当面[71]。

（窦天章云）你三年前要勒死蔡婆婆，赖他银子，这事怎么说？

（赛卢医叩头科。云）小的要赖蔡婆婆银子的情是有的，当被两个汉子救了，那婆婆并不曾死。

（窦天章云）这两个汉子你认的他叫做什么名姓？

（赛卢医云）小的认便认得，慌忙之际，可不曾问的他名姓。

（窦天章云）现有一个在阶下，你去认来。

（赛卢医做下认科，云）这个是蔡婆婆。（指张驴儿云）想必这毒药事发了。（上云）是这一个。容小的诉禀：当日要勒死蔡婆婆时，正遇他爷儿两个，救了那婆婆去。过得几日，他到小的铺中，讨服毒药。小的是念佛吃斋人，不敢做昧心的事，说道："铺中只有官料药[72]，并无什么毒药。"他就睁着眼道："你昨日在郊外要勒死蔡婆婆，我拖你见官去。"小的一生最怕的是见官，只得将一服毒药与了他去。小的见他生相是个恶的，一定拿这药去药死了人，久后败露，必然连累。小的一向逃在涿州地方，卖些老鼠药。刚刚是老鼠被药杀了好几个，药死人的药，其实再也不曾合。

（魂旦唱）

【七弟兄】你只为赖财、放乖[73]、要当灾。（带云[74]）这毒药呵，（唱）原来是你赛卢医出卖张驴儿买，没来由填做我犯由牌[75]，到今日官去衙门在。

（窦天章云）带那蔡婆婆上来。我看你也六十外人了，家中又是有钱钞的，如何又嫁了老张，做出这等事来？

（蔡婆婆云）老妇人因为他爷儿两个救了我的性命，收留他在家养膳过世。那张驴儿常说要将他老子接脚进来，老妇人并不曾许他。

（窦天章云）这等说，你那媳妇就不该认做药死公公了。

（魂旦云）当日问官要打俺婆婆，我怕他年老受刑不起，因此咱认做药死公公，委实是屈招个！（唱）

【梅花酒】你道是咱不该，这招状供写的明白，本一点孝顺的心怀，倒做了惹祸的胚胎。我只道官吏每还覆勘，怎将咱屈斩首在长街？第一要素旗枪鲜血洒，第二要三尺雪将死尸埋，第三要三年旱示天灾：咱誓愿委实大。

【收江南】呀，这的是衙门从古向南开，就中无个不冤哉！痛杀我娇姿弱体闭泉台[76]，早三年以外，则落的悠悠流恨似长淮。

（窦天章云）端云儿也，你这冤枉，我已尽知，你且回去。待我将这一起人犯并原问官吏，另行定罪，改日做个水陆道场，超度你生天便了[77]。

（魂旦拜科，唱）

【鸳鸯煞尾】从今后把金牌势剑从头摆，将滥官污吏都杀坏，与天子分忧，万民除害。（云）我可忘了一件，爹爹，俺婆婆年纪高大，无人侍养，你可收恤家中，替你孩儿尽养生送死之礼，我便九泉之下，可也瞑目。

（窦天章云）好孝顺的儿也！

（魂旦唱）嘱付你爹爹，收养我弥嫁。可怜他无妇无儿，谁管顾年衰迈！再将那文卷舒开，（带云）爹爹也，把我窦娥名下，（唱）屈死的于伏罪名儿改[78]。（下）

（窦天章云）唤那蔡婆婆上来。你可认的我么？

（蔡婆婆云）老妇人眼花了，不认的。

（窦天章云）我便是窦天章。适才的鬼魂，便是我屈死的女孩儿端云。你这一行人，听我下断：张驴儿毒杀亲爷，奸占寡妇，合拟凌迟[79]，押赴市曹中，钉上木驴[80]，剐一百二十刀处死。升任州守桃杌，并该房吏典，刑名违错，各杖一百，永不叙用。赛卢医不合赖钱，勒死平民；又不合修合毒药，致伤人命，发烟障地面[81]，永远充军。蔡婆婆我家收养。窦娥罪改正明白。

（词云）莫道我念亡女与他灭罪消愆，也只可怜见楚州郡大旱三年。昔于公曾表白东海孝妇[82]，果然是感召得灵雨如泉，岂可便推诿道天灾代有，竟不想人之意感应通天。今日个将文卷重行改正，方显的王家法不使民冤。

题目　秉鉴持衡廉访法

正名　感天动地窦娥冤

【注释】

［1］楔子：为了交代情节或贯穿线索，在剧首或折与折之间加上一小段独立的戏，称为“楔子”，作用相当于序幕或过场戏。楔子一般只唱一两支小曲，曲牌多用“仙吕·赏花时”或“正宫·端正好”。

［2］卜儿：角色名称，扮演老年妇人。

［3］“花有重开日”四句：杂剧人物上场往往先念四句或两句韵语，叫作定场诗。接着有一段独白，叫作定场白。它们的作用在于介绍剧情，安定观众情绪。

［4］楚州：在今江苏省淮安市。

［5］冲末：杂剧中男配角。

［6］缥缃：缥和缃分别是青白色、淡黄色的绸子，古人一般用这两色绸子包书或做书套，缥缃遂成为书籍的代称。

［7］杀：同“煞”，读去声，意为很、甚。马相如：指汉代文学家司马相如，与富豪卓王孙之女卓文君相爱私奔。曾在临邛（今四川邛崃）卖酒为生，文君当垆（垆是酒肆

中放酒瓮的地方）沽酒，相如打杂。后来汉武帝读到他写的《子虚赋》，便召他去做官。

［8］京兆：汉代长安及附近地方，在今陕西省西安市东。这里指京都。

［9］浑家：妻子。

［10］春榜：唐、宋考进士均在春季，因此叫春榜。

［11］选场：考场。

［12］上朝取应：进京赶考。

［13］一径：直接。

［14］看觑：照顾。则个：表示祈求、希望的语气助词。

［15］兀的：指示代词，这个。

［16］咱：语尾助词，有祈求、希望之意。

［17］哷：语尾助词，与“啦”“哟”同。

［18］阇：同“暗”。阇消魂：心中悲伤难过。

［19］执料去来：照料去。

［21］外：外末的省称，角色名，扮演老年男人。

［22］做公的：衙门里的差役。

［23］磨旗：挥动旗子。

［24］行动些：走快些。

［25］糊突：糊涂，弄错。盗跖颜渊：盗跖，春秋时一个叫跖的盗贼，常被当作坏人的典型。颜渊，名回，孔子的学生，被奉为贤人，当作好人的代表。

［26］哥哥行（háng）：哥哥那里。行，杂剧中常放在自称或他称的名词或代词后面，表示辈分或方位。

［27］靓：睹、看。

［28］也么哥：语尾助词，无义。

［29］瀽（jiǎn）：倾、倒出。

［30］一陌儿：古时一百钱称一陌，此处泛指。

［31］葫芦提：糊里糊涂，不明不白。罪愆（qiān）：罪过。

［32］干家缘：料理家务。

［33］烈：烧。

［34］荐：献，这里指祭奠。

［35］打甚么不紧：有什么要紧。

［36］苌弘化碧：周朝大夫苌弘因冤被杀，蜀人将他的血藏起来，三年后凝为碧玉。望帝啼鹃：望帝是传说中的蜀王，死后变成杜鹃鸟，常在山中悲啼。

［37］飞霜六月因邹衍：战国时齐人邹衍对燕惠王忠心耿耿，但燕惠王听信谗言，将他投进牢狱，他仰天痛哭，感动上天，六月下起霜来。后世常以此事代指冤狱。

［38］东海曾经孝妇冤：汉代东海郡有一寡妇周青，对婆婆很孝顺，婆婆因事自缢，周青被郡守冤杀。临刑前，她指着车上的长竹竿说：我如有罪，血往下流；如无罪，血就沿着竹竿逆流而上。行刑后，血果然逆流而上。东海郡三年枯旱不雨。后来于公为她昭雪，立刻大雨倾盆。

［39］冠带：官员服饰。丑：丑角。

［40］祗从：随从。

［41］参知政事：官职名，相当于宰相助理。

［42］提刑肃政廉访使：官职名，掌管纠察官吏政绩和刑狱的官。

［43］台省：御史台和中书省的简称。提刑肃政廉访使属御史台，参知政事属中书省，窦天章身兼二职。

［44］刑名：司法部门。

［45］势剑金牌：势剑，皇帝赐给的尚方宝剑，代表皇帝的一部分权力。金牌，元代皇帝授予官员代表其地位权力的证件。

［46］六房吏典：指分管县里吏、户、兵、刑、工、礼六个部门的吏员。

［47］问结：审讯结案。

［48］搭伏定：趴伏着。

［49］魂旦：扮演女鬼的角色。

［50］足（jù）律律：风声，形容迅疾飘忽的样子。

［51］撺掇：怂恿。

［52］门神户尉：旧时习俗，在正门贴上门神画像挡住鬼魅魔怪进入院宅，右为“门神”，左为“户尉”，通常画唐朝名将秦叔宝与尉迟恭。

［53］门桯（tīng）：门槛。

［54］为头：先头，前头。

［55］带牌走马：带了皇帝金牌巡察各地。

［56］噤声：住口。

［57］牒发：下公文押送。

［58］阴山：传说中囚禁有罪鬼魂使之挨饿受冻的地狱。

［59］鞴（bèi）：把马鞍套在马身上。

［60］吊拷绷扒：吊起来拷打和剥去衣服捆起来打。泛指各种酷刑。

［61］摄魂台：迷信说法，勾拿死人阴魂的地方。

［62］乔才：无赖、坏人。

［63］姑：婆婆。

［64］金牌：签发公文。

［65］解子：解差，押解罪犯的公差。

［66］广捕批：通缉令。

［67］“撮盐入水”三句：是道士作符法驱鬼时念的咒语。太上老君：道教的开山祖，即老子。

［68］吃敲材：该打死的家伙。

［69］栽排：设圈套。

［70］折对：对证。

［71］当面：令犯人下跪，也有验明正身之意。

［72］官料药：官方允许经营的药物。

［73］放乖：耍小聪明。

［74］带云：曲词演唱过程中的夹白。

［75］犯由牌：写明犯人罪状的牌子。

［76］泉台：九泉之下。

［77］水陆道场：请和尚或道士设坛念经，为死人超度的仪式，也叫水陆斋。

［78］于（wū）伏：诬服，屈招。

［79］凌迟：古代酷刑，也叫“剐刑”，一刀刀地剐，使受刑人受更多的痛苦。

［80］木驴：执行剐刑用的特制木桩，用以固定犯人手足。

［81］烟障地面：烟障，即烟瘴，指荒僻之地，是犯人流放充军的处所。

［82］表白：表彰，昭雪。

【赏析】

《窦娥冤》是关汉卿的代表作。主要剧情：楚州寒儒窦天章因为无钱进京赶考，无奈之下将幼女窦娥卖给蔡婆家为童养媳。窦娥婚后不久丈夫去世，婆媳相依为命。蔡婆外出讨债时遇到流氓张驴儿父子，被其胁迫。张驴儿企图霸占窦娥，见她不从，便想毒死蔡婆以要挟窦娥，不料误将其父毒死。张驴儿诬告窦娥杀人，官府严刑逼讯婆媳二人。窦娥为救蔡婆，自认杀人，被判斩刑。窦娥在临刑之时指天为誓，死后将血溅白练、六月降雪、大旱三年，以明己冤。后来果然都一一应验。三年后窦天章任廉访使至楚州，见窦娥鬼魂出现，于是重审此案，为窦娥申冤。此剧充分表现了窦娥的反抗性格，热情歌颂了被压迫人民刚强不屈的斗争精神，同时揭露和抨击了封建社会“官吏每无心正法，使百姓有口难言”的黑暗现实，具有强烈的现实意义和理想成分。

《窦娥冤》突出的艺术成就：首先是成功地塑造了窦娥的艺术形象，生动地刻画了她善良厚道又刚强不屈的性格，展现了她从相信天命含苦忍受到觉醒，继而奋起反抗的过程，说明被压迫人民是不甘受欺凌压迫的，深化了全剧的主题。其次是运用了积极浪漫主义的表现手法，以丰富的想象和夸张设计了三桩誓愿，让窦娥的抗争精神支配天地，获得天从人愿的结果，显示了《窦娥冤》“感天动地”的题意。再次是剧情发展有张有弛，跌宕起伏。途中哭诉场面，高亢激越，紧张急促；诀别场面，哀怨凄楚，徐缓低回；发誓场面，则“一腔怨气喷如火”，激情如潮，气势磅礴。这种行文变化收到了强烈的戏剧效果。最后是戏剧语言质朴自然，浅显中显出深邃，生动准确又酣畅淋漓，充分表现了本色派的特征。

西厢记·长亭送别

王实甫

◎王实甫，元代杂剧作家，名德信。大都（今北京市）人。生卒年不详。钟嗣成《录鬼簿》将他列入“前辈已死名公才人”，周德清的《中原音韵》在称赞关汉卿、郑光祖、白朴、马致远“一新制作”的同时，也称赞了《西厢记》的曲文，并说“诸公已矣，后学莫及”。由此可以推知，王实甫活动的年代可能与关汉卿等相去不远。他的主要创作活动当在元成宗元贞、大德年间。他的作品在元代和元明之际很为人所推重，《西厢记》其时已被称为杂剧之冠。

王实甫所作杂剧，名目可考者共13种。今存有《西厢记》《吕蒙正风雪破窑记》《四大王歌舞丽春堂》3种。在王实甫现存的3种杂剧中，5本21折的《西厢记》不仅是他的代表作，而且是元代杂剧创作中最优秀的作品之一。明代胡应麟把王实甫比作“词曲中思王太白。”

（夫人、长老上，云）今日送张生赴京，十里长亭，安排下筵席。我和长老先行，不见张生、小姐来到。

（旦、末、红同上，旦云）今日送张生上朝取应，早是离人伤感，况值那暮秋天气，好烦恼人也呵！“悲欢聚散一杯酒，南北东西万里程。”（旦唱）

【正宫】【端正好】碧云天，黄花地，西风紧，北雁南飞。晓来谁染霜林醉？总是离人泪。

【滚绣球】恨相见得迟，怨归去得疾。柳丝长玉骢难系，恨不得倩疏林挂住斜晖。马儿迍迍的行，车儿快快的随，却告了相思回避，破题儿又早别离。听得道一声“去也”，松了金钏；遥望见十里长亭，减了玉肌。此恨谁知！

（红云）姐姐今日怎么不打扮？

（旦云）你那知我的心里呵！（旦唱）

【叨叨令】见安排着车儿、马儿，不由人熬熬煎煎的气；有甚么心情花儿、靥儿，打扮得娇娇滴滴的媚；准备着被儿、枕儿，只索昏昏沉沉的睡；从今后衫儿、袖儿，都揾做重重叠叠的泪。兀的不闷杀人也么哥？兀的不闷杀人也么哥？久已后书儿、信儿，索与我恓恓惶惶的寄。

（做到科）（见夫人科）（夫人云）张生和长老坐，小姐这壁坐，红娘将酒来。张生，你向前来，是自家亲眷，不要回避。俺今日将莺莺与你，到京师休辱末了俺孩儿，挣揣一个状元回来者。

（末云）小生托夫人余荫，凭着胸中之才，视官如拾芥耳。

（洁云）夫人主见不差，张生不是落后的人。

（把酒了，坐）（旦长吁科）（旦唱）

【脱布衫】下西风黄叶纷飞，染寒烟衰草萋迷。酒席上斜签着坐的，蹙愁眉死临侵地。

【小梁州】我见他阁泪汪汪不敢垂，恐怕人知。猛然见了把头低，长吁气，推整素罗衣。

【幺篇】虽然久后成佳配，奈时间怎不悲啼。意似痴，心如醉，昨宵今日，清减了小腰围。

（夫人云）小姐把盏者！（红递酒，旦把盏长吁科，云）请吃酒！（旦唱）

【上小楼】合欢未已，离愁相继。想着俺前暮私情，昨夜成亲，今日别离。我谂知这几日相思滋味，却原来比别离情更增十倍。

【幺篇】年少呵轻远别，情薄呵易弃掷。全不想腿儿相挨，脸儿相偎，手儿相携。你与俺崔相国做女婿，妻荣夫贵，但得一个并头莲，煞强如状元及第。

（夫人云）红娘把盏者！（红把酒科）（旦唱）

【满庭芳】供食太急，须臾对面，顷刻别离。若不是酒席间子母每当回避，有心待与他举案齐眉。虽然是厮守得一时半刻，也合着俺夫妻每共桌而食。眼底空留意，寻思起就里，险化做望夫石。

（红云）姐姐不曾吃早饭，饮一口儿汤水。

（旦云）红娘，甚么汤水咽得下！（唱）

【快活三】将来的酒共食，尝着似土和泥。假若便是土和泥，也有些土气息、泥滋味。

【朝天子】暖溶溶玉醅，白泠泠似水，多半是相思泪。眼面前茶饭怕不待要吃，恨塞满愁肠胃。蜗角虚名，蝇头微利，拆鸳鸯在两下里。一个这壁，一个那壁，一递一声长吁气。

（夫人云）辆起车儿，俺先回去，小姐随后和红娘来。（下）

（末辞洁科）（洁云）此一行别无话儿，贫僧准备买登科录看，做亲的茶饭少不得贫僧的。先生在意，鞍马上保重者！“从今经忏无心礼，专听春雷第一声。”（下）（旦唱）

【四边静】霎时间杯盘狼藉，车儿投东，马儿向西，两意徘徊，落日山横翠。知他今宵宿在那里？有梦也难寻觅。

（旦云）张生，此一行得官不得官，疾早便回来。

（末云）小生这一去白夺一个状元，正是“青霄有路终须到，金榜无名誓不归”。

（旦云）君行别无所赠，口占一绝，为君送行：“弃掷今何在，当时且自亲。还将旧来意，怜取眼前人。”

（末云）小姐之意差矣，张珙更敢怜谁？谨赓一绝，以剖寸心：“人生长远别，孰与最关亲？不遇知音者，谁怜长叹人？”（旦唱）

【耍孩儿】淋漓襟袖啼红泪，比司马青衫更湿。伯劳东去燕西飞，未登程先问归期。虽然眼底人千里，且尽生前酒一杯。未饮心先醉，眼中流血，心内成灰。

【五煞】到京师服水土，趁程途节饮食，顺时自保揣身体。荒村雨露宜眠早，野店风霜要起迟！鞍马秋风里，最难调护，最要扶持。

【四煞】这忧愁诉与谁？相思只自知，老天不管人憔悴。泪添九曲黄河溢，恨压三峰华岳低。到晚来闷把西楼倚，见了些夕阳古道，衰柳长堤。

【三煞】笑吟吟一处来，哭啼啼独自归。归家若到罗帏里，昨宵个绣衾香暖留春住，今夜个翠被生寒有梦知。留恋你别无意，见据鞍上马，阁不住泪眼愁眉。

（末云）有甚言语嘱付小生咱？（旦唱）

【二煞】你休忧文齐福不齐，我只怕你停妻再娶妻。休要一春鱼雁无消息！我这里青鸾有信频须寄，你却休“金榜无名誓不归”。此一节君须记：若见了那异乡花草，再休似此处栖迟。

（末云）再谁似小姐？小生又生此念。（旦唱）

【一煞】青山隔送行，疏林不做美，淡烟暮霭相遮蔽。夕阳古道无人语，禾黍秋风听马嘶。我为甚么懒上车儿内，来时甚急，去后何迟？

（红云）夫人去好一会，姐姐，咱家去！（旦唱）

【收尾】四围山色中，一鞭残照里。遍人间烦恼填胸臆，量这些大小车儿如何载得起？

（旦、红下）（末云）仆童赶早行一程儿，早寻个宿处。泪随流水急，愁逐野云飞。（下）

【赏析】

王实甫的《西厢记》以满腔的热情，表现了封建叛逆者的爱情，明确地提出了“愿普天下有情人都成眷属”的进步思想，为沉闷酷郁的元代社会打开了一扇窗户。崔莺莺是相国家的千金，而张生却是“书剑飘零，功名未遂，游于四方”的一介寒士。二人于河中府普救寺相遇，便在他们生命的河流中激起了巨大的波澜。如果说在这之前莺莺和张生的青春是被压抑而沉睡着的，那么这时便因为爱情而苏醒了。同时，他们的爱情从开始的一刹那就构成了带有反封建意义。

《西厢记》在艺术上最突出的成就是根据人物的性格特征，展开了错综复杂的戏剧冲突，完成了莺莺、张生、红娘等艺术形象的塑造。故事里的人物虽不多，但揭示得比较深刻。不仅在老夫人与莺莺、张生、红娘之间存在着根本性的矛盾，而且由于阶级地位、社会环境、生活经历的不同，莺莺、张生、红娘之间也不时引起误会性的冲突。作者用这样的方法描写人物，既使人物的性格特征更加鲜明，也加强了作品的戏剧性，适合舞台演出的要求。

首先，人物性格和情节开展得到了高度的结合，成功地表现了事件曲折复杂的过程。在情节上，就全部剧情发展看，一方面是波澜壮阔，一波未平，一波又起；另一方面5本21折，一气呵成，结构相当完整。崔莺莺和张生的爱情故事实际上有两条互相关联的情节线索，一是崔、张、红对老夫人的矛盾斗争，二是崔、张、红三人之间的误会性冲突。另外，在全剧主要矛盾斗争的前前后后又交织着不同性质、时起时伏的矛盾冲突，使《赖简》《拷红》等场面具有很强的舞台生命力，获得观众的长期喜爱。

其次，作者善于描摹景物、酝酿气氛，衬托人物的内心活动，多数场次饶有诗情画意，形成作品独特的优美风格。

再次，选择和融化古代诗词里优美的词句和提炼民间生动活泼的口语，容铸成自然而华美的曲词。《长亭送别》一折里莺莺的一段唱词最能集中体现《西厢记》在这方面的成就，化用唐诗、宋词中的语言，出以新意，拓宽意境，给人以新鲜之感。

最后，《西厢记》在主唱角色的分配和结构的扩大上，对杂剧体例也有所革新和创造。元杂剧的通例是一本四折，每折由一人独唱到底。《西厢记》共5本21折，而且部分地打破了一折由一人主唱的限制。

《西厢记》是我国古典戏剧现实主义的杰作，它对青年男女追求幸福的热情歌颂，特别受到在封建礼教束缚下的青年男女的喜爱。由于《西厢记》思想与艺术上的杰出成就，元明以来，它一直是最受群众欢迎、流传最广的剧本。

玉簪记·琴挑

高濂

◎高濂，明代戏曲作家。字深甫，号瑞南，浙江钱塘人。曾在北京任鸿胪寺官，后隐居西湖。《玉簪记》描写女道士陈妙常与潘必正的爱情故事，故事素材来源于《古今女史》。全剧共34出，成功地表述了人物的心情，没有雕琢、堆砌的痕迹，是一出长期流传演出的名作。高濂的《玉簪记》在文学史及戏曲舞台上，保持着始终不灭的风采。剧本强调的是这对情人的恋爱心理，女道士对爱情的热烈追求又害羞畏怯的矛盾心理，使这场恋爱充满了曲折与情趣。这部作品被后世列为中国十大古典喜剧之一。

【懒画眉】月明云淡露华浓，倚枕愁听四壁蛩。伤秋宋玉赋西风。落叶惊残梦，闲步芳尘数落红。

小生看此溶溶夜月，悄悄闲庭。背井离乡，孤衾独枕。好生烦闷。只得在此闲玩片时。不免到白云楼下，散步一番。多少是好。（下）

（旦上唱）

【前腔】粉墙花影自重重，帘卷残荷水殿风，抱琴弹向月明中。香袅金猊动，人在蓬莱第几宫。

妙常连日冗冗俗事，未得整此冰弦。今夜月明风静，水殿凉生。不免弹《潇湘水云》一曲，少寄幽情，有何不可。（作弹科）

（生上听琴科）（唱）

【前腔】步虚声度许飞琼，乍听还疑别院风。凄凄楚楚那声中。谁家夜月琴三弄，细数离情曲未终。此是陈姑弹琴，不免到他堂中，细听一番。

（旦唱）

【前腔】朱弦声杳恨溶溶，长叹空随几阵风。

（生）仙姑弹得好琴！

（旦惊科）仙郎何处人帘栊，早是人惊恐。

（生）小生得罪了！

（旦）莫不是为听云水声寒一曲中。

（生）小生孤枕无眠，步月闲吟。忽听花下琴声嘹呖，清响绝伦，不觉步人到此。

（旦）小道亦见月明如洗，夜色新凉，故尔操开丝桐，少寄岑寂。欲乘此兴，请教一曲如何？

（生）小生略知一二，弄斧班门，休笑休笑。（生弹科，吟曰）雉朝锥兮清霜，惨孤飞兮无双，念寡阴兮少阳，怨鳏居兮旁徨。

（旦）此曲乃《雉朝飞》也。君方盛年，何故弹此无妻之曲？

（生）小生实未有妻。

（旦）也不干我事。

（生）敢请仙姑，面教一曲。

（旦）既听佳音，以清俗耳。何必初学，又乱芳声。

（生）休得太谦。

（旦）汗耳、汗耳。（作弹科，吟日）烟淡淡兮轻云，香霭霭兮桂阴，喜长宵兮孤冷，抱玉琴兮自温。

（生）此《广寒游》也。正是仙姑所弹。争奈终朝孤冷，难消遣些儿

（旦）相公，你听我道，（唱）

【朝元歌】《长清短清》，那管人离恨？云心水心，有甚闲愁闷？一度春来，一番花褪，怎生上我眉痕。云掩柴门，钟儿磬儿枕上听。柏子坐中焚，梅花帐绝尘。果然是冰清玉润。长长短短，有谁评论，怕谁评论？（生唱）

【前腔】更深漏深，独坐谁相问。琴声怨声，两下无凭准。翡翠衾寒，芙蓉月印，三星照人如有心。露冷霜凝，衾儿枕儿谁共温。

（旦作怒科）先生出言太狂，屡屡讥讪，莫非春心飘荡，尘念顿起。我就对你姑娘说来，看你如何分解（作背立科）

（生）小生信口相嘲，出言颠倒，伏乞海涵！（作跪科）（旦扶科）

（生）巫峡恨云深，桃源羞自寻。你是个慈悲方寸，望恕却少年心性、少年心性。小生就此告辞。肯把心肠铁石坚，（旦背立科）岂无春意恋尘凡。

（生）今朝两下轻离别，一夜相思枕上看。（生作下科）

（旦）潘相公，花阴深处，仔细行走。

（生回转科）借一灯行如何？（旦急闭门科）（生暗云）陈姑十分有情，不免躲在此间，听他说些甚么，便知分晓。

（旦）潘郎，（唱）

【前腔】你是个天生后生，曾占风流性。无情有情，只看你笑脸来相问。我也心里聪明，脸儿假狠，口儿里装做硬。待要应承，这羞惭、怎应他那一声。我见了他假惺惺，别了他常挂心。我看这些花阴月影，凄凄冷冷，照他孤另，照奴孤另。夜深人静，不免抱琴进去安宿则个。此情空满怀，未许人知道。明月照孤帏，泪落知多少。（下）

（生）小生在此听了半晌，虽不甚明白，（唱）

【前腔】我想他一声两声，句句含愁恨。我看他人情道情，多是尘凡性。妙常，你一曲琴声，凄清风韵，怎教你断送青春。那更玉软香温，情儿意儿，那些儿不动人。他独自理瑶琴，我独立苍苔冷，分明是西厢形境。（揖科）老天老天！早成就少年秦晋、少年秦晋！（诗）

闲庭看明月，有话和谁说。

榴花解相思，瓣瓣飞红血。

【赏析】

《玉簪记》讲述宋代金兵南侵时，少女陈娇莲与文人潘必正的爱情故事。娇莲幼年指腹为婚后，却因战事突起，逃亡在外，与家人失散而耽误了一段姻缘。无奈，娇莲入女贞观为道士，法名妙常。潘必正为赶考，入姑母做观主的女贞观小住，与妙常相遇。二人并不知对方身份，彼此动心，私订终身，后被观主拆散。一番波折后，指婚事昭明，二人终成眷属。后世演绎，为突出主题，多删除二人指婚的情节。

《琴挑》讲述的是妙常秋夜弹琴，遇潘必正。两人以琴探心情，潘郎言语挑动，妙常佯怒，但心下已是动情，埋下一段痴恋的故事。其中妙常以五旦，潘郎以巾生应工。

如今戏曲舞台上已少有正本演绎《玉簪记》，原本亦难以考据，只其中《茶叙》《琴挑》《问病》《偷诗》《秋江》等折常被搬上舞台。昆曲艺术中《琴挑》一折，更因唱腔婉转，辞藻优美，感情细腻，一波三折，为众人称道，已成为昆曲代表曲目之一，许多名家都曾演绎。其中笔者尤其欣赏汪世瑜先生的表演，真可谓唱腔绝美，绕梁三日不绝。

《玉簪记》词语典雅华美，有“着意填词”之称。这些描绘青年男女冲破礼教而自由结合的过程至今读来依旧动人心魄。《玉簪记》细致的笔墨把陈妙常对于爱情的热烈向往和畏怯害羞的心理表现得淋漓尽致。她对潘必正若迎若拒之间，造成了富有情趣的喜剧色彩。《秋江》一出，情景交融，富有诗意。《琴挑》《秋江》等几折被各种地方戏作为保留剧目，盛演不衰。

桃花扇·骂筵[1]

孔尚任

◎孔尚任（1648—1718），字聘之，又字季重，号东塘、岸堂，自称云亭山人。山东曲阜人，孔子六十四代孙。清初诗人、戏曲家。少时聪慧，博学多闻。康熙二十三年（1684年），康熙南巡北归，至曲阜祭孔，孔尚任因御前讲经而蒙赏识，由一个普通监生擢任国子监博士，后迁至户部员外郎。康熙二十五年（1686年），被派随工部侍郎孙在丰往扬州治河，此时结识一批故老遗民。康熙三十八年（1699年），经营十载、三易其稿的《桃花扇》脱稿，一时影响甚大。不久被罢职，回乡隐居。所作尚有传奇《小忽雷》（与顾彩合撰）及《湖海集》《岸堂文集》等。时人将他与《长生殿》作者洪升并论，称“南洪北孔”。

乙酉正月[2]

【缕缕金】（副净扮阮大铖吉服上[3]）风流代，又遭逢，六朝金粉样，我偏通。管领烟花，衔名供奉[4]。簇新新帽乌衬袍红，皂皮靴绿缝，皂皮靴绿缝。

（笑介）我阮大铖，亏了贵阳相公破格提挈[5]，又取在内庭供奉；今日到任回来，好不荣耀。且喜今上性喜文墨，把王铎补了内阁大学士[6]，钱谦益补了礼部尚书[7]。区区不才，同在文学侍从之班；天颜日近，知无不言。前日进了四种传奇[8]，圣心大悦；立刻传旨，命礼部采选宫人，要将《燕子笺》被之声歌，为中兴一代之乐。我想这本传奇，精深奥妙，倘被俗手教坏，岂不损我文名。因而乘机启奏：“生口不如熟口，清客强似教手。”圣上从谏如流，就命广搜旧院，大罗秦淮，拿了清客妓女数十余人，交与礼部拣选。前日验他色艺，都只平常；还有几个有名的，都是杨龙友旧交[9]，求情免选，下官只得勾去。昨见贵阳相公说道：“教演新戏是圣上心事，难道不选好的，倒选坏的不成。”只得又去传他，尚未到来。今乃乙酉新年人日佳节[10]，下官约同龙友，移樽赏心亭[11]；邀俺贵阳师相，饮酒看雪。早已吩咐把新选的妓女，带到席前验看。正是：花柳笙歌隋事业，谈谐裙屐晋风流[12]。（下）

【黄莺儿】（老旦扮卞玉京、道妆、背包急上[13]）家住蕊珠宫，恨无端业海风，把人轻向烟花送[14]。喉尖唱肿，裙腰舞松，一生魂在巫山洞[15]。俺卞玉京，今日为何这般打扮，只因朝廷搜拿歌妓，逼俺断了尘心。昨夜别过姊妹，换上道妆，飘然出院，但不知那里好去投师。望城东云山满眼，仙界路无穷。

（飘飖下）（副净、外、净扮丁继之、沈公宪、张燕筑三清客上[16]）

【皂罗袍】（副净）正把秦淮箫弄，看名花好月，乱上帘栊。凤纸签名唤乐工，南朝天子春心动[17]。我丁继之，年过六旬，歌板久抛；前日托过杨老爷，免我前往，怎的今日又传起来了？（外、净）俺两个也都是免过的，不知又传，有何话说。（副净拱介）两位老弟，大家商量，我们一班清客，感动皇爷，召去教歌，也不是容易的。（外、净）正是。（副净）二位青年上进，该去走走，我老汉多病年衰，也不望甚么际遇了。今日我要躲过，求二位遮盖一二。（外）这有何妨，太公钓鱼，愿者上钩。（净）是是！难道你犯了王法，定要拿去审问不成？（副净）既然如此，我老汉就回去了。（回行介）急忙回首，青青远峰；逍遥寻路，森森乱松。（顿足介）若不离了尘埃，怎能免得牵绊。（袖出道巾、黄绦换介）（转头呼介）二位看俺打扮罢，道人醒了扬州梦[18]。

（摇摆下）（外）咦！他竟出家去了，好狠心也。（净）我们且坐廊下晒暖，待他姊妹到来，同去礼部过堂。（坐地介）（小旦扮寇白门，丑扮郑妥娘[19]，杂扮差役跟上[20]）（小旦）桃片随风不结子。（丑）柳绵浮水又成萍[21]。（望介）你看老沈老张不约俺一声儿，先到廊下向暖，我们走去，打他个耳刮子。（相见，诨介）（外问杂介）又传我们到那里去？（杂）传你们到礼部过堂，送入内庭教戏。（外）前日免过俺们了。（杂）内阁大老爷不依，定要借重你们几个老清客哩。（净）是那几个？（杂）待我瞧瞧票子。（取票看介）丁继之、沈公宪、张燕筑。（问介）那姓丁的如何不见？（外）他出家去了。（杂）既出了家，没处寻他，待我回官罢！（向净、外介）你们到了的，竟往礼部过堂去。（净）等他姊妹们到齐着。（杂）今日老爷们秦淮赏雪，吩咐带着女客，席上验看哩。（外、净）既是这等，我们先去了。正是：传歌留乐府，擫笛傍宫墙[22]。（下）（杂看票问小旦介）你是寇白门么？（小旦）是。（杂问丑介）你是卞玉京么？（丑）不是，我是老妥。（杂）是郑妥娘了。（问介）那卞玉京呢？（丑）他出家去了。（杂）咦！怎么出家的都配成对儿。（问介）后边还有一个脚小走不上来的，想是李贞丽了？（小旦）不是，李贞丽从良去了！（杂）我方才拉他下楼，他说是李贞丽，怎的又不是？（丑）想是他女儿顶名替来的。（杂）母子总是一般，只少不了数儿就好了。（望介）他早赶上来也。

【忒忒令】（旦[23]）下红楼残腊雪浓，过紫陌早春泥冻；不惯行走，脚儿十分痛。传凤诏，选蛾眉，把丝鞭，骑骄马；催花使乱拥。

奴家香君，被捉下楼，叫去学歌，是俺烟花本等，只有这点志气，就死不磨。（杂喊介）快些走动！（旦到介）（小旦）你也下楼了，屈尊，屈尊。（丑）我们造化，就得服侍皇帝了。（旦）情愿奉让罢。（同行介）（杂）前面是赏心亭了，内阁马老爷，光禄阮老爷，兵部杨老爷，少刻即到。你们各人整理伺候。（杂同小旦、丑下）（旦私语介）难得他们凑来一处，正好吐俺胸中之气。

【前腔】赵文华陪着严嵩[24]，抹粉脸席前趋奉；丑腔恶态，演出真鸣凤。俺做个女祢衡，挝渔阳，声声骂[25]；看他懂不懂。

（净扮马士英，副净扮阮大铖，末扮杨文骢，外、小生扮从人喝道上[26]）（旦避下）（副净）琼瑶楼阁朱微抹。（末）金碧峰峦粉细勾。（净）好一派雪景也。（副净）这座赏心亭，原是看雪之所。（净）怎么原是看雪之所？（副净）宋真宗曾出周防《雪图》[27]，赐与丁谓。说道："卿到金陵，可选一绝景处张之。"因建此亭。（净看壁介）这壁上单条，想是周防《雪图》了。（末）非也。这是画友蓝瑛新来见赠的[28]。（净）妙妙！你看雪压锺山，正对图画，赏心胜地，无过此亭矣。（末吩咐介）就把炉、植、游具[29]，摆设起来。（外、小生设席，坐介）（副净向净介）荒亭草具，恃爱高攀，着实得罪了。（净）说那里话。可笑一班小人，奉承权贵，费千金盛设，十分丑态，一无所取，徒传笑柄。（副净）晚生今日扫雪烹茶，清谈攀教，显得老师相高怀雅量，晚生辈也免了几笔粉抹。（净）呵呀！那戏场粉笔[30]，最是利害，一抹上脸，再洗不掉；虽有孝子慈孙，都不肯认做祖父的。（末）虽然利害，却也公道，原以儆戒无忌惮之小人，非为我辈而设。（净）据学生看来，都吃了奉承的亏。（末）为何？（净）你看前辈分宜相公严嵩，何尝不是一个文人，现今《鸣凤记》里抹了花脸，着实丑看。岂非赵文华辈奉承坏了。（副净打恭介）是是！老师相是不喜奉承的，晚生惟有心悦诚服而已。（末）请酒！（同举杯介）（副净问外介）选的妓女，可曾叫到了么？（外禀介）叫到了。（杂领众妓叩头介）（净细看介）（吩咐介）今日雅集，用不着他们，叫他礼部过堂去罢。（副净）特令到此伺候酒席的。（净）留下那个年小的罢。（众下）（净问介）他唤什么名字？（杂禀介）李贞丽。（净笑介）丽而未必贞也。（笑向副净介）我们扮过陶学士了[31]，再扮一折党太尉何如？（副净）妙妙！（唤介）贞丽过来斟酒唱曲。（旦摇头介）（净）为何摇头？（旦）不会。（净）呵呀！样样不会，怎称名妓。（旦）原非名妓。（掩泪介）（净）你有甚心事，容你说来。

【江儿水】（旦）妾的心中事，乱似蓬，几番要向君王控。拆散夫妻惊魂迸，割开母子鲜血涌，比那流贼还猛。做哑装聋，骂着不知惶恐。

（净）原来有这些心事。（副净）这个女子却也苦了。（末）今日老爷们在此行乐，不必只是诉冤了。（旦）杨老爷知道的，奴家冤苦，也值当不的一诉[32]。

【五供养】堂堂列公，半边南朝，望你峥嵘。出身希贵宠，创业选声容，后庭花又添几种[33]。把俺胡撮弄[34]，对寒风雪海冰山，苦陪觞咏。

（净怒介）哇！这妮子胡言乱道，该打嘴了。（副净）闻得李贞丽，原是张天如、夏彝仲辈品题之妓，自然是放肆的。该打该打！（末）看他年纪甚小，未必是那个李贞丽。（旦恨介）便是他待怎的！

【玉交枝】东林伯仲[35]，俺青楼皆知敬重。干儿义子从新用，绝不了魏家种。（副净）好大胆，骂的是那个？快快采去丢在雪中。（外采旦推倒介）（旦）冰肌雪肠原自同，铁心石腹何愁冻。（副净）这奴才，当着内阁大老爷，这般放肆，叫我们都开罪了。可恨可恨！（下席踢旦介）（末起拉介）（净）罢罢！这样奴才，何难处死，只怕妨了俺宰相之度。（末）是是！丞相之尊，娼女之贱，天地悬绝，何足介意。（副净）也罢！启过老师相，送入内庭，拣着极苦的脚色，叫他去当。（净）这也该的。（末）着人拉去罢！（杂拉旦介）（旦）奴家已拼一死。吐不尽鹃血满胸[36]，吐不尽鹃血满胸。

（拉旦下）（净）好好一个雅集，被这奴才搅乱坏了。可笑，可笑！（副净、末连三揖介）得罪，得罪！望乞海涵[37]，另日竭诚罢。（净）兴尽宜回春雪棹[38]。（副净）客羞应斩美人头[39]。（净、副净从人喝道下）（末吊场介[40]）可笑香君才下楼来，偏撞两个冤对[41]，这场是非免不了的。若无下官遮盖，香君性命也有些不妥哩。罢罢！选入内庭，倒也省了几日悬挂；只是媚香楼无人看守，如何是好？（想介）有了，画友蓝瑛托俺寻寓，就接他暂住楼上，待香君出来，再作商量。

赏心亭上雪初融，煮鹤烧琴宴钜公[42]；
恼杀秦淮歌舞伴，不同西子入吴宫。

【注释】

［1］选自《桃花扇》第二十四出。《桃花扇》全剧共40出，是通过明末复社文人侯方域与秦淮名妓李香君的爱情故事来表现南明一代兴亡的历史剧。

［2］乙酉：清顺治二年（1645年），即南明弘光二年。

［3］副净：戏曲角色名，与现在京剧中的二花脸相近。阮大铖：明末政治人物、戏曲作家。明亡后降清，曾迫害东林、复社文人。吉服：即礼服。

［4］衔名供奉：衔，指官衔。供奉：指以文学、技艺供奉内廷的官。

［5］贵阳相公：指首辅马士英，南明权臣，贵阳人。提挈（qiè）：提携、提拔。

［6］王铎：明末清初大臣、书画家，南明弘光元年（1644 年）十一月补大学士，后降清。

［7］钱谦益：常熟人，明万历三十八年（1610 年）进士，东林党首领，清初诗坛盟主之一，弘光时依附马士英，为礼部尚书，后降清。

［8］四种传奇：指阮大铖所作的《燕子笺》《春灯谜》《狮子赚》《双金榜》四种传奇。

［9］杨龙友：指杨文骢，字龙友，贵阳人，明末画家，抗清将领。弘光时任常州、镇江巡抚，因与马士英沆瀣一气，为世所诟病。

［10］乙酉新年人日：即南明弘光二年阴历正月初七。旧俗以阴历正月初七为人日。

［11］移樽：端着酒杯喝酒，此指设酒筵。赏心亭：在金陵水西门城楼上，下临秦淮河。

［12］“花柳”二句：意思是他们干的是隋末君臣那样纵情声色的事情，过的是晋朝大夫那样清谈贵族的生活。裙屐：六朝贵族子弟的衣着。

［13］老旦：戏曲中旦角的一种，扮演老年妇女。卞玉京：秦淮名妓，后出家。

［14］“家住”三句：意思是本是神仙中人，只恨平白被业海风吹，沦落烟花。蕊珠宫：神仙居住的地方。业海：佛家语，比喻使人沉沦的种种罪恶。

［15］一生魂在巫山洞：意思是一生过着娼妓的生活。

［16］丁继之、沈公宪、张燕筑：都是当时有名的演员。外：戏曲中角色名，一般扮演年纪较大的正派男子。净：戏曲角色，扮演性格刚烈或粗暴的人物，通称花脸。清客：旧时在富贵人家帮闲凑趣的文人。此指教授吹弹歌唱的艺人。

［17］“凤纸”二句：讽刺当时弘光皇帝昏庸无道，沉湎酒色，竟亲签诏书，召唤乐工。凤纸：即皇帝的诏书。

［18］道人醒了扬州梦：意思是他已经从歌舞繁华中清醒过来。

［19］寇白门、郑妥娘：秦淮名妓。小旦：戏曲角色，扮演年轻女子。丑：戏曲角色，扮演滑稽人物，鼻梁上抹白粉，有文丑、武丑之分。

［20］杂：是生、旦、净、丑等以外的角色，一般是扮演剧中各种临时上场、无关紧要的人物。

［21］柳绵浮水又成萍：我国古代传说，以为浮萍是柳绵入水所化的。

［22］擫笛傍宫墙：这里用唐人李谟的故事。元稹《连昌宫词》：“李谟擫笛傍宫墙，偷得新翻数般曲。”这里仅用诗句的字面意思，指沈公宪、张燕筑到宫中教唱。擫（yè）：同“擪”，用手指按。

［23］旦：传统戏剧中的女性角色。女主角称正旦，又有副旦、贴旦、外旦、小旦、大旦、老旦、花旦、色旦、搽旦等。此指本剧女主角李香君，秦淮名妓。

［24］赵文华陪着严嵩：严嵩：明代奸相，累官至太子太师，和儿子严蕃、私党赵文华等。恃宠揽权，御史杨继盛因弹劾他，被他害死。明传奇《鸣凤记》即演其事。这里以《鸣凤记》中的赵文华、严嵩故事，喻阮大铖阿谀奉承马士英，丑态百出。

［25］“俺做个”三句：用徐渭《四声猿·渔阳三弄》中祢衡死后在阴间击鼓骂曹操的情节，写李香君以祢衡自比，要在筵席上与马士英做面对面的斗争。

［26］末：戏曲角色，一般扮演中年以上男子。小生：戏曲角色，有时也作正生，以扮演风流潇洒的男子为主。

［27］“宋真宗”以下五句：事见《渑水燕谈录》：“晋公（丁谓）始典金陵，陛辞日，真宗出周防《袁安卧雪图》曰：‘付卿到金陵，选一绝景张之。’公遂张于赏心亭。”周防：唐京兆（今西安市）人，善画人物。

［28］蓝瑛：字田叔，号石头陀，明末钱塘（今杭州）人。擅画山水，兼工人物、花鸟、兰竹，人称“浙派殿军”。

［29］榼（kē）：古代盛酒的器具。

［30］“戏场粉笔”二句：我国戏曲里演曹操、严嵩等奸臣的，要用粉笔开大白脸，因此马士英说它厉害。

［31］陶学士：指陶谷，五代至北宋人，历仕晋、汉，至周为翰林学士。入宋后，历任礼、刑、户三部尚书。他曾得宋太尉党进的家姬，一天，陶谷掬雪水烹茶，问那家姬说：“党家有这样的风味么?”家姬答道：“他是粗人，只知道在销金帐下浅斟低唱，饮羊羔美酒，哪有这种风味。”这里引用此典，拿陶学士和党太尉代表雅俗不同的两种生活。

［32］值当不的：即不值得。

［33］后庭花：歌曲名，南朝陈后主（陈叔宝）曾作《玉树后庭花》。陈常与贵妃、学士、狎客写诗听曲，不理政事，以致亡国，故后人一般用“后庭花”喻亡国之音。

［34］胡撮弄：任意摆布玩弄之意。

［35］东林：即东林党。伯仲：本指兄弟，此指同党。下文“魏家种”指魏忠贤阉党，曾大肆迫害东林党人。曲词以“魏家种”影射阮大铖、马士英之流。

［36］鹃血：传说杜鹃啼声凄苦，甚至口中啼血。此处喻悲愤之情。

［37］海涵：即海量包涵。

［38］兴尽宜回春雪棹：事见《世说新语》：东晋时，王子猷雪夜乘船到剡溪访问戴安道，当船将到时，他却命船夫原路返回。船夫问他，他说：“乘兴而来，兴尽而返，何必见戴?”

［39］客羞应斩美人头：事见《史记·平原君列传》：平原君的美人在楼上看见一个跛子，不觉大笑，跛子告诉了平原君，平原君没有理他，门下食客以为他“爱色而贱士”，逐渐散去。平原君为此斩了那个美人，向跛子谢罪。

［40］吊场：明清传奇演出时常用的形式。在每出戏里，大多数人物已下场，只留个别或一部分人在场上表演一段有相对独立性的情节，名为“吊场”。

［41］冤对：即冤家对头。

［42］煮鹤烧琴宴钜公：煮鹤烧琴指煞风景的事情。钜公：达官贵人。

【赏析】

《桃花扇》是一部反映南明弘光王朝覆亡的历史剧，是“借离合之情，写兴亡之感”。

明末复社名士侯方域寓居南京，与秦淮名妓李香君交好。原光禄卿阮大铖依附阉党魏忠贤，为士林所不齿，为改变自己的尴尬处境，欲拉拢侯方域。于是托人给李香君送去妆奁，深明大义的李香君严词拒绝。后来侯方域被阮大铖谗害，离开南京，避难于史可法处。此时李自成进京，崇祯皇帝自缢。阮大铖、马士英等阉党余孽，拥立福王建立弘光政权，大肆捕杀与之对抗的复社人士，并逼迫李香君嫁漕抚田仰。香君坚决不从，以头撞地，血溅在侯方域赠给她的一把宫扇上，友人杨文骢点染成一树桃花。清兵南下，南京陷落，侯方域与李香君在道观相见，被道士点化后，各自出家。全剧通过侯方域和李香君的爱情故事，用一把扇子，将包括南明兴亡史庞大内容在内的复杂剧情，有机地贯串在一起，组成《桃花扇》宏伟的结构，表现了剧作家的独特匠心和卓越的艺术才华。

《骂筵》是《桃花扇》中最为精彩的一出。在清兵南下，国家危急之际，南明王朝却沉湎于纸醉金迷之中。福王尸位素餐误国；马士英、阮大铖把持朝政，作威作福。李香君则在《骂筵》的尖锐戏剧冲突中表现出富贵不能淫、威武不能屈的英雄胆魄，焕发出这一艺术形象的奇光异彩。

《骂筵》塑造了李香君不同凡响的正义性格。首先，剧本将她置于各具特色的人物群像之中，进行鲜明的对比。李香君和马、阮之流代表着两种截然不同的审美格调，孔尚任透过矛盾双方的审美观照，达到弱化马、阮和强化李香君的目的。孔尚任的高明之处还在于，刻画同一阶级的人物时，没有简单地将其性格雷同化，而是在不同的精神状态中表现出人物的不同性格，例如，面对朝廷选优，卞玉京和丁继之一逃了之，消极抵抗；郑妥娘和寇白门浑浑噩噩，甘心顺从；李香君则大义凛然，痛斥奸党。其次，孔尚任还为李香君的出场渲染了自然环境。如“下红楼残腊雪浓，过紫陌早春泥冻”，她一出场，凛冽的寒冬衬托出肃杀的政治气候；同时，寒冷的自然环境也便于香君即景抒情，“冰肌雪肠原自同，铁心石腹何愁冻”，生动地表现出李香君誓死不与阉党同流合污的坚强意志。

孔尚任一向强调历史剧创作要谨守史范，但要达此目的，剧作家在主要人物及主要事件不违背历史真实的前提下，还要发挥自己的艺术主动性，因此，并不排斥大胆的艺术虚构。李香君的这场《骂筵》，便是“添事求似”的真人假事，因着这点渲染，历史中稍嫌平板的香君形象，显得更加飞越灵动。正如法国作家德尼·狄德罗所说，戏剧家“在真实上不如历史家，在逼真上却胜过历史家”。“一曲歌同易水悲”，《桃花扇》为何能使勾栏争唱、唏嘘而散？因为它勾起了人们的亡国之痛！《骂筵》这首悲壮的千古绝唱，几百年来一直拨动着历史和人类沉重的心弦。

牡丹亭·惊梦（节选）

汤显祖

◎汤显祖（1550—1616），中国明代戏曲家、文学家。字义仍，号海若、若士、清远道人。汉族，江西临川人。汤氏祖籍临川县云山乡，后迁居汤家山（今抚州市）。出身书香门第，早有才名，他不仅古文诗词颇精，而且能通天文地理、医药卜筮诸书。34 岁中进士，在南京先后任太常寺博士、詹事府主簿和礼部祠祭司主事。

【绕池游】（旦上）梦回莺啭，乱煞年光遍[1]。人立小庭深院。（贴）炷尽沉烟[2]，抛残绣线，恁今春关情似去年[3]？

【乌夜啼】（旦）晓来望断梅关[4]，宿妆残。（贴）你侧着宜春髻子恰凭阑[5]。（旦）翦不断，理还乱[6]，闷无端。（贴）已分付催花莺燕借春看。（旦）春香，可曾叫人扫除花径？（贴）分付了。（旦）取镜台衣服来。（贴取镜台衣服上）“云髻罢梳还对镜，罗衣欲换更添香[7]。”镜台衣服在此。

【步步娇】（旦）袅晴丝吹来闲庭院[8]，摇漾春如线。停半晌、整花钿[9]。没揣菱花[10]，偷人半面，迤逗的彩云偏[11]。（行介）步香闺怎便把全身现！

（贴）今日穿插的好。

【醉扶归】（旦）你道翠生生出落的裙衫儿茜[12]，艳晶晶花簪八宝填[13]，可知我常一生儿爱好是天然[14]。恰三春好处无人见[15]。不堤防沉鱼落雁鸟惊喧，则怕的羞花闭月花愁颤。（贴）早茶时了，请行。（行介）你看："画廊金粉半零星，池馆苍苔一片青。踏草怕泥新绣袜[16]，惜花疼煞小金铃。[17]"（旦）不到园林，怎知春色如许！

【皂罗袍】原来姹紫嫣红开遍，似这般都付与断井颓垣[18]。良辰美景奈何天，赏心乐事谁家院[19]！恁般景致，我老爷和奶奶再不提起。（合）朝飞暮卷[20]，云霞翠轩；雨丝风片，烟波画船——锦屏人忒看的这韶光贱[21]！

（贴）是花都放了，那牡丹还早。

【好姐姐】（旦）遍青山啼红了杜鹃[22]，荼蘼外烟丝醉软[23]。春香呵，牡丹虽好，他春归怎占的先！（贴）成对儿莺燕呵。（合）闲凝眄[24]，生生燕语明如剪[25]，呖呖莺歌溜的圆[26]。

（旦）去罢。（贴）这园子委是观之不足也。（旦）提他怎的！（行介）

【隔尾】观之不足由他缱[27]，便赏遍了十二亭台是枉然。到不如兴尽回家闲过遣[28]。

（作到介）（贴）"开我西阁门，展我东阁床[29]。瓶插映山紫[30]，炉添沉水香。"小姐，你歇息片时，俺瞧老夫人去也。（下）

【注释】

［1］乱煞：纷纭，缭乱；年光：春光。

［2］炷（zhù）：燃，烧。沉烟：沉香燃烧的烟，这里借指沉香。沉香是一种香料。

［3］恁（nèn）：恁么，为什么；似：胜似。这句意思是，为什么今年对春光的关切之情胜似去年呢？

［4］梅关：指大庾岭，广东、江西交界的地方，宋朝在此设有梅关。事实上杜丽娘当时并没有真的在望梅关。因为柳梦梅家住岭南，他从广东到江西来，必经过大庾岭，所以"望断梅关"暗指杜丽娘日后朝思暮想的意中人就是柳梦梅。

［5］宜春髻子：饰有宜春彩燕的发髻。古代妇女于立春日，剪彩为燕形，贴宜春字戴之。见《荆楚岁时记》。

［6］"翦不断，理还乱"句：语出李煜词《乌夜啼》，这里譬喻杜丽娘无法摆脱由于长期禁锢而产生的苦闷。

［7］"云髻"二句：引自唐薛逢《宫词》。

［8］晴丝：游丝，虫类所吐的丝缕。常在空中飘游，在春天晴朗的日子最易看见。"晴丝"同"情思"谐语双关。

［9］花钿：花朵形状的首饰。

［10］没揣：不料；菱花：镜子。

［11］迤（yǐ）逗：挑逗，引诱；彩云：指样式美好的发髻。

［12］翠生生：色彩鲜明；出落的：显得；茜：鲜明。

［13］艳晶晶：极言光彩绚丽灿烂；花簪：用珍宝嵌饰成簪子；八宝：泛指各种珍宝；填：镶嵌。

［14］爱好：爱美；天然：天性。

［15］三春好处：比喻青春美貌。三春，农历正月、二月、三月，分别称孟春、仲春、季春。

［16］泥：沾污。

［17］“惜花”句：《开元天宝遗事》记：“天宝初，宁王……于后园中纫红丝为绳，密缀金铃，掣于花梢之上。每有鸟鹊翔集，则令园吏掣铃索以掣之。盖惜花之故也。”疼，因惜花常常掣铃，连小金铃都被拉得疼煞了。

［18］断井：废弃了的井；颓垣：倒了的墙。

［19］“良辰”二句：语出谢灵运《拟魏太子邺中集诗序》：“天下良辰、美景、赏心、乐事，四者难并。”

［20］朝飞暮卷：语出唐王勃《滕王阁诗》：“画栋朝飞南浦云，珠帘暮卷西山雨。”

［21］锦屏人：闺中人；忒：太；韶光：春光。

［22］啼红了杜鹃：开遍了红色的杜鹃花。相传杜鹃鸟啼血，故有此联想。

［23］荼蘼：一种花名；烟丝：即上文所说的晴丝。

［24］凝眄（miǎn）：目不转睛地看。

［25］“生生”句：谓燕子的叫声清脆明快。生生，形容叫声清脆。明如剪，明快如剪刀。

［26］“呖呖”句：形容莺啼声圆润动听。

［27］缱：留恋、牵挂。

［28］过遣：清遣，排遣。

［29］“开我西阁门”二句：语出《木兰诗》：“开我东阁门，坐我西阁床。”

［30］映山紫：映山红（杜鹃）的一种。

【赏析】

《牡丹亭》共55出。剧写南宋年间，南安太守杜宝有一女儿丽娘，管教甚严，请来腐儒陈最良，教丽娘读书。丽娘因不满礼教束缚，终日苦闷。在婢女春香的怂恿下，私出游园，由大好春色而萌动情思，在梦中与书生柳梦梅幽会。梦中的爱情是如此美好，以至杜丽娘又不由自主地到花园去寻梦。梦不可寻，丽娘便相思成疾，伤情而死。杜宝升任安抚使，镇守淮扬，离南安时，在女儿的墓地建造梅花观。柳生进京赶考，卧病梅花观中，拾得杜丽娘自画像，并与丽娘幽灵相会。柳生掘墓开棺，杜丽娘起死回生。两人结成夫妇，同往临安。柳生在临安应试后，恰逢金兵南侵，延迟发榜。受丽娘之托，柳生去淮扬探望岳丈，却被杜宝误认为盗墓贼，备受侮辱拷打。敌兵退后，柳生高中状元，杜宝仍不肯与女儿、女婿相认。后由皇帝传旨，方才认可婚事，合家团圆。这部传奇以浪漫主义的表现手法，热情歌颂了超越生死、冲破礼教束缚的至真至深的爱情，具有动人心魄的艺术力量。

本篇节选自《牡丹亭》第十出《惊梦》。《惊梦》是《牡丹亭》中最为精彩的一出，显示出了作者惊人的艺术才能和技巧。汤显祖以抒情诗的手法非常细致而生动地刻画出杜丽娘的伤春感情，展示了一幅美丽动人的图画，把抒情、写景和刻画人物心理活动非常巧妙而成功地结合在一起，意中有景，景中有情，情景交融。在全剧的情节发展中，这一出也很重要。游园之后，杜丽娘的心理情感产生了变化，从一位养在深闺的性情柔顺、举止端庄的千金小姐，变而为向往大自然、大胆追求幸福生活的青春少女。所以这一出，既能领略《牡丹亭》的艺术美，也能理解其思想意蕴。

雷雨（节选）

（第二幕节选）

曹禺

◎曹禺（1910—1996），中国现代著名戏剧家。曹禺出生于天津一个没落的官僚家庭。青少年时代接触了大量外国著名戏剧家的作品，并参加了南开新剧团的演出。1928 年入南开大学，第二年转入清华大学外语系，专攻西洋文学，同时酝酿剧本《雷雨》的创作。1933 年毕业后，以优异成绩考入清华研究院，专门进行戏剧研究。不久，开始从事教学工作。

1934 年，四幕话剧《雷雨》问世，并以其独特魅力引起社会的强烈反响。1936 年，曹禺发表《日出》。这两部话剧剧本曾被译为多种文字出版，奠定了曹禺在中国话剧史上的地位，也为中国现代戏剧的发展起到了奠基作用。1937 年完成剧本《原野》，1939 年完成剧本《蜕变》，1940 年完成剧本《北京人》。1942 年将巴金的长篇小说《家》改编成话剧。1946 年应邀到美国讲学。1948 年回国。新中国成立后，他除了担任文艺界、戏剧界领导工作外，仍继续写作。

午饭后，天气更阴沉，更郁热，潮湿的空气，低压着在屋内的人，使人成为烦躁的了。周萍一个人由饭厅走上来，望望花园，冷清清的，没有一个人。偷偷走到书房门口，书房里是空的，也没有人。忽然想起父亲在别的地方会客，他放下心，又走到窗户前开窗门，看着外面绿荫荫的树丛。低低地吹出一种奇怪的哨声，中间他低沉地叫了两三声“四凤!”不一时，好像听见远处有哨声在回应，渐移渐近，他又缓缓地叫了一声“凤儿!”门外有一个女人的声音，“萍，是你么?”萍就把窗门关上。

四凤由外面轻轻地跑进来。

周　萍　（回头，望着中门，四凤正从中门进，低声，热烈地）凤儿!（走近，拉着她的手。）

鲁四凤　不，（推开他）不。（谛听，鲁四凤四面望）看看，有人!

周　萍　没有，凤，你坐下。（推她到沙发坐下）

鲁四凤　（不安地）老爷呢?

周　萍　在大客厅会客呢。

鲁四凤　（坐下，叹一口长气，望着）总是这样偷偷摸摸的。

周　萍　嗯。

鲁四凤　你连叫我都不敢叫。

周　萍　所以我要离开这儿啦。

鲁四凤　（想一下）哦，太太怪可怜的，为什么老爷回来，头一次见太太就发这么大的脾气。

周　萍　父亲就是这个样，他的话，向来不能改的。他的意见就是法律。

鲁四凤　我——我怕得很。

周　萍　怕什么。

鲁四凤　我怕万一老爷知道了，我怕。有一天，你说过，要把我们的事告诉老爷的。

周　萍　可怕的事不在这儿。

鲁四凤　还有什么。

周　萍　（忽然地）你没有听见什么话。

鲁四凤　什么？（停）没有。

周　萍　关于我，你没有听见什么。

鲁四凤　没有。

周　萍　从来没听见过什么。

鲁四凤　（不愿提）没有——你说什么。

周　萍　那——没什么！没什么。

鲁四凤（真挚地）我信你，我相信你以后永远不会骗我。这我就够了。——刚才，我听你说，你明天就要到矿上去。

周　萍　我昨天晚上已经跟你说过了。

鲁四凤　（爽直地）你为什么不带我去。

周　萍　因为……（笑）因为我不想带你去。

鲁四凤　这边的事我早晚是不能做的。——太太说不定今天要辞掉我。

周　萍　（没想到）她要辞掉你，——为什么。

鲁四凤　你不要问。

周　萍　不，我要知道。

鲁四凤　自然因为我做错了事。我想，太太大概没有这个意思。也许是我瞎猜。（停）萍，你带我去好不好。

周　萍　不。

鲁四凤　（温柔地）周萍，我好好地侍候你，你需要这么一个人。我给你缝衣服，烧饭做菜，我都做得好，只要你叫我跟你在一块儿。（周萍不做声）

周　萍　哦，我还要一个女人，跟着我，侍候我，叫我享福？难道，这些年，在家里，这种生活我还不够么？

鲁四凤　我知道你一个人在外头是不成的。

周　萍　凤，你看不出来，现在我怎么能带你出去？——你这不是孩子话么。

鲁四凤　周萍，你带我走！我不连累你，要是在外面因为我，说你的坏话，我立刻就走。你——你不要怕。

周　萍　（急躁地）凤，你以为我这么自私自利么？你不应该这么想我。——哼，我怕，我怕什么？（管不住自己）这些年，我的心都死了，我恨极了我自己。

现在我的心刚刚有点生气了，我能放开胆子喜欢一个女人，我反而怕人家骂？哼，让大家说吧，周家大少爷看上他家里面的女下人，怕什么，我喜欢她。

鲁四凤　（安慰他）萍，不要难过。你做了什么，我也不怨你的。（想）

周　萍　（平静下来）你现在想什么？

鲁四凤 我想，你走了以后，我怎么样。

周　萍 你等着我。

鲁四凤 （苦笑）可是你忘了一个人。

周　萍 谁。

鲁四凤 他总不放松我。

周　萍 哦，他呀——他又怎么样。

鲁四凤 他又把前一个月的话跟我提了。

周　萍 他说，他爱你。

鲁四凤 不，他问我肯嫁他不肯。

周　萍 你呢。

鲁四凤 我先没有说什么，后来他逼着问我，我只好告诉他实话。

周　萍 实话。

鲁四凤 我没有说旁的。我只提我已经许了人家。

周　萍 他没有问旁的。

鲁四凤 没有，他倒说，他要供给我上学。

周　萍 上学？（笑）他真呆气！——可是，谁知道，你听了他的话，也许很喜欢的。

鲁四凤 你知道我不喜欢，我愿意老陪着你。

周　萍 可是我已经快三十了，你才十八，我也不比他的将来有希望，并且我做过许多见不得人的事。

鲁四凤 萍，你不要同我瞎扯，我现在心里很难过。你得想出法子，他是个孩子，老是这样装着腔，对付他，我实在不喜欢。你又不许我跟他说明白。

周　萍 我没有叫你不跟他说。

鲁四凤 可是你每次见我跟他在一块儿，你的神气，偏偏——

周　萍 我的神气那自然是不快活的。我看见我最喜欢的女人时常跟别人在一块儿。哪怕他是我的弟弟，我也不情愿的。

鲁四凤 你看你又扯到别处。周萍，你不要扯，你现在到底对我怎么样？你要跟我说明白。

周　萍 我对你怎么样？（他笑了。他不愿意说，他觉得女人们都有些呆气，这一句话似乎有一个女人也这样问过他，他心里隐隐有些痛）要我说出来？只好（笑）那么，你要我怎么说呢。

鲁四凤 （苦恼地）萍，你别这样待我好不好？你明明知道我现在什么都是你的，你还——你还这样欺负人。

周　萍 （他不喜欢这样，同时又以为她究竟有些不明白）哦！（叹一口气）天哪！

鲁四凤 萍，我父亲只会跟我要钱，我哥哥瞧不起我，说我没有志气，我母亲如果知道了这件事，她一定恨我。哦，萍，没有你就没有了我。我父亲，我哥哥，我母亲，他们也许有一天会不理我，你不能够的，你不能够的。（抽咽）

周　萍 四凤，不，不，别这样，你让我好好地想一想。

鲁四凤 我的妈最疼我，我的妈不愿意我在公馆里做事，我怕她万一看出我的谎话，知道我在这里做了事并且同你……如果你又不是真心的，……那我——那我就伤了我妈的心了。（哭）还有……

周　萍　不，凤，你不该这样疑心我。我告诉你，今天晚上我预备到你那里去。

鲁四凤　不，我妈今天回来。

周　萍　那么，我们在外面会一会好么。

鲁四凤　不成，我妈晚上一定会跟我谈话的。

周　萍　不过，明天早车我就要走了。

鲁四凤　你真不预备带我走么。

周　萍　孩子！那怎么成。

鲁四凤　那么，你——你叫我想想。

周　萍　我先要一个人离开家，过后，再想法子，跟父亲说明白，把你接出来。

鲁四凤　（看着他）也好，那么今天晚上你只好到我家里来。我想，那两间房子，爸爸跟妈一定在外房睡，哥哥总是不在家睡觉，我的房子在半夜里一定是空的。

周　萍　那么，我来还是先吹哨，（吹一声）你听得清楚吧。

鲁四凤　嗯，我要是叫你来，我的窗上一定有个红灯，要是没有灯，那你千万不要来。

周　萍　不要来。

鲁四凤　那就是我改了主意，家里一定有许多人。

周　萍　好，就这样。十一点钟。

鲁四凤　嗯，十一点。（鲁贵由中门上，见四凤和大少爷在这里，突然停止，故意地做出懂事的假笑）

鲁　贵　哦！（向四凤）我正要找你。（向周萍）大少爷，您刚吃完饭。

鲁四凤　找我有什么事。

鲁　贵　你妈来了。

鲁四凤　（喜形于色）妈来了，在哪儿。

鲁　贵　在门房，跟你哥哥刚见面，说着话呢。（四凤跑向中门）

周　萍　四凤，见着你妈，跟我问问好。

鲁四凤　谢谢您，回头见。（四凤下）

鲁　贵　大少爷，您是明天起身么。

周　萍　嗯。

鲁　贵　让我送送您。

周　萍　不用，谢谢你。

鲁　贵　平时总是你心好，照顾着我们。您这一走，我同我这丫头都得惦记着您了。

周　萍　（笑）你又没有钱了吧。

鲁　贵　（好笑）大少爷，您这可是开玩笑了。——我说的是实话，四凤知道，我总是背后说大少爷好的。

周　萍　好吧。——你没有事么？

鲁　贵　没事，没事，我只跟您商量点闲拌儿。您知道，四凤的妈来了，楼上的太太要见她，……（周繁漪由饭厅上，鲁贵一眼看见她，话说成一半，又吞进去。）

鲁　贵　哦，太太下来了！太太，您病完全好啦？（繁漪点一点头）鲁贵直惦记着。

周繁漪 好，你下去吧。(鲁贵鞠躬由中门下)

周繁漪 （向萍）他上哪去了？

周 萍 （莫明其妙）谁？

周繁漪 你父亲。

周 萍 他有事情，见客，一会儿就回来。弟弟呢？

周繁漪 他只会哭，他走了。

周 萍 （怕和她一同在这间屋里）哦。（停）我要走了，我现在要收拾东西去。(走向饭厅)

周繁漪 回来，(周萍停步）我请你略微坐一坐。

周 萍 什么事？

周繁漪 （阴沉地）有话说。

周 萍 （看出她的神色）你像是有很重要的话跟我谈似的。

周繁漪 嗯。

周 萍 说吧。

周繁漪 我希望你明白方才的情形。这不是一天的事情。

周 萍 （躲避地）父亲一向是那样，他说一句就是一句的。

周繁漪 可是人家说一句，我就要听一句，那是违背我的本性的。

周 萍 我明白你。(强笑）那么你顶好不听他的话就得了。

周繁漪 萍，我盼望你还是从前那样诚恳的人。顶好不要学着现在一般青年人玩世不恭的态度。你知道我没有你在我面前，这样，我已经很苦了。

周 萍 所以我就要走了。不要叫我们见着，互相提醒我们最后悔的事情。

周繁漪 我不后悔，我向来做事没有后悔过。

周 萍 （不得已地）我想，我很明白地对你表示过。这些日子我没有见你，我想你很明白。

周繁漪 很明白。

周 萍 那么，我是个最糊涂，最不明白的人。我后悔，我认为我生平做错一件大事。我对不起自己，对不起弟弟，更对不起父亲。

周繁漪 （低沉地）但是最对不起的人有一个，你反而轻轻地忘了。

周 萍 我最对不起的人，自然也有，但是我不必同你说。

周繁漪 （冷笑）那不是她！你最对不起的是我，是你曾经引诱过的后母！

周 萍 （有些怕她）你疯了。

周繁漪 你欠了我一笔债，你对我负着责任；你不能看见了新的世界，就一个人跑。

周 萍 我认为你用的这些字眼，简直可怕。这种字句不是在父亲这样——这样体面的家庭里说的。

周繁漪 （气极）父亲，父亲，你撇开你的父亲吧！体面？你也说体面？（冷笑）我在这样的体面家庭已经十八年啦。周家家庭里做出的罪恶，我听过，我见过，我做过。我始终不是你们周家的人。我做的事，我自己负责任。不像你们的祖父，叔祖，同你们的好父亲，偷偷做出许多可怕的事情，祸移在别人身上，外面还是一副道德面孔，慈善家，社会上的好人物。

周 萍 繁漪，大家庭自然免不了不良分子，不过我们这一支，除了我，……

周繁漪 都一样，你父亲是第一个伪君子，他从前就引诱过一个良家的姑娘。

周 萍 你不要乱说话。

周繁漪 萍，你再听清楚点，你就是你父亲的私生子！

周 萍 （惊异而无主地）你瞎说，你有什么证据。

周繁漪 请你问你的体面父亲，这是他十五年前喝醉了的时候告诉我的。（指桌上相片）你就是这年青的姑娘生的小孩。她因为你父亲又不要她，就自己投河死了。

周 萍 你，你，你简直……——好，好，（强笑）我都承认。你预备怎么样？你要跟我说什么。

周繁漪 你父亲对不起我，他用同样手段把我骗到你们家来，我逃不开，生了冲儿。十几年来像刚才一样的凶横，把我渐渐地磨成了石头样的死人。你突然从家乡出来，是你，是你把我引到一条母亲不像母亲，情妇不像情妇的路上去。是你引诱我的！

周 萍 引诱！我请你不要用这两个字好不好？你知道当时的情形怎么样。

周繁漪 你忘记了在这屋子里，半夜，我哭的时候，你叹息着说的话么？你说你恨你的父亲，你说过，你愿他死，就是犯了灭伦的罪也干。

周 萍 你忘了。那时我年轻，我的热叫我说出来这样糊涂的话。

周繁漪 你忘了，我虽然只比你大几岁，那时，我总还是你的母亲，你知道你不该对我说这种话么。

周 萍 哦——（叹一口气）总之，你不该嫁到周家来，周家的空气满是罪恶。周家有的是做过坏事杀过人的祖先。

周繁漪 对了，罪恶，罪恶。你的祖宗们就不曾清白过，你们家里永远是不干净。

周 萍 年轻人一时糊涂，做错了的事，你就不肯原谅么？（苦恼地皱着眉）

周繁漪 这不是原谅不原谅的问题，我已预备好棺材，安安静静地等死，一个人偏把我救活了又不理我，撇得我枯死，慢慢地渴死。让你说，我该怎么办？

周 萍 那，那我也不知道，你来说吧！

周繁漪 （一字一字地）我希望你不要走。

周 萍 怎么，你要我陪着你，在这样的家庭，每天想着过去的罪恶，这样活活地闷死么。

周繁漪 你既知道这家庭可以闷死人，你怎么肯一个人走，把我放在家里。

周 萍 你没有权利说这种话，你是冲弟弟的母亲。

周繁漪 我不是！我不是！自从我把我的性命，名誉，交给你，我什么都不顾了。我不是他的母亲。不是，不是，我也不是周朴园的妻子。

周 萍 （冷冷地）如果你以为你不是父亲的妻子，我自己还承认我是我父亲的儿子。

周繁漪 （不曾想到他会说这一句话，呆了一下）哦，你是你父亲的儿子。——这些月，你特别不来看我，是怕你的父亲。

周 萍 也可以说是怕他，才这样的吧。

周繁漪 你这一次到矿上去，也是学着你父亲的英雄榜样，把一个真正明白你，爱你的人丢开不管么。

周　萍　这么解释也未尝不可。

周繁漪　（冷冷地）怎么说，你到底是你父亲的儿子。（笑）父亲的儿子？（狂笑）父亲的儿子？（狂笑，忽然冷静严厉地）哼，都是些没有用，胆小怕事，不值得人为他牺牲的东西！我恨着我早没有知道你！

周　萍　那么你现在知道了！我对不起你，我已经同你详细解释过，我厌恶这种不自然的关系。我告诉你，我厌恶。我负起我的责任，我承认我那时的错，然而叫我犯了那样的错，你也不能完全没有责任。你是我认为最聪明，最能了解的女子，所以我想，你最后会原谅我。我的态度，你现在骂我玩世不恭也好，不负责任也好，我告诉你，我盼望你这一次的谈话是我们最末一次谈话了。（走向饭厅门）

周繁漪　（沉重地语气）站着。（周萍立住）我希望你明白我刚才说的话，我不是请求你。我盼望你用你的心，想一想，过去我们在这屋子里说的，（停，难过）许多，许多的话。一个女子，你记着，不能受两代的欺侮，你可以想一想。

周　萍　我已经想得很透彻，我自己这些天的痛苦，我想你不是不知道，好请你让我走吧。（周萍由饭厅下）

繁漪的眼泪一颗颗地流在腮上，她走到镜台前，照着自己苍白的有皱纹的脸，便嘤嘤地扑在镜台上哭起来。（鲁贵偷偷地由中门走进来，看见太太在哭）

鲁　贵　（低声）太太！

周繁漪　（突然站起）你来干什么。

鲁　贵　鲁妈来了好半天啦！

周繁漪　谁？谁来了好半天啦。

鲁　贵　我家里的，太太不是说过要我叫她来见么。

周繁漪　你为什么不早点来告诉我。

鲁　贵　（假笑）我倒是想着，可是我（低声）刚才瞧见太太跟大少爷说话，所以就没有敢惊动您。

周繁漪　啊你，你刚才在——

鲁　贵　我？我在大客厅里伺候老爷见客呢！（故意地不明白）太太有什么事么。

周繁漪　没什么，那么你叫鲁妈进来吧。

鲁　贵　（谄笑）我们家里是个下等人，说话粗里粗气，您可别见怪。

周繁漪　都是一样的人。我不过想见一见，跟她谈谈闲话。

鲁　贵　是，那是太太的恩典。对了，老爷刚才跟我说，怕明天要下大雨，请太太把老爷的那一件旧雨衣拿出来，说不定老爷就要出去。

周繁漪　四凤跟老爷检的衣裳，四凤不会拿么？

鲁　贵　我也是这么说啊，您不是不舒服么？可是老爷吩咐，不要四凤，还是要太太自己拿。

周繁漪　那么，我一会儿拿来。

鲁　贵　不，是老爷吩咐，说现在就要拿出来。

周繁漪　哦，好，我就去吧。——你现在叫鲁妈进来，叫她在这房里等一等。

鲁　贵　是，太太。（鲁贵下，繁漪的脸更显得苍白，她在极力压制自己的烦郁。）

周繁漪　（把窗户打开吸一口气，自语）热极了，闷极了，这里真是再也不能住的。

我希望我今天变成火山的口，热烈烈地冒一次，什么我都烧个干净，当时我就再掉在冰川里，冻成死灰，一生只热热烈烈地烧一次，也就算够了。我过去的是完了，希望大概也是死了的。哼，什么我都预备好了，来吧，恨我的人，来吧。叫我失望的人，叫我嫉妒的人，都来吧，我在等候着你们。（望着空空的前面继而垂下头去，鲁贵上）

鲁　贵　刚才小当差进来，说老爷催着要。

周繁漪　（抬头）好，你先去吧。我叫陈妈送去。

（周繁漪由饭厅下，鲁贵由中门下。移时鲁妈——即鲁侍萍——与四凤上。鲁妈的年纪约有四十七岁的光景，鬓发已经有点斑白，面貌白净，看上去也只有三十八九岁的样子。她的眼有些呆滞，时而呆呆地望着前面，但是在那修长的睫毛，她圆大的眸子间，还寻得出她少年时静慧的神韵。她的衣服朴素而有身份，旧蓝布裤褂，很洁净地穿在身上。远远地看着，依然像大家户里落魄的妇人。她的高贵的气质和她的丈夫的鄙俗，奸小，恰成一个强烈的对比。）

（她的头还包着一条白布手巾，怕是坐火车围着避土的，她说话总好微微地笑，尤其因为刚见着两年未见的亲儿女，神色还是快慰地闪着快乐的光彩。她的声音很低，很沉稳，语音像一个南方人曾经和北方人相处很久，夹杂着许多模糊，轻快的南方音，但是她的字句说得很清楚。她的牙齿非常整齐，笑的时候在嘴角旁露出一对深深的笑窝，叫我们想起来四凤笑时口旁一对浅浅的窝影。）

（鲁妈拉着女儿的手，四凤就像个小鸟偎在她身边走进来。后面跟着鲁贵，提着一个旧包袱。他骄傲地笑着，比起来，这母女的单纯的欢欣，他更是粗鄙了。）

鲁四凤　太太呢？

鲁　贵　就下来。

鲁四凤　妈，您坐下。（鲁妈坐）您累么？

鲁侍萍　不累。

鲁四凤　（高兴地）妈，您坐一坐。我给您倒一杯冰镇的凉水。

鲁侍萍　不，不要走，我不热。

鲁　贵　凤儿，你跟你妈拿一瓶汽水来（向鲁妈），这公馆什么没有？一到夏天，柠檬水，果子露，西瓜汤，橘子，香蕉，鲜荔枝，你要什么，就有什么。

鲁侍萍　不，不，你别听你爸爸的话。这是人家的东西。你在我身旁跟我多坐一会儿，回头跟我同——同这位周太太谈谈，比喝什么都强。

鲁　贵　太太就会下来，你看你，那块白包头，总舍不得拿下来。

鲁侍萍　（和蔼地笑着）真的，说了那么半天。（笑望着鲁四凤）连我在火车上搭的白手巾都忘了解啦。（要解它）

鲁四凤　（笑着）妈，您让我替您解开吧。（走过去解。这里，鲁贵走到小茶几旁，又偷偷地把烟放在自己的烟盒里。）

鲁侍萍　（解下白手巾）你看我的脸脏么？火车上尽是土，你看我的头发，不要叫人家笑。

鲁四凤　不，不，一点都不脏。两年没见您，您还是那个样。

鲁侍萍　哦，凤儿，你看我的记性。谈了这半天，我忘记把你顶喜欢的东西跟你拿出来啦。

鲁四凤 什么？妈。

鲁侍萍 （由身上拿出一个小包来）你看，你一定喜欢的。

鲁四凤 不，您先别给我看，让我猜猜。

鲁侍萍 好，你猜吧。

鲁四凤 小石猴。

鲁侍萍 （摇头）不对，太大了。

鲁四凤 小粉扑子。

鲁侍萍 （摇头）给你那个有什么用。

鲁四凤 哦，那一定是小针线盒。

鲁侍萍 （笑）差不多。

鲁四凤 那您叫我打开吧。（忙打开纸包）哦！妈！顶针！银顶针！爸，您看，您看！（给鲁贵看）。

鲁　贵 （随声说）好！好！

鲁四凤 这顶针太好看了，上面还镶着宝石。

鲁　贵 什么？（走两步，拿来细看）给我看看。

鲁侍萍 这是学校校长的太太送给我的。校长丢了个要紧的钱包，叫我拾着了，还给他。校长的太太就非要送给我东西，拿出一大堆小手饰叫我挑，送给我的女儿。我就捡出这一件，拿来送给你，你看好不好。

鲁四凤 好，妈，我正要这个呢。

鲁　贵 咦，哼，（把顶针交给鲁四凤）得了吧，这宝石是假的，你挑得真好。

鲁四凤 （见着母亲特别欢喜说话，轻蔑地）哼，您呀，真宝石到了您的手里也是假的。

鲁侍萍 凤儿，不许这样跟爸爸说话。

鲁四凤 （撒娇）妈您不知道，您不在这儿，爸爸就拿我一个人撒气，尽欺负我。

鲁　贵 （看不惯他妻女这样“乡气”，于是轻蔑地）你看你们这点穷相，走到大家公馆，不来看看人家的阔排场，尽在一边闲扯。四凤，你先把你这两年的衣裳给你妈看看。

鲁四凤 （白眼）妈不稀罕这个。

鲁　贵 你不也有点首饰么？你拿出来给你妈开开眼。看看还是我对，还是把女儿关在家里对？

鲁侍萍 （向鲁贵）我走的时候嘱咐过你，这两年写信的时候也总不断地提醒你，我说过我不愿意把我的女儿送到一个阔公馆，叫人家使唤。你偏——（忽然觉得这不是谈家事的地方，回头向鲁四凤）你哥哥呢？

鲁四凤 不是在门房里等着我们么？

鲁　贵 不是等着你们，人家等着见老爷呢。（向鲁妈）去年我叫人跟你捎个信，告诉你大海也当了矿上的工头，那都是我在这儿嘀咕上的。

鲁四凤 （厌恶她父亲又表白自己的本领）爸爸，您看哥哥去吧。他的脾气有点不好，怕他等急了，跟张爷刘爷们闹起来。

鲁　贵 真他妈的。这孩子的狗脾气我倒忘了，（走向中门，回头）你们好好在这屋子里坐一会，别乱动，太太一会儿就下来。

（鲁贵下。母女见鲁贵走后，如同犯人望见狱丁走了一样，舒展地吐出一口气来。母女二人相对凄然地笑了一笑，刹那间，她们脸上又浮出欢欣，这次是由衷心升起来愉快的笑。）

鲁侍萍 （伸出手来，向四凤）哦，孩子，让我看看你。（四凤走到母亲前，跪下）

鲁四凤 妈，您不怪我吧？您不怪我这次没听您的话，跑到周公馆做事吧。

鲁侍萍 不，不，做了就做了。——不过为什么这两年你一个字也不告诉我，我下车走到家里，才听见张大婶告诉我，说我的女儿在这儿。

鲁四凤 妈，我怕您生气，我怕您难过，我不敢告诉您。——其实，妈，我们也不是什么富贵人家，就是像我这样帮人，我想也没有什么关系。

鲁侍萍 不，你以为妈怕穷么？怕人家笑我们穷么？不，孩子，妈最知道认命，妈最看得开，不过，孩子，我怕你太年青，容易一阵子犯糊涂，妈受过苦，妈知道的。你不懂，你不知道这世界太——人的心太——。（叹一口气）好，我们先不提这个。（站起来）这家的太太真怪！她要见我干什么？

鲁四凤 嗯，嗯，是啊（她的恐惧来了，但是她愿意向好的一面想）不，妈，这边太太没有多少朋友，她听说妈也会写字，读书，也许觉着很相近，所以想请妈来谈谈。

鲁侍萍 （不信地）哦？（慢慢看这屋子的摆设，指着有镜台的柜）这屋子倒是很雅致的。就是家具太旧了点。这是——。

鲁四凤 这是老爷用的红木书桌，现在做摆饰用了。听说这是三十年前的老东西，老爷偏偏喜欢用，到哪儿带到哪儿。

鲁侍萍 那个（指着有镜台的柜）是什么。

鲁四凤 那也是件老东西，从前的第一个太太，就是大少爷的母亲，顶爱的东西。您看，从前的家具多笨哪。

鲁侍萍 咦，奇怪。——为什么窗户还关上呢。

鲁四凤 您也觉得奇怪不是？这是我们老爷的怪脾气，夏天反而要关窗户。

鲁侍萍 （回想）凤儿，这屋子我像是在哪儿见过似的。

鲁四凤 （笑）真的？您大概是想我想的，梦里到过这儿。

鲁侍萍 对了，梦似的。——奇怪，这地方怪得很，这地方忽然叫我想起了许多许多事情。（低下头坐下）

鲁四凤 （慌）妈，您怎么脸上发白？您别是受了暑，我给您拿一杯冷水吧。

鲁侍萍 不，不是，你别去，——我怕得很，这屋子有点怪！

鲁四凤 妈，您怎么啦。

鲁侍萍 我怕得很，忽然我把三十年前的事情一件一件地都想起来了，已经忘了许多年的人又在我心里转。凤儿，你摸摸我的手。

鲁四凤 （摸鲁妈的手）冰凉，妈，您可别吓坏我。我胆子小，妈，妈，——这屋子从前可闹过鬼的！

鲁侍萍 孩子，你别怕，妈不怎么样。不过，四凤，我好像我的魂来过这儿似的。

鲁四凤 妈，您别瞎说啦，您怎么来过？他们二十年前才搬到这儿北方来，那时候，您不是还在南方么。

鲁侍萍 不，不，我来过。这些家具，我想不起来——我在哪见过。

鲁四凤 妈，您的眼不要直瞪瞪地望着，我怕。

鲁侍萍 不怕，孩子，不怕，孩子。（声音愈低，她用力地想，她整个的人，缩，缩到记忆的最下层深处。）

鲁四凤 妈，您看那个柜干什么？那就是从前死了的第一个太太的东西。

鲁侍萍 （突然低声颤颤地向四凤）凤儿，你去看，你去看，那柜子靠右第三个抽屉里，有没有一只小孩穿的绣花虎头鞋。

鲁四凤 妈，您怎么拉？不要这样疑神疑鬼地。

鲁侍萍 凤儿，你去，你去看一看。我心里有点怯，我有点走不动，你去！

鲁四凤 好，我看。（她走到柜前，拉开抽斗，看）

鲁侍萍 （急）有没有？

鲁四凤 没有，妈。

鲁侍萍 你看清楚了。

鲁四凤 没有，里面空空的就是些茶碗。

鲁侍萍 哦，那大概是我在做梦了。

鲁四凤 （怜惜她的母亲）别多说话了，妈，静一静吧。妈，您在外受了委屈了，（落泪）从前，您不是这样神魂颠倒的。可怜的妈呀（抱着她）好一点了么？

鲁侍萍 不要紧的。——刚才我在门房听见这家里还有两位少爷。

鲁四凤 嗯！妈，都很好，都很和气的。

鲁侍萍 （自言自语地）不，我的女儿说什么也不能在这儿多呆。不成。不成。

鲁四凤 妈，您说什么？这儿上上下下都待我很好。妈，这里老爷太太向来不骂底下人，两位少爷都很和气的。这周家不但是活着的人心好，就是死了的人样子也是挺厚道的。

鲁侍萍 周？这家里姓周。

鲁四凤 妈，您看您，您刚才不是问着周家的门进来的么？怎么会忘了？（笑）妈，我明白了，您还是路上受热了。我先跟你拿着周家第一个太太的相片，给您看。我再跟你拿点水来喝。

（鲁四凤在镜台上拿来相片，站在母亲背后，给她看。）

鲁侍萍 （拿着相片，看）哦！（惊愕地说不出话来，手发颤）

鲁四凤 （站在母亲背后）您看她多好看，这就是大少爷的母亲，笑得多美，他们说还有点像我呢。可惜，她死了，要不然，——（觉得鲁妈头向前倒）哦，妈，您怎么啦？您怎么啦？

鲁侍萍 不，不，我头晕，我想喝水。

鲁四凤 （慌，掐着鲁妈的手指，搓着她的头）妈，您到这边来！（扶鲁妈到一个大的沙发前，鲁妈手里还紧紧地拿着相片）妈，您在这儿躺一躺。我跟您拿水去。

（鲁四凤由饭厅门忙跑下。）

鲁侍萍 哦，天哪。我是死了的人！这是真的么？这张相片？这些家具？怎么会？——哦，天底下地方大得很，怎么？熬过这几十年偏偏又把我这个可怜的孩子，放回到他——他的家里？哦，好不公平的天哪！（哭泣）（鲁四凤拿水上，鲁妈忙擦眼泪）

鲁四凤 （持水杯，向鲁妈）妈，您喝一口，不，再喝儿口。（鲁妈饮）好一点了么？

鲁侍萍 嗯，好，好啦。孩子，你现在就跟我回家。

鲁四凤 （惊讶）妈，您怎么啦。（由饭厅传出繁漪喊“四凤”的声音）

鲁侍萍 谁喊你。

鲁四凤 太太。（周繁漪声：四凤！）

鲁四凤 唉。（周繁漪声：四凤，你来，老爷的雨衣你给放在哪儿啦？）

鲁四凤 （喊）我就来。（向鲁妈）您等一等，我就回来。

鲁侍萍 好，你去吧。

（鲁四凤下。鲁妈周围望望，走到柜前，抚摸着她从前的家具，低头沉思。忽然听贝屋外花园里走路的声音。她转过身来，等候着。）

（鲁贵由中门上。）

鲁　贵 四凤呢？

鲁侍萍 这儿的太太叫了去啦。

鲁　贵 你回头告诉太太，说找着雨衣，老爷自己到这儿来穿，还要跟太太说几句话。

鲁侍萍 老爷要到这屋里来。

鲁　贵 嗯，你告诉清楚了，别回头老爷来到这儿，太太不在，老头儿又发脾气了。

鲁侍萍 你跟太太说吧。

鲁　贵 这上上下下许多底下人都得我支派，我忙不开，我可不能等。

鲁侍萍 我要回家去，我不见太太了。

鲁　贵 为什么？这次太太叫你来，我告诉你，就许有点什么很要紧的事跟你谈谈。

鲁侍萍 我预备带着凤儿回去，叫她辞了这儿的事。

鲁　贵 什么？你看你这点——

（周繁漪由饭厅上。）

鲁　贵 太太。

周繁漪 （向门内）四凤，你先把那两套也拿出来，问问老爷要哪一件。（里面答应）哦，（吐出一口气，向鲁妈）这就是四凤的妈吧？叫你久等了。

鲁　贵 等太太是应当的。太太准她来跟您请安就是老大的面子。

（四凤由饭厅出，拿雨衣进。）

周繁漪 请坐！你来了好半天啦。（鲁妈只在打量着，没有坐下）

鲁侍萍 不多一会，太太。

鲁四凤 太太。把这三件雨衣都送给老爷那边去啦。

鲁　贵 老爷说放在这儿，老爷自己来拿，还请太太等一会，老爷见您有话说呢。

周繁漪 知道了。（向四凤）你先到厨房，把晚饭的菜看看，告诉厨房一下。

鲁四凤 是，太太。（望着鲁贵，又疑惧地望着周繁漪由中门下）

周繁漪 鲁贵，告诉老爷，说我同四凤的母亲谈话，回头再请他到这儿来。

鲁　贵 是，太太。（但不走）

周繁漪 （见鲁贵不走）你有什么事么。

鲁　贵　太太，今天早上老爷吩咐德国克大夫来。

周繁漪　二少爷告诉过我了。

鲁　贵　老爷刚才吩咐，说来了就请太太去看。

周繁漪　我知道了。好，你去吧。（鲁贵由中门下）

周繁漪　（向鲁妈）坐下谈，不要客气。（自己坐在沙发上）

鲁侍萍　（坐在旁边一张椅子上）我刚下火车，就听见太太这边吩咐，要我见见您。

周繁漪　我常听四凤提到你，说你念过书，从前也是很好的门第。

鲁侍萍　（不愿提到从前的事）四凤这孩子很傻，不懂规矩，这两年叫您多生气啦。

周繁漪　不，她非常聪明，我也很喜欢她。这孩子不应当叫她伺候人，应当替她找一个正当的出路。

鲁侍萍　太太多夸奖她了。我倒是不愿意这孩子帮人。

周繁漪　这一点我很明白。我知道你是个知书达礼的人，一见面，彼此都觉得性情是很直爽的，所以我就不妨把请你来的原因现在跟你说一说。

鲁侍萍　（忍不住）太太，是不是我这小孩平时的举动有点叫人说闲话。

周繁漪　（笑着，故为很肯定地说）不，不是。（鲁贵由中门上）

鲁　贵　太太。

周繁漪　什么事？

鲁　贵　克大夫已经来了，刚才汽车夫接来的，现时在小客厅等着呢。

周繁漪　我有客。

鲁　贵　客？——老爷说请太太就去。

周繁漪　我知道，你先去吧。（鲁贵下）

周繁漪　（向鲁妈）我先把我家里的情形说一说。第一我家里的女人很少。

鲁侍萍　是，太太。

周繁漪　我一个人是个女人，两个少爷，一位老爷，除了一两个老妈子以外，其余用的都是男下人。

鲁侍萍　是，太太，我明白。

周繁漪　四凤的年纪很青，哦，她才十九岁，是不是？

鲁侍萍　不，十八。

周繁漪　那就对了，我记得好像比我的孩子是大一岁的样子。这样年轻的孩子，在外边做事，又生得很秀气的。

鲁侍萍　太太，如果四凤有不检点的地方，请您千万不要瞒我。

周繁漪　不，不，（又笑了）她很好的。我只是说说这个情形。我自己有一个孩子，他才十七岁，——恐怕刚才你在花园见过——一个不十分懂事的孩子。（鲁贵自书房门上）

鲁　贵　老爷催着太太去看病。

周繁漪　没有人陪着克大夫么？

鲁　贵　王局长刚走，老爷自己在陪着呢。

鲁侍萍　太太，您先看去。我在这儿等着不要紧。

周繁漪　不，我话还没有说完。（向鲁贵）你跟老爷说，说我没有病，我自己并没有要请医生来。

鲁 贵 是，太太。(但不走)

周繁游 （看鲁贵）你在干什么?

鲁 贵 我等太太还有什么旁的事情要吩咐。

周繁漪 （忽然想起来）有，你跟老爷回完话之后，你出去叫一个电灯匠来，刚才我听说花园藤萝架上的旧电线落下来了，走电，叫他赶快收拾一下，不要电了人。

鲁 贵 是，太太。(鲁贵由中门下)

周繁漪 （见鲁妈立起）鲁奶奶，你还是坐呀。哦，这屋子又闷起来啦。（走到窗户，把窗户打开，回来，坐）这些天我就看着我这孩子奇怪，谁知这两天，他忽然跟我说他很喜欢四凤。

鲁侍萍 什么?

周繁漪 也许预备要帮助她学费，叫她上学。

鲁侍萍 太太，这是笑话。

周繁漪 我这孩子还想四凤嫁给他。

鲁侍萍 太太，请您不必往下说，我都明白了。

周繁漪 （追一步）四凤比我的孩子大，四凤又是很聪明的女孩子，这种情形——

鲁侍萍 （不喜欢周繁漪的暗示的口气）我的女儿，我总相信是个懂事，明白大体的孩子。我向来不愿意她到大公馆帮人，可是我信得过，我的女儿就帮这儿两年，她总不会做出一点糊涂事的。

周繁漪 鲁奶奶，我也知道四凤是个明白的孩子，不过有了这种不幸的情形，我的意思，是非常容易叫人发生误会的。

鲁侍萍 （叹气）今天我到这儿来是万没想到的事，回头我就预备把她带走，现在我就请太太准了她的长假。

周繁漪 哦，哦，——如果你以为这样办好，我也觉得很妥当的，不过有一层，我怕，我的孩子有点傻气，他还是会找到你家里见四凤的。

鲁侍萍 您放心。我后悔得很，我不该把这个孩子一个人交给她的父亲管的，明天，我准离开此地，我会远远地带她走，不会见着周家的人。太太，我想现在带着我的女儿走。

周繁漪 那么，也好。回头我叫账房把工钱算出来。她自己的东西我可以派人送去，我有一箱子旧衣服，也可以带去，留着她以后在家里穿。

鲁侍萍 （自语）凤儿，我的可怜的孩子!（坐在沙发上，落泪）天哪。

周繁漪 （走到鲁妈面前）不要伤心，鲁奶奶。如果钱上有什么问题，尽管到我这儿来，一定有办法。好好地带她回去，有你这样一个母亲教育她，自然比这儿好的。

(周朴园由书房上。)

周朴园 繁漪!（繁漪抬头。鲁妈站起，忙躲在一旁，神色大变，观察他）你怎么还不去?

周繁漪 （故意地）上哪儿?

周朴园 克大夫在等你，你不知道么?

周繁漪 克大夫，谁是克大夫?

周朴园 跟你从前看病的克大夫。

周繁漪 我的药喝够了，我不预备再喝了。

周朴园 那么你的病……

周繁漪 我没有病。

周朴园 （忍一下）克大夫是我在德国的好朋友，对于妇科很有研究。你的神经有点失常，他一定治得好。

周繁漪 谁说我的神经失常？你们为什么这样咒我？我没有病，我没有病，我告诉你，我没有病！

周朴园 （冷厉地）你当着人这样胡喊乱闹，你自己有病，偏偏要讳疾忌医，不肯叫医生治，这不就是神经上的病态么。

周繁漪 哼，我假若是有病，也不是医生治得好的。（向饭厅门走）

周朴园 （大声喊）站住！你上哪儿去？

周繁漪 （不在意地）到楼上去。

周朴园 （命令地）你应当听话。

周繁漪 （好像不明白地）哦！（停，不经意地打量他）你看你！（尖声笑两声）你简直叫我想笑。（轻蔑地笑）你忘了你自己是怎么样一个人啦！（又大笑，由饭厅跑下，重重地关上门）

周朴园 来人！（仆人上）

仆　人 老爷！

周朴园 太太现在在楼上。你叫大少爷陪着克大夫到楼上去跟太太看病。

仆　人 是，老爷。

周朴园 你告诉大少爷，太太现在神经病很重，叫他小心点，叫楼上老妈子好好地看着太太。

仆　人 是，老爷。

周朴园 还有，叫大少爷告诉克大夫，说我有点累，不陪他了。

仆　人 是，老爷。

【赏析】

《雷雨》是四幕话剧，发表于1934年的《文学季刊》上。

《雷雨》作为一部优秀的现实主义剧作，描绘了各式各样典型人物的不同命运，从而揭示出了半殖民地半封建社会的罪恶，剖析了人性中爱与恨的情感交织。周朴园是全剧的中心人物。剧本通过他对封建专制统治做了深入揭示。曹禺在透析周朴园的灵魂时，始终把他作为一个“人”来写。他有伪善卑劣的一面，也有真情执着的一面。《雷雨》中性格最为复杂和矛盾的是繁漪。这是一个最“雷雨”式的人物。环境的窒息迫使她性格变态，由爱变成恨，由倔强变成疯狂。这是一种充满血泪的绝望反抗，她用“雷雨”式的激情摧毁了封建家庭秩序，也毁灭了自己。在这个悲剧女性身上，闪烁着曹禺艺术才华的独特光辉。

《雷雨》是“中国话剧现实主义的基石”，它将前后30年的错综复杂的矛盾纠葛集中在不到24小时之内，并只在周家的客厅和鲁家的住房两个场景中加以展示，人物以各自的活动在统一的结构里。其结构紧凑，情节紧张，矛盾冲突尖锐，富于戏剧性。全剧八个人物，性格鲜明，栩栩如生，对话生动自然而又隽永含蓄。这些都突出地显示了剧作家曹禺卓越的艺术概括能力。

哈姆雷特（节选）

莎士比亚

◎威廉·莎士比亚（1564—1616）是英国文艺复兴时期最伟大的戏剧家和诗人，出生于英国中部斯拉福镇的一个羊毛商人家庭。幼年即对戏剧产生兴趣，13 岁时因家庭困难辍学。后来到伦敦谋生，先后任剧院杂差、演员、编剧、专职剧作家和剧团股东。他在与一些新贵族的交往中，受到人文主义思想的影响。晚年回到家乡。

莎士比亚一生创作了大量作品，留存的有剧本 37 部（包括历史剧、喜剧、悲剧和传奇剧 4 类），叙事长诗 2 首，14 行诗 154 首。这些作品塑造了众多个性鲜明的人物形象，广泛而深刻地反映了英国封建主义衰落和资本原始积累时期的社会现实，表现了新兴资产阶级的理想，情节生动丰富，语言精练活泼，具有极强的感染力。其中剧本的影响更为深远，他因而获得“英国戏剧之父”的美誉。代表作有早期的“四大喜剧”（《威尼斯商人》《无事生非》《皆大欢喜》《第十二夜》）和著名悲剧《罗密欧与朱丽叶》，创作高峰期的四大悲剧《哈姆雷特》《奥赛罗》《李尔王》《麦克白》等。

第三幕

第一场　城堡中一室

国王、王后、波洛涅斯、奥菲利娅、罗森格兰兹与古尔登斯吞上。

国　　王　你们不能用迂回婉转的方法，探出他为什么这样神魂颠倒，让紊乱而危险的疯狂困扰他的安静的生活吗？

罗森格兰兹　他承认他自己有些神经迷惘，可是绝口不肯说为了什么缘故。

古尔登斯吞　他也不肯虚心接受我们的探问；当我们想要引导他吐露他自己的一些真相的时候，他总是用假作痴呆的神气故意回避。

王　　后　他对待你们还客气吗？

罗森格兰兹　很有礼貌。

古尔登斯吞　可是不大自然。

罗森格兰兹　他很吝惜自己的话，可是我们问他话的时候，他回答起来却是毫无拘束。

王　　后　你们有没有劝诱他找些什么消遣？

罗森格兰兹　娘娘，我们来的时候，刚巧有一班戏子也要到这儿来，给我们赶过了；我们把这消息告诉了他，他听了好像很高兴。现在他们已经到了宫里，而我想他已经吩咐他们今晚为他演出了。

波洛涅斯　一点不错，他还叫我来请两位陛下同去看看他们演得怎样哩。

国　　王　那好极了，我非常高兴听见他在这方面有兴趣。请你们两位还要更进一步鼓起他的兴味，把他的心思移转到这种娱乐上面。

罗森格兰兹　是，陛下。（罗森格兰兹、古尔登斯吞下）

国　　王　亲爱的乔特鲁德，请暂避片刻；因为我们已经暗中差人去唤哈姆雷特到这儿来，让他和奥菲利娅见见面，就像他们偶然相遇一般。她的父亲跟我两人将要权充一下密探，躲到可以看见他们、却不能被他们看见的地方，注意他们会面的情形，从他的行为上判断他的疯病究竟是不是因为恋爱上的苦闷。

王　　后　我愿意服从您的意旨。奥菲利娅，但愿你的美貌果然是哈姆雷特疯狂的原因；更愿你的美德能够帮助他恢复原状，使你们两人都能安享尊荣。

奥菲利娅　娘娘，但愿如此。（王后下）

波洛涅斯　奥菲利娅，你在这儿走走。陛下，我们就去躲起来吧。（向奥菲利娅）你拿这本书去读，他看见你这样用功，就不会疑心你为什么一个人在这儿了。人们往往用至诚的外表和虔敬的行为，掩饰一颗魔鬼般的内心，这样的例子是太多了。

国　　王　（旁白）啊，这句话是太真实了！它在我的良心上抽了多么重的一鞭！涂脂抹粉的娼妇的脸，还不及掩藏在虚伪的言辞后面的我的行为更丑恶。难堪的重负啊！

波洛涅斯　我听到他来了。我们退下吧，陛下！（国王与波洛涅斯下）

（哈姆雷特上）

哈姆雷特　生存还是毁灭，这是一个值得考虑的问题；默然忍受命运的暴虐的毒箭，或是挺身反抗人世的无涯的苦难，通过斗争把它们扫清，这两种行为，哪一种更高贵？死了，睡着了，什么都完了；要是在这一种睡眠之中，我们心头的创痛，以及其他无数血肉之躯所不能避免的打击，都可以从此消失，那正是我们求之不得的结局。死了；睡着了；睡着了也许还会做梦；嗯，阻碍就在这儿：因为当我们摆脱了这一具腐朽的皮囊以后，在那死的睡眠里，究竟将要做些什么梦，那不能不使我们踌躇顾虑。人们甘心久困于患难之中，也就是为了这个缘故。谁愿意忍受人世的鞭挞和讥嘲、压迫者的凌辱、傲慢者的冷眼、被轻蔑的爱情的惨痛、法律的迁延、官吏的横暴和费尽辛勤所换来的小人的鄙视，要是他只用一柄小小的刀子，就可以清算他自己的一生？谁愿意负着这样的重担，在烦劳的生命的压迫下呻吟流汗，倘不是因为惧怕不可知的死后，惧怕那从来不曾有一个旅人回来过的神秘之国，是它迷惑了我们的意志，使我们宁愿忍受目前的折磨，不敢向我们所不知道的痛苦飞去？这样，重重的顾虑使我们全变成了懦夫，决心的炽热的光彩，被审慎的思维盖上了一层灰色，伟大的事业在这一种考虑下，也会逆流而退，失去了行动的意义。且慢！美丽的奥菲利娅——女神，在你的祈祷中，请别忘了为我忏悔我的罪孽。

奥菲利娅　我的好殿下，您这许多天来贵体安好吗？

哈姆雷特　谢谢你，很好，很好，很好。

奥菲利娅　殿下，我有几件您送给我的纪念品，我很早就想把它们还给您。请您现在收回去吧。

哈姆雷特　不，我不要。我从来没有给你什么东西。

奥菲利娅　殿下，我记得很清楚你把它们送给了我。那时候您还向我说了许多甜言蜜语，使这些东西格外显得贵重。现在它们的芬芳已经消散，请您拿回去吧，因为在有骨气的人看来，送礼的人要是变了心，礼物虽贵，也会失去了价值。拿去吧，殿下。

哈姆雷特　哈，哈！你贞洁吗？

奥菲利娅　殿下！

哈姆雷特　你美丽吗？

奥菲利娅 殿下是什么意思？

哈姆雷特 要是你既贞洁又美丽，那么你的贞洁应该断绝跟你的美丽来往。

奥菲利娅 殿下，难道美丽除了贞洁以外，还有什么更好的伴侣吗？

哈姆雷特 嗯，真的，因为美丽可以使贞洁变成淫荡，贞洁却未必能使美丽受它自己的感化；这句话从前像是怪诞之谈，可是现在时间已经把它证实了。我的确曾经爱过你。

奥菲利娅 真的，您曾经使我相信您爱过我。

哈姆雷特 你当初就不应该相信我。因为美德不能熏陶我们罪恶的本性，我没有爱过你。

奥菲利娅 那么我真是受了骗了。

哈姆雷特 进修道院去吧！为什么你要生一群罪人出来呢？我自己还不算是一个顶坏的人；可是我可以指出我的许多过失，一个人有了那些过失，他的母亲还是不要生下他来的好。我很骄傲，有仇必报，富于野心，我的罪恶是那么多，连我的思想也容纳不下，我的想象也不能给它们形象，甚至于我都没有充分的时间可以把它们实行出来。像我这样的家伙，匍匐于天地之间，有什么用处呢？我们都是些十足的坏人；一个也不要相信我们。进修道院去吧。你的父亲呢？

奥菲利娅 在家里，殿下。

哈姆雷特 把他关起来，让他只好在家里发发傻劲。再会！

奥菲利娅 哦，天哪，救救他！

哈姆雷特 要是你一定要嫁人，我就把一个诅咒送给你做嫁妆；尽管你像冰一样坚贞，像雪一样纯洁，你还是逃不过谗人的诽谤。进修道院去吧，再见！或者要是你必须嫁人的话，就嫁给一个傻瓜吧；因为聪明人都明白你们会叫他们变成怎样的怪物！进修道院去吧，去；越快越好。再会！

奥菲利娅 天上的神明啊，让他清醒过来吧！

哈姆雷特 我也知道你们会怎样涂脂抹粉；上帝给了你们一张脸，你们又替自己另外造了一张。你们烟视媚行，淫声浪气，替上帝造下的生物乱取名字，卖弄你们不懂事的风骚。算了吧，我再也不敢领教了；它已经使我发了狂。我说，我们以后再也不要结什么婚了。已经结过婚的，除了一个人以外，都可以让他们活下去；没有结婚的不准再结婚，进修道院去吧，去。（下）

奥菲利娅 啊，一颗多么高贵的心是这样陨落了！朝臣的眼睛、学者的辩舌、军人的利剑、国家所瞩望的一朵娇花；时流的明镜、人伦的雅范、举世瞩目的中心，这样无可挽回地陨落了！我是一切妇女中间最伤心而不幸的，我曾经从他音乐一般的盟誓中吮吸芬芳的甘蜜，现在却眼看着他的高贵无上的理智，像一串美妙的银铃失去了谐和的音调，无比的青春美貌，在疯狂中凋谢！啊！我好苦，谁料过去的繁华，变作今朝的泥土！

国王及波洛涅斯重上。

国　　王 恋爱！他的精神错乱不像是为了恋爱；他说的话虽然有些颠倒，也不像是疯狂。他有些什么心事盘踞在他的灵魂里，我怕它也许会产生危险的结果。为了防止万一，我已经当机立断，决定了一个办法：他必须立刻到英国去，向他们追索延宕未纳的贡物；也许他到海外各国游历一趟以后，时时变换的环境，可以替他排解去这一桩使他神思恍惚的心事。你看怎么样？

波洛涅斯 那很好。可是我相信他的烦闷的根本原因，还是为了恋爱上的失意。啊，奥菲利娅！你不用告诉我们哈姆雷特殿下说些什么话；我们全都听见了。陛下，照您的意思办吧；可是您要是认为可以的话，不妨在戏剧终场以后，让他的母后独自一人跟他在一起，恳求他向她吐露他的心事；她必须很坦白地跟他谈谈，我就找一个地方听他们说些什么。要是她也探听不出他的秘密来，您就叫他到英国去，或者凭着您的高见，把他关禁在一个适当的地方。

国　　王 就这样吧，大人物的疯狂是不能听其自然的。（同下）

【赏析】

《哈姆雷特》这部悲剧主要围绕着青年王子哈姆雷特与弑父仇人——他的叔叔、新国王克劳狄斯之间的复仇而展开。作品反映了英国的一个时代的概况，体现了文艺复兴时期的人文主义思想。杀兄娶嫂的新国王克劳狄斯阴险狡诈、荒淫无度，是封建社会强权制度、阴郁凶险的社会现实和邪恶扭曲的人性的典型代表。哈姆雷特试图手刃仇人，一方面可以痛快淋漓地报仇雪恨，另一方面哈姆雷特决心代表人文主义铲除封建邪恶势力。戏剧通过险象环生的宫廷斗争，描写了哈姆雷特在复仇过程中面对爱情、友情和亲情的考验，历经失望、彷徨和苦闷的折磨，最终与敌人同归于尽的故事，揭示出作者对当时英国封建现实的思考和批评。

本文节选的是《哈姆雷特》第三幕第一场。在得知整个宫廷阴谋之前，哈姆雷特精神上的痛苦就使他身体虚弱、精神颓唐，鬼魂揭开秘密又在他心灵上增加了极其沉重的负担。哈姆雷特生怕这样下去会引起克劳狄斯的注意，于是就做出了一个奇特而大胆的决定：假装发疯。这样一来，克劳狄斯可能就不会认为他有什么图谋，也不会有什么猜忌了。而且，假装发疯不但可以巧妙地掩盖他内心中真实的不安，也可以给他机会冷眼窥视克劳狄斯的一举一动。

从此，哈姆雷特在言语、服饰及各种行动上都装得疯癫怪诞。他装疯十分肖似，以至国王和王后都被他哄骗了。波洛涅斯给国王献计，用女儿奥菲利娅做引诱，让哈姆雷特和奥菲利娅见面。然后国王和波洛涅斯藏起来偷听他们的对话，从而窥探王子装疯的原因。哈姆雷特面对着该不该复仇的困惑发出了“生存还是毁灭，这是一个值得考虑的问题”的疑虑，然后用“疯子”的言语深深伤害了奥菲利娅。

“偷听”的行为隐含了三个人各自的想法：国王想知道哈姆雷特的真实想法，波洛涅斯想证实自己的猜测正确与否；王后希望奥菲利娅的温柔能够治愈儿子的病。而作为主角的哈姆雷特也有他的想法。先前亲情和友情的打击，让他越来越忧郁，也无从选择，所以发出了“生存还是毁灭”的发问，这是他选择忍耐和选择反抗的矛盾心理的体现。但是从伤害无辜的奥菲利娅的一幕中，我们又看到他的决心，不惜亵渎爱情，伤害恋人，以保证全身心地投入复仇的计划中。

奥菲利娅的形象在这一幕中描绘得比较深刻。她甘心做父亲试探王子的工具，并遵从父命将定情信物还给恋人，这深深打击了哈姆雷特对爱情的信念。这也可以看出奥菲利娅的单纯、不明世事，同时也奠定了她的悲剧结局。运用独白刻画哈姆雷特的思想性格，是本文也是全剧的一个突出特点。

威尼斯商人（第四幕）

莎士比亚

第四幕

第一场 威尼斯。法庭

（公爵、众绅士、安东尼奥、巴萨尼奥、葛莱西安诺、萨拉里诺、萨莱尼奥及余人等同上。）

公　　爵 安东尼奥有没有来？

安东尼奥 有，殿下。

公　　爵 我很为你不快乐；你是来跟一个心如铁石的对手当庭质对，一个不懂得怜悯、没有一丝慈悲心的不近人情的恶汉。

安东尼奥 听说殿下曾经用尽力量劝他不要过为已甚，可是他一味坚执，不肯略作让步。既然没有合法的手段可以使我脱离他的怨毒的掌握，我只有用默忍迎受他的愤怒，安心等待着他的残暴的处置。

公　　爵 来人，传那犹太人到庭。

萨拉里诺 他在门口等着；他来了，殿下。

（夏洛克上。）

公　　爵 大家让开些，让他站在我的面前。夏洛克，人家都以为——我也是这样想——你不过故意装出这一副凶恶的姿态，到了最后关头，就会显出你的仁慈恻隐来，比你现在这种表面上的残酷更加出人意料；现在你虽然坚持着照约处罚，一定要从这个不幸的商人身上割下一磅肉来，到了那时候，你不但愿意放弃这一种处罚，而且因为受到良心上的感动，说不定还会豁免他一部分的欠款。你看他最近接连遭逢的巨大损失，足以使无论怎样富有的商人倾家荡产，即使铁石一样的心肠，从来不知道人类同情的野蛮人，也不能不对他的境遇发生怜悯。犹太人，我们都在等候你一句温和的回答。

夏洛克 我的意思已经向殿下告禀过了。我也已经指着我们的圣安息日起誓，一定要照约执行处罚；要是殿下不准许我的请求，那就是蔑视宪章，我要到京城里去上告，要求撤销贵邦的特权。您要是问我为什么不愿接受三千块钱，宁愿拿一块腐烂的臭肉，那我可没有什么理由可以回答您，我只能说我欢喜这样，这是不是一个回答？要是我的屋子里有了耗子，我高兴出一万块钱叫人把它们赶掉，谁管得了我？这不是回答了您吗？有的人不爱看张开嘴的猪，有的人瞧见一头猫就要发脾气，还有人听见人家吹风笛的声音，就忍不住要小便。因为一个人的感情完全受着喜恶的支配，谁也做不了自己的主。现在我就这样回答您：为什么有人受不住一头张开嘴的猪，有人受不住一头有益无害的猫，还有人受不住咿咿唔唔的风笛的声音，这些都是毫无充分的理由的，只是因为天生的癖性，使他们一受到刺激，就会情不自禁地现出丑相来。所以我不能举什么理由，也不愿举什么理由，除了因为我对于安东尼奥抱着久积的仇恨和深刻的反感，所以才会向他进行这一场对于我自己并没有好处的诉讼。现在您不是已经得到我的回答了吗？

巴萨尼奥 你这冷酷无情的家伙，这样的回答可不能作为你的残忍的辩解。

夏洛克 我的回答本来不是为了讨你的欢喜。

巴萨尼奥 难道人们对于他们所不喜欢的东西，都一定要置之死地吗？

夏洛克 哪一个人会恨他所不愿意杀死的东西？

巴萨尼奥 初次的冒犯，不应该就引为仇恨。

夏洛克 什么！你愿意给毒蛇咬两次吗？

安东尼奥 请你想一想，你现在跟这个犹太人讲理，就像站在海滩上，叫那大海的怒涛减低它的奔腾的威力，责问豺狼为什么害母羊为了失去它的羔羊而哀啼，或是叫那山上的松柏，在受到天风吹拂的时候，不要摇头摆脑，发出谡谡的声音。要是你能够叫这个犹太人的心变软——世上还有什么东西比它更硬呢？——那么还有什么难事不可以做到？所以我请你不用再跟他商量什么条件，也不用替我想什么办法，让我爽爽快快受到判决，满足这犹太人的心愿吧。

巴萨尼奥 借了你三千块钱，现在拿六千块钱还你好不好？

夏洛克 即使这六千块钱中间的每一块钱都可以分做六份，每一份都可以变成一块钱，我也不要它们。我只要照约处罚。

公　　爵 你这样一点没有慈悲之心，将来怎么能够希望人家对你慈悲呢？

夏洛克 我又不干错事，怕什么刑罚？你们买了许多奴隶，把他们当作驴狗骡马一样看待，叫他们做种种卑贱的工作，因为他们是你们出钱买来的。我可不可以对你们说，让他们自由，叫他们跟你们的子女结婚？为什么他们要在重担之下流着血汗？让他们的床铺得跟你们的床同样柔软，让他们的舌头也尝尝你们所吃的东西吧，你们会回答说："这些奴隶是我们所有的。"所以我也可以回答你们：我向他要求的这一磅肉，是我出了很大的代价买来的；它是属于我的，我一定要把它拿到手里。您要是拒绝了我，那么你们的法律去见鬼吧！威尼斯城的法令等于一纸空文。我现在等候着判决，请快些回答我，我可不可以拿到这一磅肉？公爵我已经差人去请培拉里奥，一位有学问的博士，来替我们审判这件案子；要是他今天不来，我可以有权宣布延期判决。

萨拉里诺 殿下，外面有一个使者刚从帕度亚来，带着这位博士的书信，等候着殿下的召唤。

公　　爵 把信拿来给我，叫那使者进来。

巴萨尼奥 高兴起来吧，安东尼奥！喂，老兄，不要灰心！这犹太人可以把我的肉、我的血、我的骨头、我的一切都拿去，可是我决不让你为了我的缘故流一滴血。

安东尼奥 我是羊群里一头不中用的病羊，死是我的应分；最软弱的果子最先落到地上，让我也就这样结束了我的一生吧。巴萨尼奥，我只要你活下去，将来替我写一篇墓志铭，那你就是做了再好不过的事。

（尼莉莎扮律师书记上。）

公　　爵 你是从帕度亚培拉里奥那里来的吗？

尼莉莎 是，殿下。培拉里奥叫我向殿下致意。（呈上一信）

巴萨尼奥 你这样使劲儿磨着刀干吗？

夏洛克 从那破产的家伙身上割下那磅肉来。

葛莱西安诺 狠心的犹太人，你不是在鞋口上磨刀，你这把刀是放在你的心口上磨；

无论哪种铁器，就连刽子手的钢刀，都赶不上你这刻毒的心肠一半的锋利。难道什么恳求都不能打动你吗？

夏洛克 不能，无论你说得多么婉转动听，都没有用。

葛莱西安诺 万恶不赦的狗，看你死后不下地狱！让你这种东西活在世上，真是公道不生眼睛。你简直使我的信仰发生摇动，相信毕达哥拉斯所说畜生的灵魂可以转生人体的议论来了：你的前生一定是一头豺狼，因为吃了人给人捉住吊死，它那凶恶的灵魂就从绞架上逃了出来，钻进了你那老娘的腌臜的胎里，因为你的性情正像豺狼一样残暴贪婪。

夏洛克 除非你能够把我这一张契约上的印章骂掉，否则像你这样拉开了喉咙直嚷，不过白白伤了你的嗓，何苦来呢？好兄弟，我劝你还是让你的脑子休息一下吧，免得它损坏了，将来无法收拾。我在这儿要求法律的裁判。

公　爵 培拉里奥在这封信上介绍一位年轻有学问的博士出席我们的法庭。他在什么地方？

尼莉莎 他就在这儿附近等着您的答复，不知道殿下准不准许他进来？

公　爵 非常欢迎。来，你们去三四个人，恭恭敬敬领他到这儿来。现在让我们把培拉里奥的来信当庭宣读。

书记（读）：“尊翰到时，鄙人抱疾方剧；适有一青年博士鲍尔萨泽君自罗马来此，致其慰问，因与详讨犹太人与安东尼奥一案，徧稽群籍，折衷是非，遂恳其为鄙人庖代，以应殿下之召。凡鄙人对此案所具意见，此君已深悉无遗；其学问才识，虽穷极赞辞，亦不足道其万一，务希勿以其年少而忽之，盖如此少年老成之十，实鄙人生平所仅见也。倘蒙延纳，必能不辱使命。敬祈钧裁。”

公　爵 你们已经听到了博学的培拉里奥的来信。这儿来的大概就是那位博士了。

（鲍西娅扮律师上。）

公　爵 把您的手给我。足下是从培拉里奥老前辈那儿来的吗？

鲍西娅 正是，殿下。

公　爵 欢迎欢迎，请上坐。您有没有明了今天我们在这儿审理的这件案子的两方面的争点？

鲍西娅 我对于这件案子的详细情形已经完全知道了。这儿哪一个是那商人，哪一个是犹太人？

公　爵 安东尼奥，夏洛克，你们两人都上来。

鲍西娅 你的名字就叫夏洛克吗？

夏洛克 夏洛克是我的名字。

鲍西娅 你这场官司打得倒也奇怪，可是按照威尼斯的法律，你的控诉是可以成立的。

（向安东尼奥）你的生死现在操在他的手里，是不是？

安东尼奥 他是这样说的。

鲍西娅 你承认这借约吗？

安东尼奥 我承认。

鲍西娅 那么犹太人应该慈悲一点。

夏洛克 为什么我应该慈悲一点？把您的理由告诉我。

鲍西娅　慈悲不是出于勉强，它是像甘霖一样从天上降下尘世；它不但给幸福于受施的人，也同样给幸福于施与的人；它有超乎一切的无上威力，比皇冠更足以显出一个帝王的高贵：御杖不过象征着俗世的威权，使人民对于君上的尊严凛然生畏；慈悲的力量却高出于权力之上，它深藏在帝王的内心，是一种属于上帝的德性，执法的人倘能把慈悲调剂着公道，人间的权力就和上帝的神力没有差别。所以，犹太人，虽然你所要求的是公道，可是请你想一想，要是真的按照公道执行起赏罚来，谁也没有死后得救的希望；我们既然祈祷着上帝的慈悲，就应该按照祈祷的指点，自己做一些慈悲的事。我说了这一番话，为的是希望你能够从你的法律的立场上做几分让步；可是如果你坚持着原来的要求，那么威尼斯的法庭是执法无私的，只好把那商人宣判定罪了。

夏洛克　我自己做的事，我自己当！我只要求法律允许我照约执行处罚。

鲍西娅　他是不是无力偿还这笔借款？

巴萨尼奥　不，我愿意替他当庭还清；照原数加倍也可以；要是这样他还不满足，那么我愿意签署契约，还他十倍的数目，拿我的手、我的头、我的心做抵押；要是这样还不能使他满足，那就是存心害人，不顾天理了。请堂上运用权力，把法律稍为变通一下，犯一次小小的错误，干一件大大的功德，别让这个残忍的恶魔逞他杀人的兽欲。

鲍西娅　那可不行，在威尼斯谁也没有权力变更既成的法律；要是开了这一个恶例，以后谁都可以借口有例可援，什么坏事情都可以干了。这是不行的。

夏洛克　一个但尼尔来做法官了！真的是但尼尔再世！聪明的青年法官啊，我真佩服你！

鲍西娅　请你让我瞧一瞧那借约。

夏洛克　在这儿，可尊敬的博士。请看吧。

鲍西娅　夏洛克，他们愿意出三倍的钱还你呢。

夏洛克　不行，不行，我已经对天发过誓啦，难道我可以让我的灵魂背上毁誓的罪名吗？不，把整个儿的威尼斯给我，我都不能答应。

鲍西娅　好，那么就应该照约处罚；根据法律，这犹太人有权要求从这商人的胸口割下一磅肉来。还是慈悲一点，把三倍原数的钱拿去，让我撕了这张约吧。

夏洛克　等他按照约中所载条款受罚以后，再撕不迟。您瞧上去像是一个很好的法官；您懂得法律，您讲的话也很有道理，不愧是法律界的中流砥柱，所以现在我就用法律的名义，请您立刻进行宣判，凭着我的灵魂起誓，谁也不能用他的口舌改变我的决心。我现在等着执行原约。

安东尼奥　我也诚心请求堂上从速宣判。

鲍西娅　好，那么就是这样：你必须准备让他的刀子刺进你的胸膛。

夏洛克　啊，尊严的法官！好一位优秀的青年！

鲍西娅　因为这约上所订定的惩罚，对于法律条文的含义并无抵触。

夏洛克　很对很对！啊，聪明正直的法官！想不到你瞧上去这样年轻，见识却这么老练！

鲍西娅　所以你应该把你的胸膛袒露出来。

夏洛克　对了，“他的胸部”，约上是这么说的；——不是吗，尊严的法官？——“附近心口的所在”，约上写得明明白白的。

鲍西娅 不错，称肉的天平有没有预备好？

夏洛克 我已经带来了。

鲍西娅 夏洛克，去请一位外科医生来替他堵住伤口，费用归你负担，免得他流血而死。

夏洛克 约上有这样的规定吗？

鲍西娅 约上并没有这样的规定；可是那又有什么相干呢？肯做一件好事总是好的。

夏洛克 我找不到，约上没有这一条。

鲍西娅 商人，你还有什么话说吗？

安东尼奥 我没有多少话要说，我已经准备好了。把你的手给我，巴萨尼奥，再会吧！不要因为我为了你的缘故遭到这种结局而悲伤，因为命运对我已经特别照顾了：她往往让一个不幸的人在家产荡尽以后继续活下去，用他凹陷的眼睛和满是皱纹的额角去挨受贫困的暮年；这一种拖延时日的刑罚，她已经把我豁免了。替我向尊夫人致意，告诉她安东尼奥的结局；对她说我怎样爱你，又怎样从容就死；等到你把这一段故事讲完以后，再请她判断一句，巴萨尼奥是不是曾经有过一个真心爱他的朋友。不要因为你将要失去一个朋友而懊恨，替你还债的人是死而无怨的；只要那犹太人的刀刺得深一点，我就可以在一刹那的时间把那笔债完全还清。

巴萨尼奥 安东尼奥，我爱我的妻子，就像我自己的生命一样；可是我的生命、我的妻子以及整个的世界，在我的眼中都不比你的生命更为贵重；我愿意丧失一切，把它们献给这恶魔做牺牲，来救出你的生命。

鲍西娅 尊夫人要是就在这儿听见您说这样话，恐怕不见得会感谢您吧。

葛莱西安诺 我有一个妻子，我可以发誓我是爱她的；可是我希望她马上归天，好去求告上帝改变这恶狗一样的犹太人的心。

尼莉莎 幸亏尊驾在她的背后说这样的话，否则府上一定要吵得鸡犬不宁了。

夏洛克 这些便是相信基督教的丈夫！我有一个女儿，我宁愿她嫁给强盗的子孙，不愿她嫁给一个基督徒，别再浪费光阴了，请快些儿宣判吧。

鲍娅那 商人身上的一磅肉是你的；法庭判给你，法律许可你。

夏洛克 公平正直的法官！

鲍西娅 你必须从他的胸前割下这磅肉来；法律许可你，法庭判给你。

夏洛克 博学多才的法官！判得好！来，预备！

鲍西娅 且慢，还有别的话哩。这约上并没有允许你取他的一滴血，只是写明着“一磅肉”，所以你可以照约拿一磅肉去，可是在割肉的时候，要是流下一滴基督徒的血，你的土地财产，按照威尼斯的法律，就要全部充公。

葛莱西安诺 啊，公平正直的法官！听着，犹太人；啊，博学多才的法官！

夏洛克 法律上是这样说吗？

鲍西娅 你自己可以去查查明白。既然你要求公道，我就给你公道，而且比你所要求的更地道。

葛莱西安诺 啊，博学多才的法官！听着，犹太人；好一个博学多才的法官！

夏洛克 那么我愿意接受还款；照约上的数目三倍还我，放了那基督徒。

巴萨尼奥 钱在这儿。

鲍西娅 别忙！这犹太人必须得到绝对的公道。别忙！他除了照约处罚以外，不能接受其他的赔偿。

葛莱西安诺 啊，犹太人！一个公平正直的法官，一个博学多才的法官！

鲍西娅 所以你准备着动手割肉吧。不准流一滴血，也不准割得超过或是不足一磅的重量；要是你割下来的肉，比一磅略微轻一点或是重一点，即使相差只有一丝一毫，或者仅仅一根汗毛之微，就要把你抵命，你的财产全部充公。

葛莱西安诺 一个再世的但尼尔，一个但尼尔，犹太人！现在你可掉在我的手里了，你这异教徒！

鲍西娅 那犹太人为什么还不动手？

夏洛克 把我的本钱还我，放我去吧。

巴萨尼奥 钱我已经预备好在这儿，你拿去吧。

鲍西娅 他已经当庭拒绝过了；我们现在只能给他公道，让他履行原约。

葛莱西安诺 好一个但尼尔，一个再世的但尼尔！谢谢你，犹太人，你教会我说这句话。

夏洛克 难道我单单拿回我的本钱都不成吗？

鲍西娅 犹太人，除了冒着你自己生命的危险割下那一磅肉以外，你不能拿一个钱。

夏洛克 好，那么魔鬼保佑他去享用吧！我不打这场官司了。

鲍西娅 等一等，犹太人，法律上还有一点牵涉你。威尼斯的法律规定：凡是一个异邦人企图用直接或间接手段，谋害任何公民，查明确有实据者，他的财产的半数应当归受害的一方所有，其余的半数没入公库，犯罪者的生命悉听公爵处置，他人不得过问。你现在刚巧陷入这一条法网，因为根据事实的发展，已经足以证明你确有运用直接间接手段，危害被告生命的企图，所以你已经遭逢着我刚才所说起的那种危险了。快快跪下来，请公爵开恩吧。

葛莱西安诺 求公爵开恩，让你自己去寻死吧；可是你的财产现在充了公，一根绳子也买不起啦，所以还是要让公家破费把你吊死。

公　　爵 让你瞧瞧我们基督徒的精神，你虽然没有向我开口，我自动饶恕了你的死罪。你的财产一半划归安东尼奥，还有一半没入公库；要是你能够诚心悔过，也许还可以减处你一笔较轻的罚款。

鲍西娅 这是说没入公库的一部分，不是说划归安东尼奥的一部分。

夏洛克 不，把我的生命连着财产一起拿了去吧，我不要你们的宽恕。你们拿掉了支撑房子的柱子，就是拆了我的房子；你们夺去了我的养家活命的根本，就是活活要了我的命。

鲍西娅 安东尼奥，你能不能够给他一点慈悲？

葛莱西安诺 白送给他一根上吊的绳子吧；看在上帝的面上，不要给他别的东西！

安东尼奥 要是殿下和堂上愿意从宽发落，免予没收他的财产的一半，我就十分满足了；只要他能够让我接管他的另外一半的财产，等他死了以后，把它交给最近和他的女儿私奔的那位绅士；可是还要有两个附带的条件：第一，他接受了这样的恩典，必须立刻改信基督教；第二，他必须当庭写下一张文契，声明他死了以后，他的全部财产传给他的女婿罗兰佐和他的女儿。

公　　爵　他必须履行这两个条件，否则我就撤销刚才所宣布的赦令。

鲍西娅　犹太人，你满意吗？你有什么话说？

夏洛克　我满意。

鲍西娅　书记，写下一张授赠产业的文契。

夏洛克　请你们允许我退庭，我身子不大舒服。文契写好了送到我家里，我在上面签名就是了。

公　　爵　去吧，可是临时变卦是不成的。

葛莱西安诺　你在受洗礼的时候，可以有两个教父；要是我做了法官，我一定给你请十二个教父，不是领你去受洗，是送你上绞架。

（夏洛克下。）

公　　爵　先生，我想请您到舍间去用餐。

鲍西娅　请殿下多多原谅，我今天晚上要回帕度亚去，必须现在就动身，恕不奉陪了。

公　　爵　您这样贵忙，不能容我略尽寸心，真是抱歉得很。安东尼奥，谢谢这位先生，你这回全亏了他。（公爵、众士绅及侍从等下）

巴萨尼奥　最可尊敬的先生，我跟我这位敝友今天多赖您的智慧，免去了一场无妄之灾；为了表示我们的敬意，这三千块钱本来是预备还那犹太人的，现在就奉送给先生，聊以报答您的辛苦。

安东尼奥　您的大恩大德，我们是永远不忘记的。

鲍西娅　一个人做了心安理得的事，就是得到了最大的酬报；我这次帮两位的忙，总算没有失败，已经引为十分满足，用不着再谈什么酬谢了。但愿咱们下次见面的时候，两位仍旧认识我。现在我就此告辞了。

巴萨尼奥　好先生，我不能不再向您提出一个请求，请您随便从我们身上拿些什么东西去，不算是酬谢，只算是留个纪念。请您答应我两件事儿：既不要推却，还要原谅我的要求。

鲍西娅　你们这样殷勤，倒叫我却之不恭了。（向安东尼奥）把您的手套送给我，让我戴在手上留个纪念吧；（向巴萨尼奥）为了纪念您的盛情，让我拿了这戒指去。不要缩回您的手，我不再向您要什么了；您既然是一片诚意，想来总也不会拒绝我吧。

巴萨尼奥　这指环吗，好先生？唉！它是个不值钱的玩意儿；我不好意思把这东西送给您。

鲍西娅　我什么都不要，就是要这指环；现在我想我非把它要来不可了。

巴萨尼奥　这指环的本身并没有什么价值，可是因为有其他的关系，我不能把它送人。我愿意搜访威尼斯最贵重的一枚指环来送给您，可是这一枚却只好请您原谅了。

鲍西娅　先生，您原来是个口头上慷慨的人；您先教我怎样伸手求讨，然后再教我懂得了一个叫花子会得到怎样的回答。

巴萨尼奥　好先生，这指环是我的妻子给我的；她把它套上我的手指的时候，曾经叫我发誓永远不把它出卖、送人或是遗失。

鲍西娅　人们在吝惜他们的礼物的时候，都可以用这样的话做推托的。要是尊夫人不是一个疯婆子，她知道了我对于这指环是多么受之无愧，一定不会因为您把它送掉了而跟

您长久反目的。好，愿你们平安！（鲍西娅、尼莉莎同下）

安东尼奥 我的巴萨尼奥少爷，让他把那指环拿去吧；看在他的功劳和我的交情份上，违犯一次尊夫人的命令，想来不会有什么要紧。

巴萨尼奥 葛莱西安诺，你快追上他们，把这指环送给他；要是可能的话，领他到安东尼奥的家里去。去，赶快！（葛莱西安诺下）来，我就陪着你到你府上；明天一早咱们两人就飞到贝尔蒙特去。来，安东尼奥。（同下）

第二场 同前。街道

（鲍西娅及尼莉莎上。）

鲍西娅 打听打听这犹太人住在什么地方，把这文契交给他，叫他签了字。我们要比我们的丈夫先一天到家，所以一定得在今天晚上动身。罗兰佐拿到了这一张文契，一定高兴得不得了。

（葛莱西安诺上。）

葛莱西安诺 好先生，我好容易追上了您。我家大爷巴萨尼奥再三考虑之下，决定叫我把这指环拿来送给您，还要请您赏光陪他吃一顿饭。

鲍西娅 那可没法应命；他的指环我收下了，请你替我谢谢他。我还要请你给我这小兄弟带路到夏洛克老头儿的家里。

葛莱西安诺 可以可以。

尼莉莎 大哥，我要向您说句话儿。（向鲍西娅旁白）我要试一试我能不能把我丈夫的指环拿下来。我曾经叫他发誓永远不离手。

鲍西娅 你一定能够。我们回家以后，一定可以听听他们指天誓日，说他们是把指环送给男人的；可是我们要压倒他们，比他们发更厉害的誓。你快去吧，你知道我会在什么地方等你。

尼莉莎 来，大哥，请您给我带路。

（各下。）

【赏析】

《威尼斯商人》约写于1596年前后，正当莎士比亚的艺术才华日趋成熟的阶段。全剧结构严谨，情节逐步推向高潮，波澜迭起，扣人心弦，又风趣横生，喜剧气氛很浓，是莎士比亚最优秀的喜剧之一，从而也体现了莎士比亚的悲剧特色。

首先，情节的生动性和丰富性是莎士比亚喜剧的重要特色。全剧有两条交叉进行的情节线。第一条是“借债割肉”，展现了以威尼斯商人安东尼奥和高利贷者犹太人夏洛克为对立面的民族矛盾，以及早期商业资本家和早期金融资本家之间的矛盾。几重矛盾纠结在一起，尖锐激烈，不可调和，使《威尼斯商人》跳出了莎士比亚的早期一系列轻松欢乐的喜剧格局，成为第一个较显著的用现实主义手法接触到社会阴暗面的喜剧。第二条线索是“挑匣求婚”。在幽雅的贝尔蒙庄园，美丽而富有的少女鲍西娅发出叹息：她的终身大事必须取决于彩匣的挑选。大厅上陈列着金、银、铅三个匣子，等待求婚者的挑选，选中彩匣，就是她的丈夫。她被父亲的遗命剥夺了婚姻自主权，为此而感到苦恼。幸而她情意所钟的巴萨尼奥选中了铅匣，有情人终成眷属。

两条情节线在“法庭诉讼”一场中汇合在一起。装扮成法学博士的鲍希亚出现在威尼斯法庭，运用智谋，挫败了夏洛克，从刀尖下救出了安东尼奥的性命。

其次，该剧贯穿和描写了三对年轻人的爱情故事及他们之间的友谊。友谊与爱情相互交织的情节线索，构成了《威尼斯商人》最重要的喜剧结构。莎士比亚歌颂爱情和友谊，表现人文主义的爱情观，是其喜剧的又一主要特色。

再次，男女主人公身份贵族化，这种贵族都带上了人文主义理想色彩，这些男女身上或多或少地具有资产阶级色彩，最成功的是女性形象，带有“女强人”色彩，性格开朗、直率、勇敢热情，是文艺复兴时期“新女性”的形象典型。

最后，莎士比亚的喜剧往往是大团圆结局，恶人悔恨，好人宽容，常常是皆大欢喜。《威尼斯商人》中的故事进展使得剧本中所有的主人公都反对夏洛克，他所根据的条文成为他实施复仇的有力后盾。不论人们怎样向他讲人情，他总是不同意放弃他的要求。鲍西娅女扮男装出现在法庭上，就法律做出同样的形式主义的解释，使得夏洛克未能实现他的恶毒意图。安东尼奥、巴萨尼奥、鲍西娅以及其他人物（对他们来说，友谊和爱情就是最高的道德法则），终于战胜了高利贷者夏洛克的凶狠、贪婪。剧本的乐观主义结局表达了莎士比亚关于人道的生活原则战胜资产阶级生活原则的幻想。

罗密欧与朱丽叶（节选）

莎士比亚

第二幕 第二场

凯普莱特家的花园

（罗密欧上）

罗密欧 没有受过伤的人才会讥笑别人身上的创痕。（朱丽叶自上方窗户中出现）轻声！那边窗子里亮起来的是什么光？那就是东方，朱丽叶就是太阳！起来吧，美丽的太阳！赶走那妒忌的月亮，她因为她的女弟子比她美得多，已经气得面色惨白了。既然她这样妒忌你，你不要忠于她吧；脱下她给你的这一身惨绿色的贞女的道服，它是只配给愚人穿的：那是我的意中人；啊！那是我的爱；唉，但愿她知道我在爱着她！她欲言又止，可是她的眼睛已经道出了她的心事。待我去回答她吧；不，我不要太鲁莽，她不是对我说话。天上两颗最灿烂的星，因为有事他去，请求她的眼睛替代它们在空中闪耀。要是她的眼睛变成了天上的星，天上的星变成了她的眼睛，那便怎样呢？她脸上的光辉会掩盖了星星的明亮，正像灯光在朝阳下黯然失色一样；在天上的她的眼睛，会在太空中大放光明，使鸟儿误以为黑夜已经过去而唱出它们的歌声。瞧！她用纤手托住了脸，那姿态多么美妙！啊，但愿我是那一只手上的手套，好让我亲一亲她脸上的香泽！

朱丽叶 唉！

罗密欧 她说话了。啊！再说下去吧，光明的天使！因为我在这夜色之中仰视着你，就像一个尘世的凡人，张大了出神的眼睛，瞻望着一个生着翅膀的天使，驾着白云缓缓地驰过了天空一样。

朱丽叶 罗密欧啊，罗密欧！为什么偏偏是罗密欧呢？否认你的父亲，抛弃你的姓名吧；也许你不愿意这样做，那么只要你宣誓做我的爱人，我也不愿再姓凯普莱特了。

罗密欧 （旁白）我还是继续听下去呢，还是现在就对她说话？

朱丽叶 只有你的名字才是我的仇敌；即使你不姓蒙太古，仍然是这样的一个你。姓不姓蒙太古又有什么关系呢？它又不是手，又不是脚，又不是手臂，又不是脸，又不是身体上任何其他的部分。啊，换一个姓名吧！姓名本来是没有意义的。我们叫作玫瑰的这一种花，要是换了个名字，它的香味还是同样的芬芳。罗密欧要是换了别的名字，他的可爱的完美也绝不会有丝毫改变。罗密欧，抛弃了你的名字吧；我愿意把我整个的心灵，赔偿你这一个身外的空名。

罗密欧 那么我就听你的话，你只要叫我做爱，我就重新受洗，重新命名；从今以后，永远不再叫罗密欧了。

朱丽叶 你是什么人，在黑夜里躲躲闪闪地偷听人家的话。

罗密欧 我没法告诉你我叫什么名字。敬爱的神明，我痛恨我自己的名字，因为它是你的仇敌；要是把它写在纸上，我一定把这几个字撕成粉碎。

朱丽叶 我的耳朵里还没有灌进从你嘴里吐出来的一百个字，可是我认识你的声音；你不是罗密欧，蒙太古家里的人吗？

罗密欧 不是，美人，要是你不喜欢这两个名字。

朱丽叶 告诉我，你怎么会到这儿来，为什么到这儿来？花园的墙这么高，是不容易爬上来的；要是我家里的人瞧见你在这儿，他们一定不让你活命。

罗密欧 我借着爱的轻翼飞过园墙，因为砖石的墙垣是不能把爱情阻隔的；爱情的力量所能够做的事，它都会冒险尝试，所以我不怕你家里人的干涉。

朱丽叶 要是他们瞧见了你，一定会把你杀死的。

罗密欧 唉！你的眼睛比他们二十柄刀剑还厉害；只要你用温柔的眼光看着我，他们就不能伤害我的身体。

朱丽叶 我怎么也不愿让他们瞧见你在这儿。

罗密欧 朦胧的夜色可以替我遮过他们的眼睛。只要你爱我，就让他们瞧见我吧；与其因为得不到你的爱情而在这世上捱命，还不如在仇人的刀剑下丧生。

朱丽叶 谁叫你找到这儿来的？

罗密欧 爱情怂恿我探听出这一个地方；他替我出主意，我借给他眼睛。我不会操舟驾舵，可是倘使你在辽远辽远的海滨，我也会冒着风波寻访你这颗珍宝。

朱丽叶 幸亏黑夜替我罩上了一重面幕，否则为了我刚才被你听去的话，你一定可以看见我脸上羞愧的红晕。我真想遵守礼法，否认已经说过的言语，可是这些虚文俗礼，现在只好一切置之不顾了！你爱我吗？我知道你一定会说“是的”；我也一定会相信你的话；可是也许你许的誓只是一个谎，人家说，对于恋人们的寒盟背信，天神是一笑置之的。温柔的罗密欧啊！你要是真的爱我，就请你诚意告诉我，你要是嫌我太容易降心相从，我也会堆起怒容，装出倔强的神气，拒绝你的好意，好让你向我婉转求情，否则我是无论如何不会拒绝你的。俊秀的蒙太古啊，我真的太痴心了，所以也许你会觉得我的举动有点轻浮；可是相信我，朋友，总有一天你会知道我的忠心远胜过那些善于矜持作态的人。我必须承认，倘不是你乘我不备的时候偷听去了我的真情的表白，我一定会更加矜持一点的。所以原谅我吧，是黑夜泄漏了我心底的秘密，不要把我的允诺看作无耻的轻狂。

罗密欧 姑娘，凭着这一轮皎洁的月亮，它的银光涂染着这些果树的梢端，我发誓——

朱丽叶 啊！不要指着月亮发誓，它是变化无常的，每个月都有盈亏圆缺；你要是指着它发誓，也许你的爱情也会像它一样无常。

罗密欧 那么我指着什么起誓呢？

朱丽叶 不用起誓吧。或者你要是愿意的话，就凭着你优美的自身起誓，那是我所崇拜的偶像，我一定会相信你的。

罗密欧 要是我的出自深心的爱情——

朱丽叶 好，别起誓啦。我虽然喜欢你，却不喜欢今天晚上的蜜约；它太仓促、太轻率、太出人意料了，正像一闪电光，等不及人家开一声口，已经消隐了下去。好人，再会吧！这一朵爱的蓓蕾，靠着夏天暖风的吹拂，也许会在我们下次相见的时候，开出鲜艳的花来。晚安，晚安！但愿恬静的安息同样降临到你我两人的心头！

罗密欧 啊！你就这样离我而去，不给我一点满足吗？

朱丽叶 你今夜还要什么满足呢？

罗密欧 你还没有把你的爱情的忠实的盟誓跟我交换。

朱丽叶 在你没有要求以前，我已经把我的爱给了你了；可是我倒愿意重新给你。

罗密欧 你要把它收回去吗？为什么呢，爱人？

朱丽叶 为了表示我的慷慨，我要把它重新给你。可是我只愿意要我已有的东西：我的慷慨像海一样浩渺，我的爱情也像海一样深沉；我给你的越多，我自己也越是富有，因为这两者都是没有穷尽的。（乳媪在内呼唤）我听见里面有人在叫，亲爱的，再会吧！——就来了，好奶妈！——亲爱的蒙太古，愿你不要负心。再等一会儿，我就会来的。（自上方下。）

罗密欧 幸福的，幸福的夜啊！我怕我只是在晚上做了一个梦，这样美满的事不会是真的。

（朱丽叶自上方重上。）

朱丽叶 亲爱的罗密欧，再说三句话，我们真的要再会了。要是你的爱情的确是光明正大，你的目的在于婚姻，那么明天我会叫一个人到你的地方来，请你叫他带一个信给我，告诉我你愿意在什么地方、什么时候举行婚礼；我就会把我的整个命运交托给你，把你当作我的主人，跟随你到天涯海角。

【赏析】

《罗密欧与朱丽叶》是莎士比亚早期的重要作品之一，创作于 1594 年至 1597 年。剧本描写了一对互相爱慕的青年在封建制度下双双惨死的悲剧，表现了当时英国社会封建和反封建两种社会力量的矛盾斗争。

本文节选自第二幕第二场，描写了罗密欧与朱丽叶的月夜相见和互诉衷肠，歌颂了青年男女真挚自由的爱情，体现了文艺复兴时期人们渴求美好感情、追求幸福的人文主义精神。

第五章　应用文写作

第一节　行政公文写作

一、通告

通告属于周知性的文体之一，是在一定的范围内，对人民群众、机关团体公布应当遵守和周知的事项的文件。

（一）通告的特点

1. 内容的广泛性

通告的内容可能涉及国家的法令、政策，也可以用来公布社会生活中的一些具体事务。

2. 范围的局限性

通告只能在一定范围内公布，让一定范围内的人民群众、机关团体遵守和周知的事项。

（二）通告的种类

通告，按其作用的不同，可分为事项性通告、法规性通告两种。

1. 事项性通告

事项性通告是国家机关、社会团体或企事业单位为使某项涉及群众的事项迅速得以周知而发布的公文，包括告知性通告、限期办理性通告和就某一事项发出指示、政策的通告。

2. 法规性通告

法规性通告是国家的各级权力机关、人民政府及人民法院、人民检察院等机关以通告的形式直接发布的具有普遍约束力的法律、法规文件，要求所辖地域的人们必须认真执行，不得违背。

（三）通告的一般写法

1. 标题

通告的标题由发文机关名称、事由、文种三部分组成；有的省去事由；内容简单或难以概括标题的，只写“通告”二字。

2. 正文

通告的正文一般由三部分内容构成。第一部分写清楚发布通告的目的和法律的依据。

接着以“特此通告如下”作为过渡语，转入第二部分内容即通告的具体事项。第二部分一般采用分条列项的方法写出（通告事项单一的可例外）。第三部分单列一段提出希望和要求，或说明实施期限和告知有效范围。

3. 结语

一般采用“此告”“特此通告”等语。

（四）通告的写作要求

1. 语言通俗易懂，准确明白

为便于受文对象的认读、理解、记忆和遵循，通告在语言表述上既要注意适应广大群众的普遍水平，做到通俗易懂，又要注意结合专门事项的要求恰当使用专业术语，使表达准确、明白。

2. 通告与公告的主要区别

通告、公告都是知照性公文，都具有很强的知照作用。但同时它们在许多方面具有严格的区别，不可混用。

（1）重要程度不同。公告用来宣布国内外关注的重大事件，通告多用于宣布一般性的事项。

（2）受文对象不同。公告范围很广，向国内外宣布，全国公民乃至全世界周知；而通告则是就某一部分的某项问题发布的，它只适用于某一限定范围内。

（3）发布权限不同。公告是国家领导机关使用的公文，一般部门和单位不得使用这一文种；而通告是基层企业单位、事业单位、街道、村民委员会等均可制作、使用的一种公文。

二、通知

通知是适用于批转下级机关的公文，转发上级机关和不相隶属机关的公文，传达要求下级机关办理和需要有关单位周知或者执行的事项，以及任免人员的一种公文。

通知是一种使用范围较广的文种。凡需要特定机关和人员知道、办理的事宜，都可以用通知。通知大部分是下行文，也有一部分是平行文，即发给不相隶属的单位或个人。

（一）通知的特点

1. 使用的广泛性

通知的发文机关，几乎不受级别的限制。大到国家级的党政机关，小到基层的企事业单位，都可以发布通知。在内容方面，大到全国性重大事项、法规、规章，小到单位内部告知一般事项，都可用通知行文。在发文方式上也灵活、方便。

2. 功用的指导性

上级机关向下级机关用通知行文，都明显体现出指导性。特别是部署工作、批转和转发文件的通知，都在实现着通知的指导功能，受文单位要在规定的时间内完成通知布置的任务。

（二）通知的种类

按照具体用途的不同，可以把通知划分为以下几类。

1. 发布行政法规及各种规定的通知

这类通知是法规性和指挥性公文，它的权威性虽然不及“命令”，但也带有一定的强制执行的作用。发布行政法规及各种规定的通知有两种：一种是印发、实施已制定的规章制度的通知，另一种是其内容本身就是具体规定的通知。

2. 布置工作和安排活动的通知

在向下级单位布置一项具体的工作或安排一项规模较大的活动，并需要明确任务，做出指示时用通知。

3. 批转或转发其他机关公文的通知

对其他机关发来的反映带有普遍性的问题或具有普遍指导意义的公文，可用制发通知的形式下发有关机关。批转是对下级机关呈送的公文而言的，转发则是对上级机关、同级机关或不相隶属的机关的公文而言的。

4. 告知事项的通知

这是为使有关机关和人员了解某一事项而制发的通知，这类通知为知照类公文。会议通知、设置或取消机构的通知、设立奖项的通知、人事任免通知等，都属告知事项的通知，在日常工作中这类通知的使用较多。

（三）通知的一般写法

1. 标题

通知的标题由发文机关的名称、事由和文种三要素组成。重要通知的标题一定要具备这三个要素，使人一看就能大致知道通知的内容。

文种“通知”作标题。这种通知一般仅限于日常生活和工作中一些非重大事项的通知。

情况特殊的通知，在标题中应写明，如“紧急通知”“补充通知”“联合通知”等。

2. 主送机关

通知的主送机关一般有两种写法：一种是主送机关有一个或两三个的，可将几个机关的名称全部写上；另一种是主送机关很多，属普发文件，可采用概括的写法。

3. 正文

通知正文的基本内容，应该包括发布本通知的根据和缘由、通知的具体事项、落实通知的要求等。其中，通知的具体事项是正文的重点内容。这是通知的一般写法。由于通知的种类不同，在写法上又略有差异。

（1）发布性通知写法较简单，先用一两句话概述发文理由，再说明所发文件名称，将该文件作为附件附后即可。

（2）转发、批转性通知的正文可根据实际情况写作，有时用一句话引出转发、批转的文件，并说明转发、批转的根据和提出执行要求。也可分缘由和指示两部分来写，缘由部分写明发文的根据或表明态度，提出执行要求；指示部分说明所转发、批转文件的意义，并指出具体做法，提出措施和要求。

（3）布置工作和安排活动的通知，规范性强，文字较多，需要从实际出发，力求高视点，有预见性、针对性。写作时先概述发文的原因、目的或基本情况，再提出原则及具体明确的要求、措施、办法等。对于内容多采用分条列项的方法来写。

（4）告知事项的通知是用来通报情况、传递信息、交代事项的，只要写清应知应办的事项就达到了目的。如会议通知，人数较少的一般性会议通知，只需简要写明会议的名称、目的、时间、地点、与会人员、准备事项（如准备材料、文件、论文等）即可。内容比较复杂、日期较长、与会人员较多的会议，要写清楚会议名称、目的、议题、期限、报到时间、地点、与会人员、准备事项、食宿安排、差旅费报销方法，以及筹办会议单位的名称、联系人、联系地址、电子邮件地址、电话、传真、与会地路线等，与会议有关的项目不能出现差错和遗漏。

（四）通知的写作要求

1. 重点突出，措施具体

通知是要求受文单位了解、协助和执行、办理的公文。因此，写作时要突出重点，把目的讲清楚，任务提明确，措施订具体。只有这样，才便于受文者在执行、办理中不出现偏差或错误。

2. 注意通知与通告的区别

从使用范围看，通知适用于批转下级机关的公文，转发上级机关和不相隶属机关的公文，传达要求下级机关办理和需要有关单位周知或者执行的事项，以及任免人员等；而通告则适用于公布社会各有关方面应当遵守或者周知的事项。

从受文对象看，通知的对象一般是机关或单位，通告的对象一般是社会公众。

从行文要求看，通知的事项一般需要办理和贯彻执行，而通告的事项只需遵守和知晓即可。

三、通报

通报适用于表彰先进、批评错误、传递重要精神或者情况的公文。

通报也为知照类公文，其主要作用在于学习他人经验，推动工作；吸取他人教训，防止类似问题的发生；了解有关情况，促进各方面工作的顺利开展。通报的写作要有代表性、针对性，使人们从中受到启发和教益。

（一）通报的特点

1. 真实性

情况真实是通报的生命。通报所表扬或批评的情况，要求准确无误，不允许有任何虚假成分。通报的真实还必须有典型性，反映的材料能代表事物的本质特点。

2. 及时性

通报具有指导现实工作的作用，因此，在时间上要求对所发生的典型事件做出及时而且迅速的反映。

（二）通报的种类

按照内容和用途的不同，可以把通报分为以下三类。

1. 表彰性通报

表彰性通报是指对先进典型、好人好事进行表彰，对先进经验加以肯定、推广，以激励人们学习先进，吸取经验，进一步做好工作。

2. 批评性通报

批评性通报是批评错误，使人们吸取教训，引以为戒，防止类似错误发生的通报。批评性通报有的是对典型错误的批评处理，有的是对重大事故或事件的批评处理。

3. 情况通报

情况通报是向有关部门及人员传达重要情况，发布重要信息，使人们掌握情况，明确问题和工作意图，以指导今后的工作。

（三）通报的一般写法

1. 标题

通报的标题大致有四种情况：

（1）由发文机关、事由、文种组成。

（2）由事由和文种构成。

（3）由发文机关和文种组成。

（4）只写“通报”二字。

2. 正文

通报的正文一般包括如下三个方面的内容：

（1）主要事实。它包括事实发生的时间、地点、涉及的单位与人员、大致过程、主要情节、结果和影响等。叙述事实的基本情况要真实、准确、扼要。要处理好详略关系，对涉及事实本质，反映通报意图直接有关的过程、情节等，应该详写，其他可以略写。要让人们从叙述中既可很快掌握事实梗概，又能较快悟出其中的经验和教训。

（2）分析事实所包含的意义。表彰性通报，需要分析先进事迹的意义，以及主要人物的可贵精神、主要经验、值得发扬和学习的精神，号召大家向先进学习的具体要求等；批评性通报，应分析产生问题的主客观原因、主要教训，以及指出防止和杜绝今后发生类似事件的措施等；情况通报，要围绕某个问题，列举各个方面的情况，每种情况又分别以典型材料加以说明。

（3）结尾。通报如何结尾，这要根据通报的性质而定。多数情况通报不另加结尾部分，主体写完就结束全文。有的批评性通报，习惯以“希望引起大家的注意”“特此通报”等词语结束全文。

3. 通报的署名和成文时期

在通报正文的右下方署以发文机关的名称，署名下边写成文的年、月、日。

（四）通报的写作要求

1. 事实必须可靠

无论哪种通报的事实都要准确无误，哪怕是一些细节问题也要认真核实材料的真伪。通报切忌无中生有，推理、想象，或任意夸大或缩小事实。

2. 用词造句必须严谨

通报对先进事迹的表彰，对错误行为的处理，以及对情况的分析和判断，都涉及人和事的定性问题。因此，用词造句必须慎重严谨，讲究分寸。不能说过头话，不能称善过其美、言恶过其极，失去通报应有的作用。

3. 注意通报与通知的区别

通报和通知都是具有沟通情况、交流信息作用的告知性公文，二者区别在于：

（1）目的不同。通知的目的是发布、转发和批转文件，安排部署工作，要求有关单位或个人必须按照通知的事项去做，具有一定的强制性。而通报的目的则是表彰先进，批评错误，传达重要情况，树立典型，学习经验，吸取教训，改进工作。

（2）对象不同。通报是对所属人员进行普遍教育的工具，没有特定的对象。通知部署的任务和事项极为明确，具有特定的对象。

（3）时间不同。从制文时间来看，通知是在事前发文，通报则是事后发文。即事前通知，事后通报。

四、请示

请示是用于向上级机关请求指示、批准的一种公文。

请示的用途比较广泛，凡有不太明确的问题或工作中遇到的新情况，需要上级机关表态的事项，都可以向上级机关递交请示。如对现行方针政策、法规制度不甚了解，需要上级机关明确答复；下级机关遇到重大或疑难问题，请求上级机关给予指示；下级机关要办某一件事或上级机关指示办一件事，需要一定的财力、物力、人力，下级机关无力解决，需要请示上级机关审核批复；对某个问题的解决办法，不知可否；对问题有处理的有效方法，但因权限关系需要由上级机关决定；对上级机关某一决定有不同看法，需要申诉自己的意见，请求上级机关重新研究等，都可以用请示行文。

（一）请示的特点

1. 请求性

请示一般涉及的是本机关、本部门打算办理或迫切需要办理的某种事情，而自己却无权自行决定，或者无力去做，或者不知应不应该去办，必须请求上级主管部门批准、同意之后才可以去办。

2. 单一性

请示都是一文一事，行文简短，着重写需要解决的问题和自己的意见、要求，不涉及其他内容，以便上级尽快答复。

（二）请示的种类

按照内容性质，请示可分为以下三种。

1. 求示性请示

求示性请示就是请求上级给予指示、裁决的请示。如工作中遇到的难以解决的关键问题，无章可循的新问题，意见分歧而无法统一执行的问题等。

2. 求助性请示

求助性请示即请求上级机关予以支持、帮助的请示。如请求增补经费，增加设备，为某事情拨款、拨指标等。

3. 求准性请示

求准性请示即请求上级批准、允许的请示。如超出本机关、本单位无权处理的问题，因情况特殊需要变通处理的事项，以及按照上级机关规定应当请示的事项等。

（三）请示的一般写法

1. 标题

请示的标题一般由发文机关、事由和文种三项构成。也有的省略发文机关只写事由、文种。报告的标题与请示的标题写法相似。

2. 主送机关

主送机关即有权接受、批准请示事项的上级机关。一般写在标题与正文之间，单独一行，顶格书写。

3. 正文

请示的正文由请示的缘由、请示的事项和请示的要求三部分组成。

（1）请示的缘由是请示事项的基础和关键。请示的缘由一定要写得有理有据、实事求是、具体明白，否则就很难达到请示的目的。

（2）请示的事项是请求上级机关批准、帮助、解答的具体事项。阐述要实事求是，引用的数据要准确无误，提出的看法或处理的意见要具体明确，切实可行，符合国家的法律、法规和方针政策，让上级机关看后一目了然，能迅速决断。如涉及其他单位的问题，应当预先征询意见，并将商洽的有关情况在文中予以说明，以供上级机关做出正确判断和指示。

（3）请示的要求。在请求的结尾明确提出要求，请求上级批准、指示。一般都以请示的惯用语作结尾语，如“以上意见是否妥当，请批示”“妥否，请批复”等。语气中肯、果断，能够令人接受。

（四）请示的写作要求

（1）请示应坚持一文一事，不能多头请示。写请示必须严格遵循一文一事的原则，不能把几件事写到一份请示中，以免在公文的处理中产生麻烦。

（2）在行文关系方面，请示应明确一个主送单位，不能搞多头请示，尽量避免越级请示。多头请示有时难免造成上级机关之间不好答复或互相推诿，贻误工作。

（3）因特殊情况，必须越级行文时，应抄报越过的机关。

除领导直接交办的事项外，请示不要直接送领导个人，也不要同时抄送同级和下级机关。

（五）请示与报告的区别

请示和报告是两种不同的公文，应分开使用。有人把请示写成请示报告，这是混淆了两种公文的用法。因此，明确请示与报告的区别，把二者严格区分开来是十分必要的，请示与报告的区别主要有以下三点。

1. 行文的目的不同

请示是为了解决工作中的具体问题，要求上级指示和批准而写的；报告是为了让上级了解下情，沟通和加强上下级之间的联系而写的。请示是要求上级表明态度，做出明确答复；而报告则只是告知，大多数报告是不要求上级表态和答复的。

2. 行文的时间不同

请示必须在事前行文，在得到上级机关的批准、指示、批复以后方能行事，不允许“先斩后奏”；而报告则可根据实际情况，在事前、事中、事后行文皆可。

3. 行文内容不同

请示主要写带有迫切性的，并需要上级机关指示、批准的事项；报告只着眼于汇报工作，反映情况。

正确使用报告与请示这两个文种，关键的问题是要抓住行文目的这一点，需上级机关答复的，用请示；只需上级机关了解情况或批转而无须答复的，则用报告。掌握了这一点，就不至于将报告和请示混淆使用了。

五、报告

报告适用于向上级机关汇报工作，反映情况，答复上级机关的询问。报告属上行文，是公文中使用频率较高的文种之一。

（一）报告的特点

1. 陈述性

报告主要是采用叙述手法，直陈其事，向上级机关讲明自己做了哪些工作，是如何做的，有哪些经验体会，还存在哪些问题，今后有什么打算等，一般不展开推理论证，不要求上级机关答复，不使用祈使、请求笔法和语气。

2. 汇报性

所有的报告都是下级机关向上级机关或业务主管部门汇报工作、反映情况，以及答复上级机关的询问的上行文，是下级机关及时得到上级机关领导和指导的重要途径。

（二）报告的种类

1. 按照内容划分，报告可以分为例行报告、综合报告和专题报告

（1）例行报告是下级机关根据工作需要，定期向上级机关所写的报告。主要是反映情况，使上级掌握、了解情况，以便更好地指导工作。

（2）综合报告是反映本单位全面情况，以便上级机关全面指导工作的报告。

（3）专题报告是下级向上级反映本单位的某项工作、某个问题、某一方面的情况，要求上级了解的报告。专题报告要迅速及时，一事一报。一般来说，机关日常工作中专题报告使用的频率较高，而且多数是需要上级机关给予批转的。

2. 按照性质划分，报告可以分为呈转性报告和呈报性报告

（1）呈转性报告是一种针对某些涉及其他平行机关或不相隶属机关的情况或问题，提出处理意见或建议，请上级机关审阅并批转有关机关的报告。这类报告既要反映情况，又要写出具体意见，有时还要拿出切实可行的措施或办法来。经批准的呈转性报告，具有同批转机关的公文相同的效力。

（2）呈报性报告是单纯反映情况，汇报工作，而不要求转发的报告。

（三）报告正文的一般写法

报告的正文主要写明报告的起因和报告的内容。起因即报告的根据和目的，用简洁的语言进行说明，即为什么报告。起因写完后用“现将有关情况报告如下”作为承启下文的用语。报告的内容即主体部分是报告的核心，一般分为以下四部分。

1. 基本情况

不论是汇报工作，还是反映情况，答复上级的询问，均应实事求是地将具体情况交代清楚，以便上级了解下情，并以此作为依据，妥善地予以处理和指导。

2. 存在问题（或具体意见）

呈报性报告写存在的问题，以便上级了解工作进展的情况，同时为报告的下一部分内

容（提出要求）打下基础；呈转性报告也要根据基本情况提出具体处理意见或解决办法，以供上级机关参考。

3. 具体要求或措施

这是指对今后工作的设想，提出要求或准备采取的措施。

4. 结语

报告的结语要根据报告的性质和内容而定，不能千篇一律。报告的结语一般用“特此报告”“以上报告，如无不妥，请批转有关部门贯彻执行”“以上报告，请审阅”等字样。但也有的报告结尾不写这些用语。

（四）报告的写作要求

（1）要注意报告与请示的区别，报告中不得夹带请示事项，结尾不得误用“以上报告妥否，请批示”等语。

（2）内容要真实可靠，做到据实报告，即“好处说好，坏处说坏”，不能“报喜不报忧”。

（3）报告的中心应明确，详略得当，文字简洁、流畅，不拖泥带水。报告中切忌使用套话、废话。

六、批复

（一）批复的概念

批复是指上级机关答复下级机关请示事项所使用的下行公文。

（二）批复的作用

批复的主要作用是对下级机关的有关请示事项做出及时而明确的答复，以推动工作的顺利进行。

（三）批复的一般写法

批复主要具有单一性、指示性、被动性的特点。

1. 标题

应使用完全式标题。

2. 正文

批复正文包括引据部分、批复内容和结尾。引据部分形式比较固定，通常先引述下级机关请示的日期、标题、文号，作为批复的起因和根据，然后以“现就……事项批复如下”或“现批复如下”等过渡语句引出下文。批复内容主要针对请示中提出的问题给予明确的答复或指示。结尾通常用“此复”之类惯用语。

3. 落款

落款包括成文日期和印章。

（四）批复的写作要求

（1）坚持“一请示一批复”。

（2）态度肯定，语言准确。

（3）针对性强。

（4）文字精练。

七、函

函是用于不相隶属机关之间商洽工作、询问和答复问题、请求批准和答复审批事项的一种公文。

（一）函的特点

1. 使用范围的广泛性

函广泛用于公务活动的各个领域与各个不同级别的机关、社会团体、企事业单位。

2. 行文的灵活性

函一般不受行文关系的约束，只要公务活动需要，就可以向平行机关和不相隶属机关发出，也可以向上级机关或下级机关发出。此外，函的篇幅短小，快捷简便，写法也灵活。

（二）函的种类

函按其内容性质可分为以下四种。

1. 商洽函

商洽函是平行机关、不相隶属机关之间商洽工作、联系有关事宜时所使用的函。

2. 问答函

问答函是机关单位之间用来相互询问和答复问题的函。

3. 请批函

请批函是向有关主管部门请求批准的函。这种函多是向业务主管部门或归口管理部门请求批准事项。

4. 批答函

批答函是主管部门或经授权的部门以函的形式对有关单位请求审批的事项进行答复，既可用于批准同意的答复，也可用于不同意批准的答复。

（三）函的一般写法

函一般由标题、正文、结尾等部分组成。

1. 标题

函的标题有三种结构形式：

（1）由发文机关名称、事由、文种组成。

（2）由事由和文种组成。

（3）由发文机关名称和文种组成。这种情形较少。

2. 正文

函的正文是函的主体部分，一般包括缘由和事项等内容。写缘由要开门见山，简明扼要，高度概括；事项要写得具体、明白、条理清楚。如属于答复函，要注意答复的针对性和明确性。

3. 结尾

函的结尾另起一段写上习惯用语“敬请函复”“特此函告”“为盼”“为感”“为荷”等。有的函可以不用结束语。

（四）函的写作要求

（1）内容简洁扼要、直截了当，语言通俗易懂。

询问、商洽性的去函，语气要恳切，讲究礼貌。复函要针对对方提出的问题，及时具体明确地答复，便于对方处理。

（2）函要做到一文一事。

八、会议纪要

会议纪要适用于记载和传达会议情况和议定事项。会议纪要可上报上级领导机关，供上级了解会议的情况，以便取得领导的支持与指导；可以送有关的平行单位交流信息，沟通情况，以取得他们的协助和配合。其主要作用是沟通情况，交流经验，统一认识，指导工作。

（一）会议纪要的特点

1. 纪实性

会议纪要是根据会议的主旨、议程、决议等概括整理成文的，对会议基本情况的记载是纪实性的。会议纪要的撰写者不能变更会议议定的事项，不能随意更改会议上达成的共识和形成的决议，更不能对会议内容进行随意地评议。

2. 提要性

会议纪要与会议记录不一样，不是有言必录，而是提要性的，将会议中重要的情况、重大问题的决定和决策意见简明扼要地陈述出来。

（二）会议纪要的种类

按照会议的性质，会议纪要可以分为决定性会议纪要和情况性会议纪要两种。

1. 决定性会议纪要

决定性会议纪要对与会单位具有指示和指导作用，具有决定的性质。因为它反映的是会议的结论性意见，具有较强的政策性。这种会议纪要必须经过大会讨论通过，才能发布。

2. 情况性会议纪要

情况性会议纪要，只起让与会单位了解会议进程和基本情况的作用，它反映的是会议的基本情况。

按照会议内容和会议形式划分，会议纪要还可分为座谈会会议纪要、工作会会议纪要、办公会会议纪要、联席会会议纪要、专题性会议纪要等多种。

（三）会议纪要的一般写法

会议纪要一般由标题、成文日期、正文三个要素构成。

1. 标题

会议纪要的标题一般由会议名称和文种两部分组成。

2. 成文日期

会议纪要成文日期一般加括号标注在标题之下正中位置，也有的标写在正文之后。

3. 正文

正文是会议纪要的主要部分。一般由开头、主体和结尾三部分组成。

（1）开头。一般要写明会议的概况，包括会议召开的时间、主持召开会议的单位、开会地点、参加会议的人员以及会议的议题等。有的还写会议程序和概述会议总的情况。这一部分要写得简明扼要。

（2）主体。记述会议的要点，主要写清三个方面的内容：①说明议题。主要是提示会议的宗旨、中心议题，内容不宜多写，文字要高度概括。②分析形势，研讨问题。主要是阐述会议讨论的重大问题，或者是对工作情况的基本估计，总结经验，提出需要解决的问题。这一部分常在段落或层次之首冠以“会议认为”或“与会代表一致认为”作为提挈语。③阐述会议结果。这是会议纪要最重要的一部分，主要阐述会议讨论的意见，形成的决议，做出的决定，提出的要求，需要采取的措施等。这部分常在段落和层次之间冠以“会议要求”“会议决定”“会议强调”等词语作为提挈语，以引出会议的主要精神。

（3）结尾。提出希望和号召或者列出尚未得到解决的问题，供以后继续研究探讨。

（四）会议纪要的写作要求

1. 客观整理，保证真实

会议纪要是会后形成的文件，是对会议情况实事求是的反映，一定要保证内容的真实性。会议纪要的撰写者在会议期间要尽量全面掌握会议的情况；在综合会议内容时，只能进行必要的归纳、概括和提炼，不能随便增减内容或想当然地修改原意。

2. 详略得当，突出要点

撰写会议纪要一定要抓住“要”字，紧紧围绕会议的中心议题，抓住会议要解决的问题，立足会议的实际情况，体现会议的主要精神。对会议材料要去粗取精，对与会者的发言要归纳出代表性、典型性的意见。对会议的一般内容不宜写得过于具体，但要注意写好结论性的意见。

切忌将会议纪要写成会议决议和会议记录。会议纪要即使在会议结束前写出，其成文日期也不能写成会议结束前的时间。可以写成会议结束的同日，一般是会后正式定稿的日期。

（五）会议纪要与会议记录的区别

会议纪要与会议记录有着十分密切的联系。写作会议纪要一般是在会议记录基础上进行的，它要对会议记录进行分析、整理、综合、概括，按照会议的议题和宗旨，把会议的主要精神及议定的事项准确地反映出来。因此，会议记录是会议纪要的基础，可以说没有会议记录就没有会议纪要。

会议纪要与会议记录虽然都是会议内容，但两者又有着明显的区别。

1. 文体性质不同

会议纪要是法定公文，一般都作为文件来处理，而且也不是逢会必“纪”的；会议记录则是记录会议内容的一种书面材料，既不上报，也不下发，只作为工作依据和参考材料来处理，或只起备查作用，因此是逢会必记。

2. 基本内容和写法不同

会议纪要只反映会议的主要精神和议定事项，所以它要对会议内容进行分析和综合，使之条理化和理论性；会议记录则是对会议内容做客观记录和详细记录，即使是摘录，也是较详尽的。

第二节　专用文书写作

一、合同

（一）合同概述

1. 合同的含义

1999 年 10 月 1 日施行的《中华人民共和国合同法》第二条第一款规定："合同是平等主体的自然人、其他组织之间设立、变更、终止民事义务关系的协议。"

2. 合同的作用

合同具有约束作用和凭证作用。

3. 合同的分类

合同共有 15 类：买卖合同、供用电合同、赠与合同、借款合同、租赁合同、融资租赁合同、承揽合同、建设工程合同、运输合同、技术合同、保管合同、仓储合同、委托合同、行纪合同、居间合同。

（二）合同写作要点

合同就其形式来说主要有表格式、条款式、表格条款结合式三种类型。无论何种形式，一般都是由标题、首部、正文、落款四个部分组成。

1. 标题

需明确地写明是什么种类的合同，有的也注明标的物名称。

2. 首部

首部包括合同当事人名称或姓名、合同编号、签约地点、时间等。

3. 正文

正文是合同主体部分，主要包括三部分：

（1）引言。表明签订合同的目的或依据，通常表述方式为"根据《中华人民共和国合同法》及其有关规定，为明确甲乙双方的权利和义务，经双方协商一致，签订合同如下"。

（2）合同主要内容。亦即合同的主要条款，包括标的、数量、价格（或酬金）、履行期限、地点及方式、违约责任、争议解决方式等内容。

（3）附则。其包括合同的保存、有效期限、合同的份数，还包括合同的补充办法。

另外，合同如果有附件应注明附件的名称和件数。

4. 落款

落款包括三个部分。首先，要写清双方单位全称并加盖公章、代表人姓名并加盖私章。其次，交代双方开户银行、账号、地址、邮编、电话、传真、网址等。最后，注明签订合同的具体日期。

（三）合同写作注意事项

合同写作除了要以《中华人民共和国合同法》为准则，遵纪守法外，还应注意以下三点：

（1）内容应具体，条款要周全。

（2）措辞须严密，表达要准确。

（3）内容可增补，改动要协商。

（四）买卖合同例文

房屋买卖合同

甲方（卖方）：

乙方（买方）：

经平等协商一致，买卖双方就下列房屋的买卖订立本协议，共同遵守。

一、买卖的标的及价款：

1. 甲方向乙方出售下列房屋：

房屋坐落　　　　　　　　　　　　房屋结构

房产所有证×房权证____字第____号房产共有执照

建筑面积________m²

房屋附属物　　　　　　　　　　　房屋现用途

出售价格

（人民币）仟　佰　拾　万　仟　佰　拾　元整

2. 付款方式：

A. 签订本合同之日乙方即支付甲方购房定金人民币　　　　　元整。

B. 上述房产签署买卖契约之日，乙方一次性支付购房余款。

二、责任与权利

甲方：

1. 须具备该房屋所有相关法律认可文件。

2. 本合同签订后，不得再另行办理本合同所指标的物的购房协议。

3. 在办理过户期间向乙方提供该房屋产权证明及相关法律文件。

4. 在办理过户期间拥有该房屋所有权。

乙方：

1. 提供过户所用的各种身份证明及法律认可文件。

2. 支付购房定金及余款。

3. 付清全款，双方产权过户完结后，该房屋即归乙方所有，由此所产生相关税费由乙方承担。

三、违约条款

甲、乙任何一方不按上述条款执行即视为违约，违约方须向对方支付违约金（人民币）　　　元整。

四、不可抗力

遭遇人力不可抵抗的自然灾害的处理办法：

五、调解和仲裁

在执行本合同的过程中，如遇双方发生纠纷，先行通过双方协商；协商不成时可采取第　　种方式解决：

1. 向有管辖的经济合同仲裁机构申请仲裁。

2. 向有管辖的人民法院起诉。

六、合同的变更或解除

在执行合同过程中，任何一方不得擅自变更或解除合同，如需变更或解除合同，双方必须协商一致，决定是否变更或解除合同。

七、其他事宜

本合同一式三份；甲、乙双方各执一份，交房地产交易部门一份。

八、本合同自签订之日起生效。

九、本合同中未尽事宜，以《中华人民共和国合同法》有关条款为准。

十、此房产无产权纠纷，如有纠纷由甲方负责。

十一、交易前的物业费、供暖费由甲方负责；交易后的物业费、供暖费由乙方负责。

十二、公共维修基金：

十三、其他应说明事项：

甲方：　　　　乙方：

身份证号码：　　　　身份证号码：

联系电话：　　　　联系电话：

通信地址：　　　　通信地址：

签约时间：

二、自荐信

（一）自荐信概述

自荐信又称“求职书”“自荐书”“应聘书”等，是求职者向用人单位推荐自己，以谋求某一职务或岗位的专用书信。其根本的功能是把自己的有效信息和竞聘优势传递给社会和用人单位，以求得人才对社会需求的有效配置，因此自荐信是求职者的“敲门砖”，被称为“迈向成功的基石”。

（二）自荐信的写作要点

1. 标题

以文种名称为标题。

2. 称谓（抬头）

写出用人单位的名称（须用全称或规范化简称）；也可以用人单位领导者为受文者，应根据其身份、地位给予恰当的礼貌称谓，如“××公司经理阁下”“尊敬的××厂长”。

3. 问候语

如果抬头是用人单位，则不写问候语。

4. 正文

正文包括以下四个层次：

(1) 诉求目标。开门见山直述自己谋求的就职目标，一般不宜同时诉求若干工作职位。

（2）诉求缘由。写求职的客观缘由，即用人单位使人向往的诸多良好条件，实际上就是表达自己对用人单位的了解和认同。

（3）自荐条件。这部分是自荐信的主体部分，用于陈述自己符合用人需求的专长、能力等条件。应条理清楚、全面完整、主次分明地列述自己胜任所求工作职务的种种优势和长处。概括起来，列述的主要内容有：拥有的专业知识、技能，一定的实践经验及成效，正确的情感、态度和价值观，良好的综合素质及健康状况，获得的专业证书和奖励。

写自荐信时应采用换位思维，从用人单位的角度来确定这部分的内容和写法。

（4）决心、愿望。提出录用、复试的请求和希望，或表达自己的工作态度、决心。一般以期请语作结。

5. 落款

为自荐者的现行身份、姓名和成文时间。自荐书若为打印件，落款中的自荐者姓名仍需亲笔手书。签名力求美观，切勿过分潦草。

6. 附件及联系方式

附件一般包括个人简历和有关材料的复印件。

（三）自荐信的写作要求

1. 有的放矢

写自荐信一定要有针对性，正确介绍自己，突出重点，切忌篇幅过长或过短。

2. 扬长避短

自荐信重在展示自己的独特长处，写出人无我有、人有我优的“闪光点”，以赢得用人单位的录用。但写作中必须诚实无欺。

3. 谦逊自信

写自荐信应有的态度是自信而不自负，谦逊而不谦卑。

4. 简明扼要

自荐信力求简练明了，重点突出，在有限的篇幅内表达出最有效的信息。一般以500字左右为宜。

（四）自荐信例文

自荐信

××总编先生：

您好！我是××大学中文系即将毕业的本科学生，看到贵刊在《××晚报》上的招聘启事，禁不住激动的心情，提笔向总编先生自我推荐。

我学的是新闻专业，到目前为止，全部学业都已圆满完成，成绩优秀。我在上大学期间，是学校通讯社的主要成员，有过新闻采写的实践经验，并且有两篇报告文学《×××》和《××××》发表在《中国教育报》副刊上。我的毕业论文是《试论新闻采访中的×××》，指导教师已向我校学报推荐发表。大学四年，奠定了我从事新闻工作的理论基础，即将毕业之际，我渴望得到实践锻炼的岗位。

贵刊是一个享有广大读者的读物，编辑部一定也是一个生机勃勃的团体，我非常希望加盟成为其中一员。我自信，我能为贵刊做出贡献。热切地期盼着您的答复，顺附上一份我的简历及发表文章的复印件。

××大学中文系××
二×××年十月二十二日

附件（略）
联系方式（略）

三、起诉状

起诉状是法律文书中的诉讼文书，是指公民或法人为维护自身的合法权益而向人民法院提起诉讼请求的法律文书。起诉状要求有明确的被告、有独立的诉讼请求、有具体的事实和法律依据、有支持诉讼请求的有关证据。

（一）起诉状的种类

起诉状因当事人的身份和诉讼目的不同，有不同的种类，主要有民事起诉状、行政起诉状、刑事自诉状三种。

1. 民事起诉状

民事起诉状是民事纠纷的原告为维护自身的合法权益，就有关民事权利和义务的纠纷，根据事实和证据，依据民事法律的规定，向人民法院提起诉讼，要求依法裁判的法律文书。

2. 行政起诉状

行政起诉状是公民、法人或其他组织依据有关事实和法律，认为行政机关和行政机关工作人员的具体行政行为侵犯其合法权益，向人民法院提起诉讼的法律文书。

3. 刑事自诉状

刑事自诉状是刑事自诉案件的被害人或他的法定代理人为追究被告人的刑事责任，直接向人民法院提起诉讼时所使用的法律文书。

（二）起诉状的格式

起诉状主要由首部、正文和尾部三部分组成。

1. 首部

首部由标题和当事人的基本情况两部分组成。

（1）标题。写明起诉状的性质，如民事起诉状、行政起诉状。

（2）当事人的基本情况。位于标题之下，用来简述诉讼当事人的基本情况，按原告、被告、第三人的顺序分别列写。

当事人是公民的，应当依次写明姓名、性别、出生年月日、民族、籍贯、职业或工作单位和职务、住址等内容；当事人是法人或其他组织的，应当依次写明原告单位或组织的名称、所在地址、法定代表人或代表人姓名、职务、电话、企业性质、工商登记核准号、经营范围和方式、开户银行、账号等。

2. 正文

正文包括诉讼请求、事实与理由、证据三部分内容。

（1）诉讼请求。这是起诉人提起诉讼所要达到的目的，也是起诉人请求人民法院给予支持、保护的事项。

（2）事实与理由。这是诉讼状的核心部分，是人民法院受理案件以及裁判和解决纠纷的重要文字依据。

（3）证据。证据是证明案件事实真实性、可靠性的依据，起诉人在陈述事实的同时，应提供证据和证人、证人姓名和住址，以证明陈述的事实是客观存在的。

3. 尾部

起诉状的结尾一般采用固定的行文格式，写明起诉状送达法院的名称、署名或盖章及年月日。如果起诉状是律师代写，应写明代写人的姓名、职务。最后，还要标明起诉状副本份数。

（三）起诉状的写作要求

1. 诉讼请求明确、合法

诉讼请求是诉讼所要达到的目的，诉讼请求在起诉状中要明确、具体，这样法院和被告才知道原告的诉讼请求，以便进行审理和答辩。同时，诉讼请求必须合法，如合乎《民法通则》《继承法》《婚姻法》等法律、法规的规定。

2. 事实客观清楚，证据确实充分

人民法院审理案件，以事实为根据，以法律为准绳。事实是法院审理的基础和根据，原告在向法院陈述事实时，必须叙事客观清楚，实事求是。同时，原告对自己提出的诉讼请求、所叙述的事实，有责任向人民法院提供证据，证据必须查证属实，还要有一定的数量，足以证明事实的客观存在。

3. 诉讼请求要有法律依据

诉讼请求必须有理由，理由是起诉状中的说理文字，是对案情进行深入分析后，得出的合法、合理、合情的结论。起诉状要援引有关的法律、法规条款作为起诉的理由，以证明起诉的合法性，加强起诉状的说服力。

（四）起诉状写作范例

民事起诉状

原告：王某，男，46岁，汉族，××市人，××市电信局职工，现住××市××区××街道××组××号。

被告：李某，男，53岁，汉族，××市人，××市电子仪表厂职工，现住××市××区××街道××组××号。

诉讼请求

1. 李某返还王某欠款18000元人民币。

2. 诉讼费××元由李某承担。

事实与理由

2006年4月1日，李某因其儿子经营资金紧张，向王某借款18000元用于周转，写下借条并约定6个月后一次还清欠款，利息按照银行利息支付。到期后，李某以没钱为由拒绝归还。

证据和证据来源，证人姓名和住址：

1. 李某所写欠条一张。

2. 见证人张某，××市××区××街道办事处工作人员，现住××市××区××街道××组××号。

此致

××市××区人民法院

附：本诉状副本1本。

起诉人：王某

××××年××月××日

四、广告词

广告在现代社会被广泛地运用于各种媒体中，广告所运用的手段也越来越多。广告词是广告的核心部分，它用多种形式，公开地、广泛地向市场传递信息，以引起群众的关注和兴趣。所以，从文体上讲，广告词是一种实用文体，它是通过一定的传播媒介，运用一定的手段，公开而广泛地向市场传递某一商品信息所使用的文书。

（一）广告词的分类

在当代社会，广告词种类很多，主要可分为下面几类：

（1）印刷媒体广告词，如报纸广告词、杂志广告词、传单广告词等。

（2）电视媒体广告词，如电视广告词、电台广告词等。

（3）展示广告的广告词，如霓虹灯广告词、路牌广告词等。

（4）随着社会的发展和进步，网络广告词、非商品广告的广告词等也发展起来。

（二）广告词写作的原则

1. 独创性原则

广告词的吸引力和生命力在很大程度上取决于其独创性。独创性是与众不同的首创，不仅体现在内容上的新颖，还体现在形式上的独创，即表现手法的独创，这样，才能使广告词更吸引人，让人产生新奇感。

2. 针对性原则

广告词是广告设计的一个部分，而广告总是针对一定的对象而设计的，所以，在撰写广告词时，必须考虑广告涉及的特定对象，这是使广告达到最佳效果的重要原则。

3. 真实性原则

国务院发布的《广告管理条例》规定，广告内容必须真实、健康、清晰、明白，不得以任何形式欺骗用户和消费者。

（三）广告词写作的要求

1. 简短易记

广告词的目的是要引起消费者的关注和兴趣，留给消费者比较深刻的印象，并能形成比较固定的观念。所以，简短易记在广告词写作中就显得很重要，要做到精练紧凑，形成流行语。如“长城电扇，电扇长城”“孔府家酒，使人想家”。

2. 新奇有趣

广告词应做到新奇有趣，吸引顾客，在创作时应注意把握原则，使广告词富有趣味性，有吸引力，通俗易懂。如美国一家酸牛奶公司的广告词为“本公司酸牛奶又酸又甜，具有初恋的味道”。

3. 含蓄形象

含蓄形象的广告词既能够让消费者回味难忘，又能在消费者心中留下清晰、深刻的印象，达到广告宣传的目的。如“出手不凡钻石表”“车到山前必有路，有路必有丰田车”。

（四）广告词写作范例

1. 企业广告

无论现在或将来，IBM 都是最可靠的——IBM 公司

大众，永远和您在一起——大众汽车公司

2. 公关广告

好习惯从这里开始——环保运动

美能结合人群——展览广告

3. 商品广告

输入千言万语，奏出一片深情——文字处理机

与书为友，天长地久——书

第三节　日常应用文写作

一、计划

计划是在预定的期间内，为了实现某一目标，完成某项工作，对一定时期的行动内容、步骤和方法做出安排和设计，并用书面形式表达出来的一种事务文书。计划具有预见性、科学性、实践性的特点。

（一）计划的分类

计划是计划性文体的统称，它是由计划、设想、纲要、规划、要点、方案等文种共同组成的一种文体。在实际工作中，计划的种类很多，可分为不同类别：

（1）按计划内容分，可分为生产计划、工作计划、科研计划、学习计划。

（2）按性质分，可分为综合性计划、单项计划。

（3）按范围分，可分为国家计划、地区计划、部门计划、单位计划、个人计划。

（4）按时间分，可分为长期计划、中期计划、短期计划。

（二）计划的基本结构

计划一般由标题、正文和落款三部分组成。

1. 标题

计划的标题要求简明扼要、醒目恰当。一份计划的标题，一般应包括制订计划的单位名称、计划的时间界限、计划的内容范围、计划名称（表示计划这一文体的特定的修饰词）。如《××大学关于 2007—2008 学年度学生社会实践活动计划》《2008 年××学校图书馆工作人员业务培训计划》。

2. 正文

正文是计划的主体部分，由目标和任务、措施和方法、步骤和安排构成。

目标和任务是制订计划的基本要求。一份计划要做什么，应该达到什么标准，这些都要在计划里得到明确具体的表述。在明确了计划的目标后，对如何实现这样的目标，应该采取什么样的措施和方法，以保证目标的顺利实施，就应该在计划中得到体现。步骤是实施计划过程中的时间安排，即实现目标的时间安排、具体的程序步骤。

3. 落款

在正文的右下方注明制订计划的单位名称或个人姓名，以及制订计划的年、月、日。

（三）计划的写作要求

（1）要认真学习与制订计划相关的政策、文件，使制订的计划有可靠的依据。

（2）制订计划要从实际出发，要深入地调查研究，广泛听取各方面的意见。

（3）制订计划时，既要体现计划的完整性，又要突出中心、突出重点。

（四）计划写作范例

××学院中、青年实验教师和实验技术人员培训计划

为了不断提高实验教学质量，提高中、青年实验教师和实验技术人员的实验指导水平和实验室的实际工作能力，仪器设备的使用能力以及科研能力，我中心特制订中、青年实验教师和实验技术人员培训计划。

第一条 中、青年实验教师（尤其是青年教师）在完成实验指导教学工作任务的同时，还应该不断地继续学习和提高理论水平及实验指导水平。中心要求青年教师为自己制订出提高学历层次计划，中年教师应尽快地提高技术职称及科研能力。

第二条 中心鼓励中、青年教师继续学习深造，有条件的可派到国内较好的兄弟院校或出国学习进修，开阔视野，提高理论水平、科研和实验能力，更好地为我中心乃至学院的发展做出贡献。

第三条 根据实际需要，中心可以委派具有实践经验、有高级职称和较高学术水平的实验指导教师，帮助中、青年（尤其青年教师）教师，提高他们的实验课指导水平、科研能力。中、青年（尤其青年教师）教师应该虚心向这些教师学习，尽快提高自身业务水平。

第四条 实验技术人员要不断地提高业务水平，在确保实验教学准备工作前提下，还应提高对仪器、设备的操作和使用能力，实验室的管理和建设能力。根据工作的需要，中心可向系或学院提出申请，委派专门实验技术人员进行专向进修学习，提高业务水平。

第五条 实验技术人员要尽快规划晋升技术职称，年轻的实验技术人员要有学历提高计划，尽快提高学历层次以满足实际工作之需要。

第六条 年轻专任实验指导教师，在完成实验教学指导工作任务的同时，要有学习和提高业务水平的规划，进一步提高学历层次、技术职称级别，以更好地胜任实验教学的需要。

此培训计划的实施，由本人或基础化学实验教学中心向系或学院师培科提出申请，经允许后施行。

××学院基础化学实验教学中心
××××年××月××日

二、总结

总结是人们在日常工作中运用得比较多的一种应用文，它是人们对某一阶段或某项工作进行回顾分析和研究，从而找出规律性的认识，从理论的高度得出经验，用以指导今后工作的一种事务文书。

总结的目的是回顾过去、总结经验、吸取教训、指导未来，所以，总结具有经验性、准确性、理论性、概括性等特点。

（一）总结的种类

总结的种类较多，从不同角度可以分为不同的种类：

（1）按总结的内容分，可分为工作总结、学习总结、生产总结、思想总结等。

（2）按总结的时间分，可分为年度总结、半年总结、季度总结、月总结、阶段总结、周总结等。

（3）按总结的性质分，可分为综合性总结、经验总结、问题总结等。

（4）按总结的范围分，可分为地区总结、部门总结、单位总结、个人总结等。

（二）总结的结构

总结一般由标题、正文和落款三部分构成。

1. 标题

总结的标题，要根据总结的具体内容来确定，总的要求原则是简洁、醒目，高度概括总结的主要内容，突出中心。

陈述工作的总结、事务性较强的年度总结，其标题一般由单位＋时间＋内容＋文种组成，如《××大学2008年度工作总结》；以总结经验和揭示规律为主要写作目的的总结，一般用观点式标题，有时为了突出主题还可以在正标题下加上副标题，如《继往开来，再接再厉——××学院2008年度学生工作总结》。

2. 正文

总结的正文由前言、主体和结尾三部分组成。

（1）前言。主要概述工作的基本情况，根据总结的内容，从全局出发，对过去的工作有一个总体认识，给人以总体印象。在具体写作过程中，可以用概括、对比、结论、综合等方式。

（2）主体。主体部分是总结写作的核心和重点。总结的主体一般由三个方面的内容构成：主要成绩、存在的问题、今后的努力方向。

主要成绩的介绍是总结主体部分的核心，在具体写作中应该对工作中所取得的成绩和经验进行具体的阐述，如叙述工作实绩，并做概括分析，找出规律性的东西。在介绍主要成绩和经验时，要注意实事求是的原则，注重事实概括和理论分析的结合，对涉及的事实要有充分的依据，要对事实进行科学的分析，从中揭示事实的本质规律。对存在的问题，在总结中也要客观辩证地写出，这既是为了今后工作的需要，也是实事求是原则的体现。今后的努力方向是在总结经验和教训的基础上，提高认识，明确方向，对未来的工作增强信心。

（3）结尾。结尾是正文的收束部分。如果主体部分已经自然结束，那么，则可视为总结正文的结尾。有时在结尾部分要表示一下征求意见的态度。

3. 落款

落款包括署名和日期。在正文的右下方写明总结者名称或单位名称，写上总结成文的年、月、日。如属发表在报刊上的总结，一般将署名写在标题下。

（三）总结的写作要求

（1）认真调查研究，熟悉业务，占有材料。

（2）厘清思路，总结规律，提炼观点。

（3）突出重点，抓住典型，写出特色。

（4）语言准确，简明朴实。

（四）总结写作范例

××学院2007年度××省农村初中语文省级骨干教师培训工作总结

2007年10月28日至11月3日，××学院承担了××省农村初中语文省级骨干教师第二阶段的培训工作。培训时间为七天，参训学员共94人。整个培训工作在紧张有序中展开，现总结如下：

一、培训准备工作仔细，为学员考虑周到全面

在接到学校的培训通知以后，学院“培训工作领导小组”及时安排全院的行政人员为骨干教师的培训工作做好全面的准备。10月27日从早上9点到晚上10点安排接待学员，对一些因故未能按时报到的学员，负责培训日常管理工作的班主任老师一一打电话联系。“培训工作领导小组”积极为培训学员安排好住宿，尽最大努力使参加培训的学员在食宿方面满意。

二、精心遴选师资，力争形成最好的骨干教师培训队伍

为了搞好这次培训，“培训工作领导小组”在集中培训的师资方面、培训学员分散学习后的指导教师方面也做了精心的安排。针对2006年培训学员提出的对个别老师授课不是很满意的问题，“培训工作领导小组”对给培训学员授课的教师进行了遴选，在师资安排上做了全面的调整。譬如，针对一些培训的骨干教师在信息反馈中提出的个案设计方面的问题，我们特意设计了“农村初中语文教学个案设计”课程，选派有丰富中学语文教学经验的教师讲授；针对参加培训的一些学员不很熟悉初中生的学习心理，集中授课时聘请了教育科学学院从事心理研究的教师给学员们讲授初中生的学习心理与中学语文教学之间的关系。而且，在培训课程中，我们还极尽可能地把当前国家对教师、教育的要求与对骨干教师的培训结合起来，并聘请了学院的老专家、知名教授给学员们开办“从以人为本看教师的职业道德”的讲座。为更好地让学员们能够将这次培训的体会运用到自己的教育教学实际工作中，我们特意聘请了××师范大学文学院从事中学语文教学研究的专家教授进行了为期一天的有关“语文学科教育探讨”的讲座，还聘请了××省教育厅继续教育专家组特聘专家、特级教师给培训学员讲授“中学新课程写作教学”。在现代化教育技术方面，聘请了计算机科学学院的教师给学员们讲授“网上资源的充分利用”。

三、培训做到了理论与实践相结合

这次培训，除了在教育思想、理论上对学员进行强化培训外，还在实践教学上让学员

亲身体验。我们组织了全体培训学员到本市中学去听课观摩，让学员们感受了国家级示范中学教师的教学风格。在听完观摩课后，许多学员说自己开阔了眼界，没有想到互动式语文教学居然会如此开启学生的思维。

四、严格考勤制度，学员反映比较满意

为了强化管理，保证培训的效果，“培训工作领导小组”选派了两名责任心强的教师担任班主任，随时对学员的迟到、旷课进行登记，而且及时将有关的情况反馈到相关部门进行处理。所以，就这次培训的总体出勤率来看，大体上是比较满意的。从学员反馈的信息来看，其满意程度大大高于2006年的集中培训。学员反映，集中授课和讲座都很受启发，在语文教学个案设计、对中学生心理的了解、对中学写作教学新理念等方面都有很大的收获，学员普遍反映，“学院组织的集中培训一次比一次好，让我们感到有不小的收获”。

五、培训工作的不足和有待改进之处

与第一阶段相比，尽管学员在课程安排、教师授课、住宿方面比第一阶段更加满意。但是，在整个培训过程中，也存在一个需要引起重视的问题，即由于省教育厅、培训学校、地方教育局在通知培训学员方面的脱节，致使一部分培训学员不能按时报到参加培训。另外，学员们普遍反映培训的时间太短，示范课、公开课偏少；学员论坛时间有限，学员互动交流的时间有限；学员和授课教师之间的交流还不够；组织开展的活动过少等，这些都是在今后的培训工作中需要改进的。

××学院

2007年12月6日

三、调查报告

调查报告具有“调查”和“报告”两种含义，是报告调查研究结果的文书，是作者对客观事物做深入细致的调查研究，用科学的方法进行认真严肃的分析研究，透过现象揭示事物的本质而写成的书面报告。

（一）调查报告的特点

1. 针对性

调查报告的目的倾向很明确，有鲜明的针对性，它反映生活工作中实际存在的问题和矛盾，有计划针对性地对某一事件、经验或问题进行调查研究。同时，调查报告也能迅速地反映各个部门所取得的新经验、新成果，以指导和推动其他工作。

2. 事实性

调查报告要用事实说话，要通过具体的事例、数据来反映问题，说明主旨，揭示规律，事例要有典型性，数据要真实可靠，对事实材料的选择要注意真实性、准确性。

3. 语言平实

调查报告是用科学的方法进行分析而写成的书面报告，是一种实用性的文章，在语言的要求上以平实为原则，力求叙述事实清楚，观点阐明准确。

（二）调查报告的种类

调查报告根据不同的标准，有不同的分类方法。

（1）按反映内容划分，可分为经验调查报告、情况调查报告、研究性调查报告、历史事实调查报告。

（2）按功能划分，可分为指导型调查报告、定性型调查报告。

（三）调查报告的写法

撰写调查报告，其前提是必须做认真的调查研究，在充分占有材料的基础上进行分析和研究，然后，在此基础上选择适当的结构来写作。调查报告一般由标题、前言、主体、结尾四部分组成。

1. 标题

调查报告的标题要求观点鲜明，使读者见题明义。调查报告的标题从形式上来看，可以有单标题和双标题。单标题直接写明关于什么问题的调查报告或用调查报告的主题作标题，如《关于××钢铁总厂管理经验的调查报告》；双标题即正、副标题形式，用调查报告的主要观点作为正标题，下面再用副标题注明调查的内容、单位等，如："**关注大学生的健康消费**（正标题）——当代大学生消费状况的调查报告（副标题）"。

2. 前言

前言即调查报告的开头，要求开门见山，可就调查的一些情况做简要的说明。如调查的目的、对象、经过、时间、方式和结果等。撰写调查报告还应该紧扣主题，使读者形成一个总的印象。

3. 主体

主体是调查报告充分地表现主题的重要部分。这一部分要用真实的事实和准确的数据反映被调查对象的实际情况，并对此做科学的分析和评价。在实际的写作中，可以通过选择恰当的结构来叙述事实和表明观点。主要是采取纵式和横式两种结构形式。

（1）纵式结构。根据事物发生、发展变化的先后顺序或按照时间、空间顺序来写。这种结构方式比较简单，使全文脉络清晰。

（2）横式结构。这种结构可以按调查的内容分为几个部分，加以叙述和说明。其不受时空限制，可以根据事物的内在联系或问题的逻辑关系安排结构。这种结构方式使论述比较全面、透彻，适合表述问题比较复杂的报告内容。

4. 结尾

结尾是调查报告的结束部分，要简短有力，在写作中是多种多样的，可以总结全文，深化主题；可以揭示问题，启发思考；可以归纳主题，强调主旨；可以表示决心，提出希望。

有的调查报告正文主体部分写完即是结尾。

（四）调查报告写作范例

××市××区中学生心理压力状况调查报告

当代中学生由于各种原因，存在不同程度的心理压力，为了更清楚地了解中学生心理压力的具体情况，以利于中学生的心理健康发展，我们在××市××区4所中学1000名学生中开展了"中学生心理压力状况"的问卷调查。通过问卷分析，我们对××市××区中学生的心理压力状况有了初步了解，希望能给学校更好地关注中学生的心理健康提供依据。

一、中学生心理压力的基本情况

90%的学生认为有心理压力，6%的学生认为没有心理压力，4%的学生不确定。事实上，有心理压力是正常的，也是必然的。学生多用“好烦、太沉重、好辛苦”等字眼来形容心理压力，这表明学生的心理压力已经超负荷了。

学生心理压力主要来自学习、人际关系及环境方面。

1. 学习方面造成的心理压力的主要因素是考试、成绩排名和学习方法

当谈到考试时，73%的学生出现紧张、害怕、厌烦、想逃避等消极情绪；17%的学生认为无所谓。考试时适当的紧张是正常的生理反应，但过于紧张或害怕就容易形成沉重的心理压力，不利于在考试中发挥正常的水平。

考试后，60%的学生最关心的是成绩，58%的学生最怕成绩排名。成绩是学习效果的反映，学生对于成绩的关心和获得高分的愿望自然十分强烈，却畏惧成绩排名。成绩排名对于优秀的学生是激励与肯定，但也会造成一定的心理负担，他们需要始终保持领先，否则，就会被师长视为不正常；而成绩排名对于基础较差的学生来说，意味着一次又一次地被击败，背上沉重的心理负担，甚至自暴自弃。可见，成绩排名对于大多数学生来说是沉重的心理压力。

是否掌握科学有效的学习方法，也是造成心理压力的重要因素。为此，学生常常感到苦恼、无助，不知所措。

2. 人际关系方面造成心理压力的主要因素是紧张的亲子关系和同伴关系

父母对孩子的期望目标过高与孩子的实际差距太大；父母平时对孩子过问很少，一旦出问题却沉不住气，采取简单粗暴或放任自流方法对待；父母不愿倾听孩子的诉说，而以家长权威压服孩子；父母爱把孩子与他人比较……41%的学生认为这些容易造成父母与孩子之间的矛盾，继而带来心理压力，59%的学生则认为与父母的关系是和谐的。

难以处理好同学关系也会带来心理压力。中学生内心有强烈的交友需要。30%的学生表示不知如何处理同学之间的矛盾、摩擦、忌妒、歧视、误解等，为此深感烦恼。

相对而言，82%的学生认为师生关系较为和谐，而老师的批评、老师不公平对待、评价不当或对学生不够理解、不够真诚，则容易在师生关系上造成学生心理压力。

3. 环境方面造成心理压力的主要因素是家庭环境、学校的规章制度

父母离异或突然死亡，父母经常吵架，父母性格不良，经济困难，不良环境等会给学生带来心理压力。

学生基本认同并能认真遵守学校的各项规章制度。41%的学生对如学校里的衣物穿着、发饰等仪表的规定持有异议，在行为中形成个性的张扬与学校制度的冲突，造成心理压力。

二、中学生心理压力的调适方式

中学生有心理压力时，他们的调适方式：48%的学生默默承受、忍让、自慰；25%的学生靠运动、游戏来转移自己的情绪；5%的学生会以发脾气、搞一些小小的破坏活动求平衡；71%的学生选择向朋友倾诉（包括上网聊天）；19%的学生通过写日记宣泄自己的不快与抑郁；13%的学生会与师长谈心；21%的学生能哭时就大哭一场；8%的学生大睡一觉或听音乐等。

心理压力的疏导与宣泄对于中学生的身心发展是很重要的，他们都在以各种方式去减

轻或解除心理压力。学生多数选择向朋友倾诉，这符合中学生与同龄伙伴交往并建立友谊的心理特点。但学生不太愿意与师长交谈。

三、几点建议

1. 学校教师的积极引导

教师要教育学生明确学习目的、学习方向；实现从应试教育到素质教育的转变，既要重视课堂教学活动，又要重视社会实践和校园文化生活；要尽可能地减轻学生的课业负担；要“授人以渔”，教会学生掌握知识、形成能力的最佳学生方法和途径；帮助学生树立正确的考试观和分数观。

2. 建立和谐的人际关系，使学生心情愉悦，有利于他们健康成长

一方面，加强对学生的人际交往教育，鼓励学生在交往活动中相互认知，相互沟通，积极主动地获取信息、沟通情感、增进了解、反省自我，这对中学生的心理健康是十分重要的。另一方面，在充分认识学生心理发展的年龄特征的基础上，作为父母，与子女的交往应在和谐、平等、理解的气氛中进行，对孩子应给予充分的爱，对他们的思想、品行、交友、身体、学习等方面都要真诚关心和正确评价，并提供合理的帮助和适当的指导，取得成功时给予肯定，遭遇失败或挫折时给予鼓励指导；实事求是，根据孩子的实际情况，有针对性地提出要求，因材施教。作为教师，在师生交往活动中，形成尊重、信任、平等、鼓励的新型师生关系。

3. 良好的家庭、学校环境是中学生生活、学习的重要条件

父母、教育者应该为学生创造良好的家庭、学校环境，培养和提高学生承受挫折的能力，这是家庭和学校共同的职责。家长和教师要主动做学生生活学习的知心朋友和引路人，教会他们调整心态，积极面对人生，这是很有必要的。

四、小结

诚然，必要的压力是中学生成长和发展的推动力，为全面发展而付出心血和汗水，正是中学生成长过程所必须承担的压力。但是，当前中学生背负着心理压力，促进中学生的心理健康发展是实施素质教育的一个重要方面，需要全体教师、学校、社会联起手来，共同关注，共同努力。因此，学校有必要对学生的心理压力进行长期的研究，有必要采取有效的措施引导学生健康地成长。

四、简报

简报是国家机关、社会团体、企事业单位用于沟通信息、汇报工作、交流经验、反映情况的一种应用文体。

（一）简报的特点

1. 简明扼要

简报编写的原则应简明扼要，短小精悍，把情况说明即可，不必面面俱到。

2. 真实新颖

简报主要用于向上级机关反映和报告情况，机关、企事业单位、社会团体快速向下级机关推广经验，同级机关相互沟通信息和交流情况，所以，简报所编发的内容必须真实可靠，不能凭空胡乱编造。同时，简报还要把人们关注的新事物、新问题及时在正文中反映出来，具有新颖性，简报才有自身的价值。

3. 快速及时

简报具有时效性，编写、编发要迅速、快捷，讲求时效。

4. 内部交流

简报是在相关领域内部一定范围内交流的，是国家机关或企事业单位印发的一种定期或不定期的内部刊物，具有简短、灵活的特点。

（二）简报的种类

从不同的角度，可以把简报分为不同的种类：

（1）按简报性质划分，可分为综合性简报、专题简报。

（2）按简报内容划分，可分为工作简报、情况简报、会议简报、经验简报。

（3）按时间划分，可分为长期简报、短期简报、定期简报、不定期简报。

（4）按发送的对象划分，可分为上行简报、下行简报、平行简报。

（三）简报的格式

简报由报头、正文和报尾三部分组成。

1. 报头

简报有固定的报头，报头有固定的版式，包括简报名称、期数、编写单位、印发日期、秘密等级、编号等几部分。报头与正文之间，用横隔线隔开。报头在第一页上方，占一页的1/3篇幅。

简报名称应排在报头的中间，名称有单称“简报”的，也有的在“简报”前面加上单位名称或简报种类名称等限制词，通常用大红字体套红印刷，如《高教简报》《××省农村初中语文省级骨干教师培训工作简报》。

期数一般排在简报名称的正下方，标明“××期”，还可以用括号标明总期数。

编写单位写于期数的下方左侧。

印发日期写在编写单位的右侧。

秘密等级写在标题的左上角，注有“绝密”“机密”“秘密”或“内部参考，注意保存”等字样，以示保密程度。

编号放在报头的右上角，与密级相对称。

2. 正文

正文是简报的主体部分，分隔线下面写标题，如有按语，则先写按语，再写标题，然后是正文的内容。

简报的标题要求简明、醒目，能扼要地概括正文的核心内容，尽量准确。标题可以是单行标题，也可以是多行标题。

简报正文内容的写法比较灵活，主要应做到要点明确具体、事实准确充分、思路清晰严密。简报的编写者首先应明确简报的中心思想和基本内容。在此基础上，应明确内容的要点，在编写时做到具体，给读者留下较深的印象。其次，在概括事实时，应做到材料充分、事实准确。简报一般是反映情况的，需要有具体的事实作支撑，事实的准确才能说明观点。最后，正文的层次应清晰，在编写时，要根据正文的内容确定层次的安排，条理清晰严密，逻辑性强。

3. 报尾

在正文下方的两条平行横线内，写明简报的发送范围，有的分别标明：报、送、发。

在横隔线下右侧还应标明编印份数。

（四）简报的编写要求

1. 要点明确，内容真实

简报正文内容必须真实，才能体现简报的作用，事实材料要准确充分，内容要点须明确具体。

2. 思路清晰，报道新颖

简报的内容力求新颖，要注意选择报道的角度，力争反映新情况、新问题、新经验；同时，在编写时，要做到思路清晰，条理清楚。

3. 讲求时效，迅速及时

简报要抓住时机迅速及时地做出报道，讲求时效，才能使简报真正体现沟通信息、交流经验的作用。

（五）简报写作范例

学习简报

第16期

××大学学习实践活动领导小组办公室编印　××××年××月××日

紧扣“一个主题”强化“四个着力，六个围绕”

扎实有效推进学习实践活动

学校深入学习实践科学发展观活动开展以来，校党委根据实施方案确定了指导思想、目标要求、基本原则和方法步骤，将学习实践活动与意识形态领域反分裂、反渗透斗争集中教育活动紧密结合起来，做到一起部署、一起安排、一起推进、一起检查。同时，突出实践特色，紧扣“解放思想，科学发展，办好让人民满意的大学”学习实践主题，把学习提高贯穿始终，把查找和解决问题贯穿始终，在统一思想、提高认识上下功夫，在解决师生员工最关心、最直接、最现实的利益问题上下功夫，在解决影响和制约学校科学发展的突出问题上下功夫，在解决党的建设和干部作风建设存在的实际问题上下功夫，保证学习实践活动取得实实在在的成效，让师生员工深切感受到新变化、新气象。

校党委在充分学习吃透中央和省委有关精神，吸收借鉴中央试点单位先进经验和做法的基础上，结合我校实际，广泛调研，充分发扬民主，吸收各方意见和建议，提出了强化“四个着力，六个围绕”的工作思路，为学校试点工作扎实推进打下了坚实的基础。四个着力：以着力推进学校又好又快发展，着力解决师生员工关心的热点、难点问题，着力推进校园持续稳定，着力推进领导班子、干部队伍和基层组织建设等四个方面为需要解决的重点问题。六个围绕：一是围绕党的十七大、十七届三中全会精神，统一思想，提高认识，进一步明确学校发展思路和发展战略；二是围绕新形势下加快推进社会主义新农村建设，大力推动城乡统筹发展，推进农村改革发展的战略决策，进一步加快学科建设和专业结构调整，规划学科布局；三是围绕以人为本这一科学发展观的核心，以学生为重点，着力解决师生员工学习生活迫切需要解决的现实问题，集中有限财力，兴办实事好事；四是围绕全省稳定大局，牢固树立“稳定压倒一切”的思想不动摇，在全校师生员工中集中开展意识形态领域反分裂、反渗透斗争集中教育，进一步增强反分裂、反渗透斗争工作的责任感和紧迫感，确保校园持续稳定；五是围绕落实党的教育方针，培养中国特色社会主义事业建设者和接班人的根本任务，认真落实中央16号文件，针对存在的薄弱环节，加强和改进大学生思想政治教育；六是围绕新时期党的建设伟大工程，坚持党要管党，从严治党，努力把学校各级领导班子建设成为善于领导科学发展的坚强领导集体，把学校干部队伍建设成为贯彻落实科学发展观的骨干力量，把学校基层党组织建设成为落实科学发展观的坚强堡垒，把党员队伍建设成为落实科学发展观的忠实执行者。

报：(略)
送：(略)
发：(略)

共印80份

五、启事

(一) 启事的概念及分类

“启”字含有“陈述”的意思，“事”即“事情”。启事是国家行政机关、企事业单位或个人因事需公开说明或者期望帮助的一种文体。

启事的使用范围较广泛，按照内容的不同可分为：征招类启事，包括招生、招聘、招标、招工、招领、征稿、征婚、换房等启事；声明类启事，包括遗失、作废、解聘、辨伪、迁移、更名、更期、开业、停业、竞赛、讲座等启事；寻找类启事，包括寻人、寻物等启事。

(二) 启事的结构与写作

启事一般包括标题、正文、落款三部分。

1. 标题

常见类型有：①“文种名称”型，即只写明“启事”二字；②“告启事由”型，如“失物招领”等；③“告启事由+文种名称”型，如“征文启事”；④“告启事名称+告启事由+文种名称”型，如“××省会计师事务所迁址启事”。

2. 正文

正文是启事的主要部分，一般应包括告启事由的陈述和具体事项的陈述，即把发布启事的原因、目的、内容、要求等事项一一准确无误地写清道明，以便人们明了。如果内容较多，可分条列项，逐一交代明白。正文部分是体现各种启事不同性质和特点的关键部分，应依据不同启事的内容和要求，变通处置，注意突出启事的有关事项。如寻物启事，应着重交代丢失物品的名称、特征、时间、地点、失主姓名、住址或单位名称、地址，发现后交还的办法和酬谢方式等；开业启事，则应写明开业单位的名称、概况、性质、地点、经营项目和开业时间等内容；招聘启事，一般包括招聘基本情况、招聘对象、应聘条件、招聘待遇、招聘方法等内容。文末可写上“此启”或“特此启事”，亦可略而不写。

3. 落款

落款包括署名和日期。在正文右下方写上启事单位的名称或启事人的姓名，并写明日期。有的启事还需要写明单位地址、时间、电话、电子邮箱、联系人等。凡以机关、团体、单位的名义张贴的启事，应加盖公章，以示负责。单位名称若在标题中出现，可省略不写。

（三）写作要求

（1）标题要简短、醒目。启事标题应力求简短、醒目，主旨鲜明突出，高度概括，能抓住公众的阅读心理。尤其是广告性、宣传性的启事，标题更要注意艺术性。

（2）内容要严密、完整。启事的事项一定要严密、完整，不遗漏应启之事，且表述清楚。要求内容单一，最好一事一启，便于公众迅速理解和记忆。联系方式等都要一一交代清楚。

（3）用语要热情、恳切、文明。启事的文字要通俗、浅显、简洁、集中，给人留下态度庄重、平易，而又热情、恳切、文明、礼貌的印象，以使公众产生信任感，达到预期的效果。

六、声明

声明是政府部门、社会团体、企事业单位以及个人就某些具体事情或问题向公众发表的表明立场、观点、态度或说明事件真相的一种告启文书。

声明的使用范围广泛，有国家、政府之间使用的声明，也有单位和个人使用的声明。

（一）声明的格式

声明一般由标题、正文和落款三部分构成。

1. 标题

标题一般有三种形式：

（1）只以文种为题，如“声明”或“郑重声明”。

（2）由事由和文种构成，如“遗失声明”。

（3）由单位、事由、文种构成，如“×××单位授权×××律师严正声明”。

2. 正文

正文部分要求简明扼要地交代发表声明的原因，讲清事实或问题，表明立场、态度。

3. 落款

落款包括署名和日期。在正文的右下方由声明单位或个人署名，在其下写明日期。

（二）声明的写作要求

1. 态度鲜明

声明是向社会和公众表明立场、态度的一种告启文书，在写作中态度要鲜明，观点要明确，不能模棱两可。

2. 事实确凿

声明有时要向社会和公众说明某一事件的真相，表明作者的观点，因此，声明中所叙述的事实必须真实，确凿可靠。

3. 行文严谨

声明写作的语言要平实、郑重，行文要严谨周密，以体现声明内容的重要性。

（三）声明写作范例

郑重声明

“×××牌”牛肉系列是××市×××食品有限公司于××××年依法申请的注册商标，

该公司享有此注册商标的所有权。“×××牌”牛肉系列是最具地方特色的名优土特产品，是消费者喜爱的商品，产品深受国内外消费者的信赖。但最近发现某食品公司，未经该公司许可，擅自生产销售该公司“×××牌”牛肉系列，并在同类商品上使用此商标。

此种行为是违反我国《商标法》的严重侵权行为。为维护该公司合法权益，本律师经其特别授权郑重声明：

凡有上述商标侵权行为的单位，必须立即停止其非法行为。否则一经发现，本律师将诉诸法律，依法追究侵权者的法律责任。

××市×××食品有限公司　××市律师事务所

××××年××月××日

七、求职信

（一）求职信的含义

求职信又称求职申请、求聘信、应聘信、自荐信等，是求职者向有关企事业单位介绍自己的基本情况，提出供职请求，并要求对方考虑、答复的文书。

一般来说，求职信是属于书信一类的，故其基本格式也应当符合书信的一般要求。一个人的书信如果写得精彩，那么可以肯定他的求职信也不会差到哪里去。

（二）求职信的主要内容结构

求职信的基本结构包括标题、称呼语、问候语、正文、署名、日期、附录等。

1. 称呼

求职信的称呼与一般书信不同，书写时须正规。如果写给国家机关或事业单位的人事部门负责人，可用“尊敬的××处（司）长”称呼；如果是“三资”企业首脑，则用“尊敬的××董事长（总经理）先生”；如果是各企业厂长（经理），则可称之为“尊敬的××厂长（经理）”；如果写给院校人事处负责人或校长的求职信，可称“尊敬的××教授（校长、老师）”。

求职信不管写给什么身份的人，都不要使用“××老前辈”“××师兄（傅）”等不正规的称呼。如果对方是高学历者，可以用“××博士”“××硕士”称呼，则对方会更容易接受，无形中对求职者产生一种亲切感。

2. 正文

正文一般由三部分组成：第一部分表达求职者对所申请职位感兴趣，也可说明获知招聘信息的渠道。第二部分陈述求职者胜任所申请职位的理由，即与所申请职位有关的经验、技能等内容，目的是引起招聘者的兴趣，这是求职信正文的主体部分。这部分求职者要说清楚求职不只是考虑个人收入，注重的是这个职位更适合求职者发挥其才能，为企业的发展做出贡献。在介绍个人基本情况时，如学历、年龄、个人经历、健康状况等，要视对方要求做简要介绍，或附上有关业绩材料。第三部分表达期待招聘者给予面试的机会，并附上求职者的联系方式。

3. 敬语

按信函的格式写上“此致”“敬礼”一类敬语。一般应表达两个意思，一是希望对方给予答复，并盼望能够得到参加面试的机会；二是表示敬意、祝福之类的词句，如“顺祝愉快安康”“深表谢意”“祝贵公司财源广进”等，也可以用“此致”之类的通用词。

4. 署名

打印件和复印件在署名处要留下空白，由求职者亲自签名，以示郑重和敬意。按照中国人的习惯，签名时直接签上求职者的名字即可。国外一般都在名字前加“你诚挚的、你忠实的、你信赖的”之类的形容词，这种方法不能轻易效法。

5. 日期

写在署名右下方，应用阿拉伯数字书写，年、月、日都写上。

6. 附录

求职信一般要求和有效证件一同寄出，如学历证、职称证、获奖证书、身份证复印件，并在正文左下方一一注明。

（三）写作要求

（1）格式规范。求职信格式要符合要求，不可随意行文。

（2）内容简洁。在句式上，语言要言简意赅，尽量使用短句，少用长句，多用单句，少用复句；在词语运用上，少用一些形容词、副词等修饰性词语，避免使用模糊性语言；在内容上力求简短，任何无关的表述或者繁冗的文字都不要出现，一般限定在500字内。在正文中要简单扼要地介绍求职者与应聘职位有关的学历水平、经历、成绩等，令对方从阅读完毕之始就对求职者产生兴趣。但这些内容不能代替简历，较详细的个人简历应作为求职信的附录。

（3）有的放矢。一是要考虑用人单位的需要和阅读者的知识背景和身份特征，正确处理口语与专业性术语之间的关系，进行换位思考。二是要针对自身专长来写，使求职者“鹤立鸡群”。在介绍求职者的特长和个性时，一定要突出与所申请职位有联系的内容，千万不能写上那些与职位毫无关系的内容。比如应聘业务代表一职，不要在求职信中大谈“本人好静，爱读书”等与业务无关或相悖的性格特征。

（4）情真意切。求职者可以坦诚表达自己浓厚的兴趣和迫切的心情，但不能言过其实。求职信一般不要在信中出现“冒昧”“打搅”之类的客气话，招聘者的任务就是招聘人才，何来“打搅”之有？但如果求职者的目标单位并没有公开招聘人才，即并不知道他们是否需要招聘新人时，求职者可以写一封自荐信去投石问路，如“久闻贵公司实力不凡，声誉卓著，产品畅销全国。据悉贵公司欲开拓海外市场，故冒昧写信自荐，希望加盟贵公司。我的基本情况如下……”这种情况下用“冒昧”二字就显得很有礼貌。

（5）讲究礼仪。求职者不要过分夸大自己的能力或表现得过分自信，尤其不要说出与事实不符的能力或特性来。要尽量避免使用“一定、绝对、肯定、保证”等词，不要使用“我能够适应各种工作”“我听说贵公司近期效益不好，我相信我有能力改变这种状况”等句子，不要使用批评性、挑衅性的词语或句子，不要使用限定性的语言或句子，不要使用以上压下的语言或句子。要使用书面语言表达，做到谦恭有礼但不过滥，不可曲意迎合、恭维或表现得过分热情，更不可表现得太过软弱，这会让招聘者对求职者的能力产生怀疑。

（6）信中要留下求职者的联系电话、地址等通信信息。

八、申请书

（一）申请书的含义

申请书是个人或集体向组织表达意愿，向机关、团体、单位领导提出请求时经常使用的一种专用书信。

（二）申请书的结构和写法

（1）标题。在第一行居中写上申请书的名称。常见的类型有："文种"型，即只写"申请书"；"事由 + 文种"型，如"入党申请书"。

（2）称呼。标题下空一行顶格写受申请书的组织、机关、团体、单位的名称或有关负责人的姓名。

（3）正文。一般要写清四点：①交代申请人的基本情况；②申请的理由；③申请事项；④保证或承诺。

（4）敬语，如此致、敬礼。

（5）署名和日期，应写明申请人或单位名称，以及年、月、日。

（三）注意事项

（1）要一事一书。

（2）语言准确、朴实，简洁明了。

九、慰问信

（一）慰问信的含义和类型

1. 慰问信的含义

慰问信是机关、团体、单位向有关方面或个人表示安慰、问候、鼓励和致意的一种事务书信。它能体现组织的关怀、温暖，社会的爱心与支持，朋友、亲人间的深厚情谊，能给人以奋进的勇气、信心和力量。慰问信以电信的方式传送时，叫作慰问电。

2. 慰问信的类型

从内容上看，慰问信一般可分为三种类型：一是对先进的慰问，二是对受难者的慰问，三是节日慰问。

（二）慰问信的结构和写法

慰问信的格式与感谢信基本相同，一般为标题、称呼、正文、敬语和落款。标题一般写"致……的慰问信"，也可只写"慰问信"三字。而称呼、敬语、落款的写法与感谢信一样。不同类型的慰问信正文略有区别。

1. 慰问先进

正文内容主要是简述先进事迹及其意义，表示赞扬，并鼓励他们再接再厉，乘胜前进，争取更大的成绩。开头可用"欣闻……非常高兴，特表示祝贺并致以亲切的慰问"等语；中心段可写成绩是怎样取得的及有怎样的意义，并表示赞扬；最后勉励他们再接再厉，继续前进。

2. 慰问受难者

正文内容主要对受难者表示同情和安慰，鼓励他们克服困难，勇往直前，夺取胜利。开头可用"惊悉……深表同情，并致以深切的慰问"等语；中心段着重写克服困难、战胜灾难的有利因素，鼓励他们努力奋斗，战胜眼前的困难；最后写自己（发信单位或个人）将为他们做贡献的决心及行动（如捐款、捐物等），并表示良好祝愿。

3. 节日慰问

节日慰问信多是上级单位写给有关人员的。开头概述节日意义及提出问候语；中心段赞扬有关人员所取得的成绩或所做的贡献，同时，联系当前的形势阐述责任和今后的任务；最后提出希望。

（三）写慰问信应注意的问题

写慰问信要向对方表达出亲切、关怀的感情，感情要真挚，语言要富有感染力，使被慰问者从中得到慰藉与鼓励。行文要诚恳、真切，措词要恰当，篇幅要短小。

（四）慰问信与感谢信的异同

慰问信与感谢信都是书信体文书，即发送方式一样，为了使语体显得庄重与快速，都可用电报，书写格式也一样。虽然慰问信和感谢信都有表扬的成分，但两者的区别非常明显：一是内容侧重点不同，感谢信重在表示谢意，多讲对方对自己的帮助和支持；而慰问信则重在表示慰问，多讲对对方的勉励和激励。二是写作对象略有不同，感谢信可以是感谢单位的，也可以是感谢个人的；而慰问信则多是对某些单位、集体或群众表示慰问。

感谢信和慰问信可以直接发给对方，也可以发给对方的上级单位，还可以利用新闻媒介进行传播。

十、演讲稿

（一）演讲稿的含义

演讲稿是演讲者在重要会议或其他公开场合发表个人的意见和主张，具有较强宣传性和鼓动性的应用文体。演讲大多事先准备好演讲稿，也有一些是即兴之作，经别人现场记录流传开来的。本书主要讨论事先准备的演讲稿的写作。

（二）演讲稿的类型

1. 从表达方式上划分，演讲稿可以分为两种

（1）命题演讲稿。命题演讲稿即由他人给出既定的题目或拟定演讲范围并事先准备好的演讲稿。如一些大学里举办的“学风建设演讲”“爱国主义演讲”等。

（2）论辩演讲稿。论辩演讲稿即由双方或多方在现场就同一辩题站在不同立场或持不同的观点，展开面对面的语言交锋和论辩。如法庭论辩、外交论辩等。

2. 从演讲内容上划分，演讲稿可以分为三种

（1）政治演讲稿。政治演讲稿即代表一定政治思想、政治立场、政治策略和某团体利益的一种演讲文稿，其目的是要让听众理解、支持演讲者的政治主张和观点。政治演讲稿包括施政演说稿、竞选演讲稿和就职演讲稿等。著名的政治演讲有林肯《在葛底斯堡的演说》，以及《丘吉尔在美国度圣诞节的即兴演讲》和马丁·路德·金的《我有一个梦》等。

（2）学术演讲稿。学术演讲稿即传播和交流科学知识、学术见解、学术成果的演讲文稿，包括学术讲座、学术专题发言、学术评论等。学术演讲要求内容科学，见解独到，论证严密，语言准确、平易。

（3）社交演讲稿。社交演讲稿即在各种社交仪式、社交集会上当众发表的演讲文稿，重在寓理于情，以情动人。其主要有：①凭吊演讲稿。即泛指追悼会上的悼词或祭文（包

括在杰出人物的祭日上所发表的演讲）。其目的是纪念死者、激励生者。②喜庆迎送演讲稿。即在为来宾而举行的欢迎（欢送）会、盛大宴会、典礼等所发表的迎送词、祝酒词、祝贺词等演讲。其特点是以礼节性词语表示良好祝愿，且言辞精练，幽默风趣，充满激情，给人以愉悦的感受。③答谢、告别演讲稿。即作为宾客在受到友好热烈的欢迎（欢送）和宴请仪式上发表的演讲。其特点是感情真挚，讲究礼节。

（三）演讲稿的特点

1. 鲜明、强烈的针对性

演讲是一种社会活动，是用于公众场合的宣传形式，是以其思想、情感、事例和理论来打动听众的。因此，演讲稿的内容必须要有现实针对性。针对性有两方面的含义：一是要了解听众的心理、愿望和要求；二是了解听众的阶层、文化程度、思想状况等。针对不同的情况，设计不同的演讲内容。演讲者讨论的问题是听众关心和感兴趣的，演讲才能取得成功。有时演讲者不是撰稿人，这就需要写稿人除了解听众的情况外，还应尽力了解演讲者的性格，其所擅长的和不擅长的以及此次演讲要表现的主题等。只有这样，才能有的放矢地写好演讲稿。

2. 幽默、生动的艺术性

演讲不同于领导讲话，它是一门说服和劝说的艺术。如果内容干巴巴、枯燥无味就失去了演讲的作用。所以演讲稿要求材料幽默，能说服人、感染人，语言诙谐、通俗，通过演讲者的语言艺术、内容安排和演讲者的风度仪表来达到宣传鼓动的效果，减轻听众的听觉疲劳，使听众在轻松愉快中接受演讲者的宣传。但是，幽默要使用得当，不要流于油腔滑调，同时也要注意场合和内容。如在一些肃穆、隆重的场合和特殊的高层次会议上的演讲，应注意气氛的严肃和庄重，言行得体。

3. 深刻、激昂的鼓动性

演讲本身就是为了激发听众的情绪，宣传演讲者的思想。所以演讲稿一定要有内容、有思想，从而使听众在思想感情上产生共鸣，不然的话，再幽默生动所起的作用也不大。当然，若想让别人感动，首先自己要感动，投入真情，“感人心者莫先乎情”。在第二次世界大战期间，丘吉尔的一次演讲极大地鼓舞了英国人民的斗志。因为丘吉尔在写这篇演讲稿时倾注了真情：像孩子一样，哭得涕泪横流。如果内容平淡，也是无法让人感动的，即使演讲者做出种种手势、表情等也不会产生效果。因此，内容的丰富和深刻是使演讲富于鼓动性的关键。

（四）演讲稿的结构和写法

1. 开场白

开头要精心设计引人入胜的开场白，做到先声夺人，吸引受众。好的开场白可以立即缩短演讲者与听众之间感情的距离，博得听众的信任和好感，有助于打开局面。如第二次世界大战期间，英国首相丘吉尔来到美国寻求支持，其时美国尚未参战，那么怎样沟通和美国人民的感情呢？丘吉尔的演讲词的第一句话即为：“我从我的祖国来到我母亲的祖国，我感到非常高兴。”一句话马上引起了美国公众的共鸣和感情上的沟通。

一般来看，开场白最受欢迎的有以下几种形式：

第一，幽默风趣，笑中开场。这种形式可以使听众在轻松愉快的气氛中或美的感受中进入角色，接受演讲的内容。因为幽默很容易接通情感的热线，迅速拉近演讲者和听众之间的距离，让听众信任演讲者、接近演讲者。这种幽默式开头在演讲词中有很多，有时它还可以迅速扭转场上因意外事故造成的不利局面，变被动为主动，使演讲正常进行。

第二，设问祈使，引人思考。它可以促使听众进入角色，由被动听讲变为主动的思考者和参与者。如被誉为“中国第一演讲家”的马相伯，在抗战中的第一次国难广播演讲中，开头便是：“请看，今日的中国，是谁家的天下?”

第三，扣人心弦，引人注意。这种开头方式即是先找惊人的事例或材料或短句、警句等作为开头，造成一种震撼感来吸引听众。如闻一多先生《最后一次讲演》的开头很扣人心弦。但是，这种开头方式，其事例一定要真实，不要故弄玄虚，否则就会愚弄听众，使其反感，达不到应有的效果。

第四，开门见山，点明主题。这种方式是直奔主题，开宗明义地提出观点，使听众迅速集中注意力。如1939年9月18日法国总统戴高乐在《反法西斯广播演讲》中的开头：“事情已经定局了吗？希望已经没有了吗？失败已经确定了吗？没有!”简洁而又斩钉截铁的语言不仅表达出演讲者的信心，而且充满了鼓动性。除此之外，为了吸引听众，还可以用“默语吸引听众法”，即上台后沉默不语，仅用两眼扫视会场，听众反被勾起好奇心，这样可有效地实现静场，达到吸引听众注意力的目的。

2. 主体部分

主体部分是演讲稿的写作重点和高潮、精彩段落，是作者的观点、演讲的主题得以充分论证、展示的部分。主体内容要精心安排，各个组成部分的搭配和排列既有变化，又有秩序；既有平铺直叙，又不乏奇峰突起；既变化多端，又错落有致；既丰富多彩，又层次清晰。主体部分展开的方式有以下几种：

（1）议论式。这种方式多用于政治演讲稿和学术演讲稿。结构方式一般有三种：并列式、递进式、对比式。并列式是围绕演讲的中心论点，从不同角度、侧面进行阐述；递进式是由表入里，层层推进，最终揭示深刻的主题；对比式是将两种本质属性相反的事理或同一事理在不同时期所表现的相异属性进行对照比较，正反结合，是非分明。

（2）记叙式。记叙式即通过对人物或事件的记叙和描写，表现出演讲者的思想和感情。一般有两种顺序：第一种是按时间顺序来安排主体结构的方式。这种方法可以使演讲稿条分缕析，井然有序，但要避免平铺直叙。第二种是空间顺序，即根据客观事物所处的空间位置，依照一定的顺序来安排结构的方式。要站在一定的观察点，根据视角先后所及依次叙述。如写风光、建筑、环境等都可采用这种方法。记叙式演讲和议论式演讲的不同点是：议论式演讲是通过逻辑推理作用于听众的理智；记叙式演讲稿则主要是通过客观事件、人物的真实叙述，激发听众的情感，使听众在感动中受到教育。

3. 结尾

结尾是演讲稿主体内容发展的必然结果，是演讲走向成功的最后一步。结尾给听众的印象，往往代表整个演讲活动的效果。

结尾或引导、或归纳、或升华、或希望、或感慨、或抒情，方式很多，各呈其美。例如，美国独立战争时期的国务卿帕特里克·亨利《在弗吉尼亚州议会上的演说》的结尾：“不自由，毋宁死!”不仅对全文归纳总结，更是画龙点睛般地揭示主题，与开头观点再次呼应，加深印象，起到良好的鼓舞和激励作用。好的结尾应收拢全篇，卒章显志，干脆利落，言简意赅，余音绕梁，能够使听众精神振奋，并促使听众不断思考和回味。切忌陈词滥调，草草收兵，或画蛇添足，节外生枝。

演讲的本质在于“讲”，而不在于“演”，它以“讲”为主、以“演”为辅。由于演讲要诉诸口头，拟稿时必须以易说能讲为前提。演讲稿写成之后，作者最好能通过试讲或默念加以检查，凡是讲不顺口或听不清楚之处（如句子过长、语词难懂），均应修改与调整。而当今社会，演讲口才已经成为人们生活中不可缺少的技能。戴尔·卡耐基曾说：“一个人的成功，15%取决于专业知识，85%取决于口才艺术。”在信息化时代，有效的表达是获得机会的开始，演讲演示能力已成为衡量国际化人才的必备条件之一。因此，在学习演讲稿写作的过程中，要努力锻炼并提高演讲口才。

第四节　新闻文体写作

一、消息

消息，狭义又称新闻，就是报纸上的“本报讯”。消息是以最简洁的文字和最快的速度报道新近发生的、有价值的和公众最关心的事实的文体。它在报纸上占有大量的篇幅和重要地位，是世界上发表数量最大，读者最多的一种文体。

（一）消息的特点

1. 内容真实，事实准确

真实是消息的生命，是力量的所在。事实是它的本源，也是它令人信服的基础。真实就是事实真实，所写的人物、时间、地点、事情发生发展的经过不能虚构。准确就是每个事实，包括细节在内都准确无误。

2. 内容新鲜，有价值

新闻贵在新，而且有认识、启迪和指导意义。消息只有新，才能引起读者的注意。新，不仅要把新人物、新事件、新经验报道给读者，而且要选择有意义、有价值，给人以启迪，有指导性的事物。

3. 迅速及时，有时效性

时效性是消息的生命，消息报道速度迟缓便会降低消息的价值，“新闻”变成了“旧闻”。时效就是速度要快，内容要新，对新人、新事、新情况、新问题，要敏锐地发现，尽快地了解，迅速及时地反映。

4. 简明扼要，篇幅短小

简短是消息区别于其他新闻文体比如通讯的主要标志。所谓简短，就是用笔要简洁利落，内容集中、精练。

（二）消息的种类

1. 动态消息

动态消息是迅速而准确地报道新近发生的国际、国内重大事件、重要的活动和各项建设中最新出现的新情况、新动态、新成就、新问题的一种文体。它是报纸上使用最多的一类。重大新闻的简讯都属于动态消息。

2. 典型消息

典型消息也称经验消息，它是对一些具体部门、单位、行业的典型经验、成功做法集中报道的一种文体。这种消息是在介绍经验、做法之后，总结经验，揭示规律，以达到以点带面、推动工作的目的。

3. 综合消息

综合消息是把发生在不同地点、不同单位，各具特色、性质相近的事实综合在一起，并体现一个主题的报道。它的特点是在综合、概括事实的基础上，进行分析，提出见解，揭示规律。

4. 述评消息

述评消息又称“记者述评”“新闻述评”，是一种兼有消息与评论作用的新闻。它是在陈述事实的基础上，穿插评论或抒发感慨，从而分析说明所报道事实的本质和意义。它的特点是边叙边评，要求以国家的方针政策为依据，针对事实进行评说，要观点正确，评论得当。

（三）消息的写作

1. 标题

消息的标题分眉题（又称引题、肩题）、正题（又称主题、母题）和副题（又称辅题、子题）。其形式主要有如下三种。

（1）三行标题，即中间一行是正题，是标题的核心，用来揭示主题或提示重要事实；正题上面一行是眉题，用来引出正题，说明事实、交代背景、烘托气氛、揭示含义；正题的下面一行是副标题，用来补充说明情况或说明正题或依据。如：

自主消化与引进创新相结合

我国核电接近世界先进水平

基本具备第二代百万千瓦级核电站设计能力

（2）双行标题。它又分引（引题）正（正题）式和正（正题）副（副题）式。如：

党中央国务院中央军委决定

评选表彰全国抗震救灾英雄集体和抗震救灾模范

中国商用飞机有限责任公司在沪成立

将研制自己的大飞机

（3）单行标题。单行标题只有正题。如：

9 秒 69！博尔特在飞！

标题是一门艺术。消息的标题，力求言简意明，平易亲切，准确新颖，富有吸引力。采用哪种标题，要酌情而定。

2. 导语

消息的导语，就是消息的第一段或第一句话。它是由消息中最新鲜、最主要的事实或精辟的议论组成，以吸引读者。平常所说的消息的结构是“倒金字塔”式，原因就在于此。

导语常采用以下几种写法：

（1）叙述式。简明扼要地写出主要事实、经验，或对全篇事实材料进行综合概括，揭示主要内容。

（2）提问式。把消息中要解决的问题或要介绍的经验、做法以设问的形式提出，然后再用事实作答。

（3）描写式。对富有特色的事实或有意义的一个侧面，用简练的笔墨进行形象描绘，给读者以鲜明的印象。

（4）评论式。对所报道的事实先做出评论性结论，然后再用具体事实来阐明。

（5）引用式。引用消息中人物深刻而富有意义的语言作为导语。

3. 主体

主体是消息的主要部分。它承接导语，阐述导语所揭示的主题，或回答导语中提出的问题，对消息事实做具体的叙述与展开。写主体要注意如下几点：

（1）主干突出。消息的主体是主干，典型材料要用在主干上。要去头绪，减枝蔓，与主题无关的要舍弃，次要材料要简略。

（2）内容充实。回答导语中提出的问题，其内容必须具体、充实，这样才有说服力。导语提出什么问题，主体就要回答什么问题，这样才能紧扣中心，突出重点。

（3）结构严谨，层次分明。要恰当地划分段落，有条不紊地展开叙述。

消息的内部结构主要有以下几种：

（1）倒金字塔式结构，也称“倒三角”结构，是消息写作中最常用的一种结构方式。它以事实的重要性程度或受众关心程度依次递减的次序，先主后次地安排消息中各项事实内容，最次要的放在结尾，犹如倒置的金字塔或倒置的三角形。它的特点是以快、新、短刺激读者的“新闻欲”，引起读者关注。它只适用于事件性新闻。倒金字塔式结构起源于美国南北战争时期电报的运用。在南北战争期间，电报业务刚开始投入使用，记者的稿件通过电报传送，但由于电报技术上的不成熟和军事临时征用的原因，稿件有时不能完全传送，时常中断，后来，记者们想出一种新的发稿方法：把战况的结果写在最前面，然后按事实的重要性依次写下去，最重要的写在最前面，这种应急措施产生了新的行文结构——倒金字塔式结构。它多用于事件性新闻。其特征：把最重要的写在前面，然后将各个事实按其重要性程度依次写下去；一段只写一个事实；全部陈述事实，记者不发议论。其优点：可以快速写作；不为结构苦思；可以快编快删，删去最后段落，不会影响全文；可以快速阅读，无须从头读到尾。这样的长处符合新闻“快”的特点，因此在美国南北战争结束后，倒金字塔结构继续保留下来，并得到推广。这种结构也有其缺点：缺少文采，没有生气，不能体现个性，结语有气无力。

倒金字塔式结构消息的主体是对导语的扩展，倒金字塔式结构消息的结尾可有可无，如有话补充，或预告下文，也可加一个简短的结尾。以下是一则典型的按倒金字塔式结构写成的动态消息：

肯尼迪遇刺丧命约翰逊继任美国总统

路透社 1963 年 11 月 22 日达拉斯急电：肯尼迪总统今天在这里遇刺客枪击身死。

总统与夫人同乘一辆车中，刺客发三发弹，命中总统头部。

总统被紧急送入医院，并经输血，但不久身死。

官方消息说，总统下午一时逝世。

副总统约翰逊将继任总统。

（2）金字塔式结构，又称时间顺序式结构或编年史式结构。它的特点是没有单独的导语，而是自然而然地按事情的发生、发展、结束的先后顺序安排层次，事件的开端就是消息的开头，事件的结束就是新闻的结束。这种写法类似讲故事，随着情节步步推进，事件高潮即在后面出现，因此，它适合故事性较强的新闻，易于读者接受，具有生动性和吸引力。故这种写法的新闻又叫“新闻故事”。下面是一则金字塔式结构的例子：

两个大学生玩命

本报讯　一月二十二日下午七时，北大分校物理系十八岁学生吴某，与三名女同学到学校附近的铁路边散步。

吴对女同学说，国外曾有人趴在路轨中间，火车过后安然无恙。

这时，一列火车正巧从西直门方向驶来，吴和一女同学欲亲身一试。他们迎着火车趴在路轨中间。

火车司机发现后，立即采取紧急制动措施。车头和一节车厢从他们上面驶过之后停了下来。

女同学从车下爬出，侥幸留下性命。

吴某却没出来。他的颅脑受到严重损伤，已经丧生。

其他还有双塔式、并立式、自由式、提要式等结构方式。

4. 背景

背景是指事件发生的历史环境和原因，它说明事件发生的具体条件、性质和意义，是为充实内容、烘托和突出主题服务的背景，既可在主体部分出现，也可在导语或结尾部分出现，位置不固定。

背景材料一般有三类：一是对比材料，即对事物进行前后、正反的比较对照，以突出事件的重要性；二是说明性材料，即介绍政治背景、地理位置、历史演变、生产面貌、物质条件等；三是诠释性材料，即人物生平的说明，专业术语的介绍，历史典故的解释等，以帮助读者理解消息的内容。

5. 结尾

结尾是消息的最后一段或一句话。结尾阐明消息所述事实的意义，加深读者对消息的理解和感受，从中得到更多的启示。消息的结尾方式有小结式、评论式、希望式等。有的消息，事实写完，文章就止住了，结尾就在事实之中。

归纳来说，消息的大体写法：标题说明新闻要点；第一段写明时间、地点、人物、起因、经过、结果，勾勒出事件大致轮廓；下一段补充一些细节，一篇新闻稿基本就结束了。倒金字塔式结构最能吸引读者注意。当然，这只是最基本写法，新闻稿结构形式多样，倒金字塔式结构最多见。

（四）消息写作范例

【范例一】

依托科技进步　实现变废为宝

乐山靠循环经济做强硅产业

本报乐山8月5日电（记者郑德刚）　尽管受到汶川大地震的影响，但风景如画的四川乐山福华循环经济园区里，依旧商客盈门。6月底到7月初，总投资超过30亿元的深圳拓日新能光伏产业园项目、江苏华大光电有限公司投资的单晶硅项目等高技术项目，纷纷落户。近年来，乐山依托科技进步，通过发展循环经济，变废为宝，打造出一个多晶硅产量占全国1/3的高技术硅产业基地，在追求经济效益和生态效益最大化的道路上迅猛前进。

作为我国多晶硅研究开发和产业化的发祥地，乐山市在40多年里不间断从事硅材料的研发，使这一行业在全国拥有领先优势。然而生产多晶硅，其主要副产物四氯化硅等有害物质的无害化处理是一个世界级难题。乐山市在研究、规划硅产业发展走向的时候，把废物利用、变废为宝作为一个重要攻关方向，引导企业和研究机构全力攻克废物利用技术，先后成功攻克尾气回收工艺技术及装备、大型四氯化硅热氢化技术与装置等多项关键技术，使副产物的循环利用逐渐成为现实。

硅产业发展道路上的最大障碍扫清了，乐山围绕硅产业形成了完整产业链。在这个产业链条中，四氯化硅等有害物质变成了其他产品的重要原料，而且还催生出一个接一个的建设项目，使产业链越拉越长，废物利用后的产品附加值得到不断提升。福华集团这个原来年销售收入仅1000万元的小企业，在5年之内迅速发展成为年销售收入20亿元的大型企业集团。

福华集团以及福华循环经济园区里的发展模式，成为乐山市坚持走科学发展道路，大力发展循环经济的生动缩影。乐山市委书记姜晓亭说，循环经济的成功实践，使乐山的硅产业形成了完整的产业链条，而产业配套的优势，也逐渐形成了巨大的“洼地效应”。

（原载《人民日报》，2008—8—6）

【范例二】

缓解就业压力 勇担社会责任

百家央企招收20万高校毕业生

本报北京5月27日电（记者白天亮） “那家造飞机的大国企要招上万名大学生!”在清华、北航、厦大等高校的校园招聘会上，这条消息着实让毕业生们兴奋。作为我国大型国有航空企业，中航工业集团公司虽然也受到国际金融危机的冲击，但看到当前就业压力大，还是多方挖掘岗位，提出今年招收应届毕业生12000名，是去年接收数量的两倍。

“保增长，中央企业要挑大梁；促就业，中央企业同样要冲在前面!”不仅是中航工业集团，面对严峻的就业形势，广大中央企业勇于承担社会责任，千方百计扩大应届毕业生的招收数量。国资委统计的数字显示，中石油等100家中央企业2009年计划招收应届毕业生203616人，比2008年实际招收人数增长近7%。

中国石油天然气集团公司以业务专业化重组为契机，积极引进应届大学毕业生就业，2009年计划招收应届大学毕业生13986人，比上年计划增加3796人。中国商用飞机有限责任公司开展“体现国家意志、加快人才聚集”为主题的校园专项招聘活动，2009年计划招聘数由原来的436人调整为1362人，增加212%。中国铁建股份有限公司今年已接收2009年应届高校毕业生超过13000人，比去年增加4060人，“国家扩大投资给我们带来大量业务，我们也要多招大学生，为就业出把力”。中海运、中化、国航等企业虽然面临市场萎缩等经营困难，但明确不轻易压缩岗位，在稳定原有员工队伍的同时，纷纷增加了吸纳高校毕业生的数量。

要吸纳劳动力促就业，也要控制成本保增长。部分央企虽然一时间无法拿出许多新岗位，但也想办法先提供“见习岗位”，期待经营状况转好后让这些高校毕业生从“见习”变成“就业”。其中中国移动通信集团公司广东公司在全省建立100个“青年就业创业见习基地”，为近万名高校应届毕业生提供见习机会和专题辅导培训。

眼下正进入高校毕业生就业的关键时期。国资委主任李荣融表示，国资委将出台措施、加强监督，确保各中央企业2009年招生计划能够得到落实；同时探索创新扩大就业的办法，推广中央企业先进经验，利用科研项目、提供大学生见习机会等工作进一步扩大中央企业接收应届大学毕业生的规模。

（原载《人民日报》，2009—5—28）

二、通讯

通讯是运用叙述、描写、抒情、议论等多种手法，具体、生动、形象地反映新闻事件或典型人物的一种新闻报道形式。它是记叙文的一种，是报纸、广播电台、通讯社常用的文体。

（一）通讯的特点

通讯是介于消息和文学作品之间的一种文体，它与消息、文学作品既有相似之处，又有明显的区别。通讯主要具有以下特点。

1. 严格的真实性

通讯是新闻体裁之一，事实上它就是消息的延伸和拓展，因此，通讯所反映的内容必须真实。这也是通讯区别于文学作品的本质特征。为了达成通讯的真实性，通讯的写作者必须深入实际，深入现场，进行耐心、细致、周密的调查、采访。

2. 较强的时效性

一般来说，通讯在时效性上弱于消息。通讯因为要详细报道有关的人和事，而人的经历、成长及事情的发生、发展本身有一个时间的历程，同时，采写也需要一个过程，因此，一篇通讯的诞生，往往耗时较多。当然，这并不意味着通讯可以忽略时效性。我们必须认识到，许多的人和事，如果不及时报道，延误了最佳的报道时机，这篇通讯就会失去意义。所以，通讯也要尽可能做到迅速、及时。

3. 描写的形象性

通讯相较于消息，容量大，写法灵活。它可以在叙述的基础上，综合运用描写、抒情、议论等多种表达方式，灵活使用比喻、拟人、夸张等多种修辞手法，渲染气氛，刻画细节，展现撼人心魄的艺术魅力。

（二）通讯的作用

通讯的主要作用在于为读者提供更多的新闻细节。消息把国内国外、各行各业的有价值的新闻都做成报道，保证了新闻的全面性。通讯则提供更多、更详细的细节，以满足读者了解详情的要求。

（三）通讯和消息的区别

（1）通讯和消息的本质区别在于消息是对事实概括性的反映，而通讯是详细描述，还兼有审美化的反映。

（2）通讯具有文学性，即具有形象性和情感性。文学性增强了通讯的形象感和感染力，阅读的效果就大不一样。就某些题材而言，具有艺术品格的通讯要比消息更感人。

（3）通讯是在消息不能有所作为的地方发挥作用。一些有价值的新闻题材，不适合写成消息。因为消息是以新闻事件为基本内容的，而有些新闻是非事件性新闻。

（四）通讯的种类

按内容的不同，通讯一般分为人物通讯、事件通讯、工作通讯、概貌通讯。

1. 人物通讯

人物通讯就是以报道各条战线上的先进人物为主的通讯。它着重揭示先进人物的精神境界，通过描写人物的先进事迹，反映出人物的先进思想，使之成为社会的共同财富。同时，也报道转变中的人物和某些有争议的人物。人物通讯在写人叙事时应力求言真意切，恰如其分。

2. 事件通讯

事件通讯就是报道典型的、有普遍教育意义的新闻事件。写事当然离不开事件有关的人，但它不像人物通讯那样着力刻画人，而是以事件为中心，在事件的总画面中，为了写事来写人。它既可以反映现实生活中发生的重大的、振奋人心的典型事件和突出事件；也可以从某一新闻事件截取一个或若干个片断，进行细致详尽的描述，揭示事件的深刻含义；还可以是若干事件的综述。

3. 工作通讯

工作通讯就是反映贯彻执行党的路线、方针、政策中的成绩，总结实际工作中的经验和教训，或者探讨有争议的亟待解决的问题的报道。它是报纸经常运用指导工作的重要报道形式。它的主要特点：一是把介绍工作经验和分析问题作为主旨；二是凭借事实，深入分析；三是生动活泼，讲究文采；四是不拘一格，形式多样。

4. 概貌通讯

概貌通讯又称风貌通讯。它是以反映社会生活、风土人情、自然风光和日新月异的建设成就为主的报道。尤其是社会经济建设所带来的变化，又为这类通讯增加了新的内容。概貌通讯与事件通讯不同，它不是围绕一个人物或一个中心事件来写，也不要求写一件事发生、发展的完整过程，而是围绕主题集中各方面的风貌和特色。在表达方式上，往往运用具体事例来叙述和描写一个地区、一条战线、一个单位、一个方面的风貌变化，展现时代前进的步伐和个人的思想观念的变化。一般采取“巡礼”“纪行”“散记”“侧记”等形式，向读者介绍。

（五）通讯的写作

（1）主题要明确。有了明确的主题，取舍材料才有标准，起笔、过渡、高潮、结尾才有依据。

（2）材料要精当。按照主题思想的要求，去掂量材料、选取材料；把最能反映事物本质的、具有典型意义的和最有吸引力的材料写进去。

（3）写人离不开事，写事为了写人。写人物通讯固然要写人，就是写事件通讯、概貌通讯、工作通讯，也不能忘记写人。当然，写人离不开写事，离开事例、细节、情节去写人，势必空洞。

（4）角度要新颖。写作方法要灵活多样，除叙述外，可以描写、议论，也可以穿插人物对话、自叙，作者的体会、感受，既可以用第三人称的报道形式，也可以写成第一人称的访问记、印象记或书信体、日记体等。通讯所报道的新闻事实，可以从各个不同的角度去观察，去反映，诸如正面、反面、侧面、鸟瞰、平视、仰望、远眺、近看、俯首、细察……角度不同，形象各异。若能精心选取最佳角度去写，往往能使内容陡然增添新意，别具一格，引人入胜。

（5）结构的主要环节无非是开头、结尾，层次、段落，线索、脉络，主次、详略。所谓首尾圆合，文情畅达，是说文章首尾要呼应，中间的主体部分不得无故缺失。线索、脉络的设置要精当，主次、详略的搭配要完美，则文气畅通，浑然一体。

参考文献

[1] 蔡天新. 现代汉诗100首［M］. 北京：生活·读书·新知三联书店，2007.

[2] 陈果安，曹天喜，廖妍南. 散文的欣赏与写作［M］. 长沙：湖南大学出版社，2006.

[3] 陈秀香，贺少峰. 实用应用文写作［M］. 北京：北京大学出版社，2007.

[4] 方志宏. 文学鉴赏［M］. 北京：高等教育出版社，2011.

[5] 郭纪金，高楠，赵有声. 中国文学阅读与欣赏［M］. 北京：首都师范大学出版社，2009.

[6] 古明惠，孙留欣. 文学欣赏［M］. 郑州：大象出版社，2008.

[7] 洪子诚. 中国当代文学史［M］. 北京：北京大学出版社，2010.

[8] 晋保平. 外国戏剧文学经典赏析［M］. 北京：中国社会出版社，2006.

[9] 李明洁. 语病百讲［M］. 上海：上海画报出版社，2008.

[10] 李寅生. 中国古典诗文精品赏析［M］. 北京：中国戏剧出版社，2006.

[11] 李怡. 中国现代诗歌欣赏［M］. 北京：高等教育出版社，2004.

[12] 林文和. 文学鉴赏导读［M］. 北京：人民文学出版社，2004.

[13] 孟昭毅. 外国文学史教材［M］. 北京：北京大学出版社，2009.

[14] 欧阳友权. 外国现代文学卷——文学名著精品赏析［M］. 长沙：中南大学出版社，2006.

[15] 乔以钢. 现代中国文学作品选评［M］. 天津：南开大学出版社，2004.

[16] 王春. 应用文写作［M］. 北京：清华大学出版社，2007.

[17] 吴贻弓，李亦中. 影视艺术鉴赏［M］. 北京：北京大学出版社，2004.

[18] 徐晓莉. 中国古代经典诗词文赋选讲［M］. 天津：天津古籍出版社，2006.

[19] 徐中玉，齐森华. 大学语文［M］. 上海：华东师范大学出版社，2007.

[20] 游国恩. 中国古代文学史［M］. 北京：人民文学出版社，2009.

[21] 游来林. 应用写作指要［M］. 汕头：汕头大学出版社，2006.

[22] 袁行霈. 中国文学史［M］. 北京：高等教育出版社，2005.

[23] 张庚，郭汉城. 中国戏曲通史［M］. 北京：中国戏剧出版社，2007.

[24] 张家恕，郑敬东，等. 现代应用写作教程［M］. 重庆：重庆出版社，2006.

[25] 张晓东. 爱比死更冷酷：电影大师与大师电影［M］. 北京：新星出版社，2006.

[26] 张占国，王铁柱. 中国历代诗词分类品读［M］. 北京：学苑出版社，2006.